丛书主编：石长顺
丛书副主编：何志武

新媒体视听节目制作

The Production of New Media Audio-Visual Program

邓秀军 编著

北京大学出版社
PEKING UNIVERSITY PRESS

图书在版编目(CIP)数据

新媒体视听节目制作/邓秀军编著.—北京：北京大学出版社，2014.9
（21世纪信息传播与新媒体丛书）
ISBN 978-7-301-24866-9

Ⅰ.①新… Ⅱ.①邓… Ⅲ.①电视节目制作－高等学校－教材 ②广播节目－节目制作－高等学校－教材 Ⅳ.①G222.3

中国版本图书馆 CIP 数据核字(2014)第 221371 号

书　　　名：	新媒体视听节目制作
著作责任者：	邓秀军　编著
责 任 编 辑：	泮颖雯
标 准 书 号：	ISBN 978-7-301-24866-9/G · 3891
出 版 发 行：	北京大学出版社
地　　　址：	北京市海淀区成府路 205 号　100871
网　　　址：	http：//www.pup.cn　新浪官方微博：@北京大学出版社
电 子 信 箱：	zyl@pup.pku.edu.cn
电　　　话：	邮购部 62752015　发行部 62750672　编辑部 62767857　出版部 62754962
印 刷 者：	北京鑫海金澳胶印有限公司
经 销 者：	新华书店
	730 毫米×980 毫米　16 开本　18 印张　301 千字
	2014 年 9 月第 1 版　2019 年 6 月第 2 次印刷
定　　　价：	39.00 元

未经许可，不得以任何方式复制或抄袭本书之部分或全部内容。
版权所有，侵权必究
举报电话：010-62752024　电子信箱：fd@pup.pku.edu.cn

总　序

"21世纪信息传播与新媒体丛书"就要陆续与读者见面了。丛书名强调"信息"传播而非"新闻"传播，二者虽一词之差，但内涵和外延却大不相同。我们知道，在相当长的一段时间内，传媒的属性和高等新闻传播教育均注重"新闻"立台和"新闻传播"的教育。虽然在理论概念的阐释中将新闻置于信息传播过程，但其传播主体、传播内容、传播渠道和传播受众等要义均在传统主流意识框架内解读，无法涵盖当代新媒体语境下的传媒现状与发展趋向。

我国自1994年3月获准加入互联网以后，新媒体以罕见的速度向前发展，特别是伴随着数字媒介技术的进步，新媒介的更新速度大大加快，令人目不暇接。从传统报纸的一花独放、广播时代的并驾齐驱、电视时代的三足鼎立，到当代互联网的加入形成四轮驱动，手机媒体参与的五媒相争，此外，还有网络广播电视、移动电视、微博、微信等新兴传播形态的迸发，将我们每个人都卷入信息传播的洪流，并在媒林中穿梭不息，而这些变化都源于数字媒体技术的进步。

新媒体的迅速崛起和5.64亿网民的规模，4.20亿的手机网民市场，使传统媒体再也不能忽视庞大的新兴媒体受众群体。于是，从新旧媒体的简单叠加到全媒体的转型过渡，直至融媒体的资源共享，传媒的改革热潮开始席卷中国媒体业界，如果不思进取、墨守成规，终将被历史淘汰。

新媒体技术正快速地改变着媒介地图，可以预见，一个真正独立和强大的公共传播新媒体一定会出现。"它可能在本质上使所有的社会机构发生转变"，包括新闻与传播教育。为此，所有研究传媒与信息传播教育的人都不能无视当代媒体演变的事实。

在这场媒体运动中，具有鲜明专业特征的传统新闻与传播教育的界限将会逐渐淡化，而正在兴起的新兴媒体将会对未来全媒体记者、全能型记者、融合型编辑等新媒体人才产生大量需求，以致冲击着传统的教育体系与培养模式。为适应这场媒体变革，曾开创了世界新闻教育先河的美国密苏里大学，顺势而为，于2005年率先开办了融合新闻与新媒体专业教育。在我国，曾于工科高等院校中开新闻学专业先河的华中科技大学,于1998年采用"2+2"办学模式,再次率先创办了网络新闻专业(方向),对推动我国新媒体教育发挥了历史作用。

当新兴媒体的发展高潮再次来临之时,海量的信息对公共信息造成了淹没性的覆盖。过去,在媒体资源相对贫乏、媒介主体垄断话语的时代,人们只能被动地接受信息,别无选择。但在新媒体时代,我们最不缺少的恰恰是信息。新媒体提供了多元化的传播渠道和传播载体,媒介新技术使得新兴媒体传播活动的门槛大为降低,各种信息与内容呈爆炸性增长,这正是"信息化"过程的分裂所造成的。为了有效防止"碎片化"的蔓延,强化新兴媒体的公共传播,对媒体专业者提出了新的挑战,其中包括媒体角色的转换,即如何从信息采集者向信息筛选者转变?如何应对由"UGC"引发的"公民记者""草根记者""全民记者"群体的诞生?如何培养全媒体运营中呼之欲出的"背包记者"、融媒体管理者等等。未来十年业界需要全新的传媒人才,作为记者摇篮的高等教育院校,能否适应社会急需、媒体紧缺的人才需求,于不变之中因势而动,成为当代教育改革的一项紧迫议题。

美国学者约翰·V.帕夫利克在谈到新媒介对新闻教育的影响时曾说过:新媒介将改变新闻和大众传播的教学和科研,改变新闻教育者的工作方式;改变我们讲授的内容;改变新闻院系和其他高等教育机构的结构;改变新闻教育者及其公众关系。[1]

为应对21世纪的信息传播与新媒体发展新趋向,我国教育部于2012年公布的本科专业教育新目录中,首次将"网络与新媒体"作为特设专业公布。继而,全国有28所普通高等学校申报并获准开办网络与新媒体专业。那么,网络与新媒体专业的培养目标、课程体系、教学模式是什么?这都需要在实践中不断探索和完善。然而,作为新专业的教学,当务之急是教材先行。本系列教材正是基于全国新闻与传播学学科建设的需求,组织全国相关领域的研究专家和教授共同编写的一套既具理论性,又具实践指导性的丛书,希望能得到海内外学者、教师的青睐与指点。

石长顺
2013年4月28日

---

[1] [美]约翰·V.帕夫利克.新闻业与新媒介[M].张军芳,译.北京:新华出版社,2005:219.

目 录

第一章 新媒体视听节目概述 …………………………………………… (1)
 第一节 新媒体视听节目的界定 …………………………………… (1)
 第二节 视听新媒体的业务形态 …………………………………… (7)
 第三节 新媒体视听节目的传播特征 ……………………………… (18)
 第四节 新媒体视听节目传播的技术基础 ………………………… (27)

第二章 视听新媒体节目的拍摄理念 …………………………………… (34)
 第一节 新媒体视听节目的画面造型 ……………………………… (34)
 第二节 新媒体视听节目的画面构图 ……………………………… (41)
 第三节 新媒体视听节目的画面形象 ……………………………… (50)
 第四节 新媒体视听节目的摄像用光 ……………………………… (54)

第三章 新媒体视听节目的拍摄技术 …………………………………… (60)
 第一节 新媒体视听节目拍摄器材的数字化发展 ………………… (60)
 第二节 数码摄像机的性能及使用方法 …………………………… (65)
 第三节 数码相机的性能及使用方法 ……………………………… (74)
 第四节 移动视频终端的性能及使用方法 ………………………… (87)

第四章 新媒体视听节目的编辑理念 …………………………………… (95)
 第一节 新媒体视听节目的语言体系 ……………………………… (95)
 第二节 新媒体视听节目画面的组接 ……………………………… (109)
 第三节 新媒体视听节目的空间构成 ……………………………… (120)
 第四节 新媒体视听节目的声音剪辑 ……………………………… (132)

第五章 新媒体视听节目的编辑技术 …………………………………… (138)
 第一节 视听节目编辑技术的演进 ………………………………… (138)
 第二节 Adobe Premiere 与 Avid Xpress Pro …………………… (150)
 第三节 Media Studio Pro 与 EDIUS Pro ………………………… (156)
 第四节 其他常用编辑软件及制作技术 …………………………… (163)

第六章 新媒体视听节目的压缩编码 …………………………………… (171)
 第一节 新媒体视听节目压缩编码原理与技术 …………………… (171)

第二节　用于网络视频传输的 MPEG 标准 …………………（185）
第三节　用于移动通信的 H.264 标准 ………………………（199）
第四节　多用于广播电视系统的 AVS 标准 …………………（205）

第七章　视听新媒体节目的流媒体传输 …………………………（214）
第一节　流媒体的系统构成与工作原理 ……………………（214）
第二节　流媒体传输的技术应用 ……………………………（221）
第三节　流媒体传输的系统类型 ……………………………（232）
第四节　流媒体的网络传输与控制协议 ……………………（240）

第八章　新媒体视听节目的解码接收 ……………………………（250）
第一节　智能数字电视解码播放 ……………………………（250）
第二节　IP 电视网络适配器 …………………………………（255）
第三节　网络视频的解码播放 ………………………………（269）
第四节　手机电视的解码播放 ………………………………（275）

后记 ………………………………………………………………（282）

第一章 新媒体视听节目概述

本章主要介绍新媒体视听节目的概念界定、节目类型、传播特征、技术平台。基于视听节目传播的新媒体平台这一重要特性,新媒体视听节目具有传统广播电视节目所不具备的数字化和碎片化等特征。因此,新媒体视听节目的制作技术草根且多元,新媒体的节目类型也更新锐和生动。

第一节 新媒体视听节目的界定

新媒体视听节目就是视听新媒体这一"新媒体业务形态"所传播的"视听节目"内容。视听新媒体作为一种"传播视听节目的新媒体业务形态",具有所有新媒体业务形态共有的数字化、互动性等媒介特性,同时,它也具有视听结合这一特殊属性。要掌握新媒体视听节目的内容特点和制作技术,首先必须明确视听新媒体的基本概念。

一、视听新媒体的基本概念

作为一种新媒体业务形态,视听新媒体是媒介融合大背景下的产物。媒介(Medium)主要指的是以技术基础为属性的物质载体,而媒体(Media)则更多指的是具有社会能动性的、作为传播活动的行动主体的组织机构。媒介融合通过各种不同传播媒介的技术融合与革新,推动传播内容和传播方式的改变。新媒体作为媒介融合形成的"数字化互动式新媒体",则有着"数字化"和"互动性"两个主要的根本特征。

(一)董年初的视听新媒体界定(2007年)

1. 按时间界定

近十年内基于技术变革出现的一些新的传播形态,或一直存在但长期未被社会发现传播价值的渠道、载体都可以称作新媒体。这种划分方式显然强调的是字面上的涵义。基于技术变革的新传播形态包括手机电视、IP电视、网络广播、网络电视等,刚被发现或挖掘出价值的传播形态包括移动电视(车载移动与手持移动)、分众传媒和巴士在线(二者还不算严格意义上的媒体,因为没有纳入媒体管理范畴)等。

2. 按数字技术界定

传统媒体数字化后的业务形态都被叫做新媒体,也被称作数字新媒体,而传播视听节目的数字新媒体都被叫作"视听新媒体"。因此,除上述所涉及的媒体形态外,有线数字电视、直播卫星电视、地面数字电视都属于视听新媒体。

3. 按互联网技术(IP 网络协议)界定

与网络媒体有关的一些视听业务形态是新媒体。这种划分方式强调的是交互,广播方式的媒体形态都不属于新媒体。这种视听新媒体只包括 IP 电视、手机电视(基于移动通信网)、网络广播、网络电视、播客等。

以上三种界定方式各有特点和不足:第一种比较通俗,但不够科学;第二种比较科学,但过于宽泛;第三种比较严谨,却又过于狭窄。第三种界定方式体现了技术融合与业务融合的特征,对广电的挑战更为强大。因此,在这里主要讨论第三种新媒体形态。[①]

(二)庞井君的视听新媒体界定(2011 年)

视听新媒体的概念界定,目前主要存在两种标准和方法:一是按技术的突破性变化来划分,把基于互联网的各种视听业务形态称为视听新媒体,包括网络广播影视、IP 电视、互联网电视、手机电视等;二是按时间与空间的变化来划分,把近十年中出现的、在传播空间上发生重大变化的视听业务形态叫做视听新媒体。

目前中国市场上的视听新媒体形态可分为两大类共六种业务。一类是侧重开发互动功能的视听媒体,主要是基于互联网及移动通信网,包括网络广播影视、IP 电视、手机电视、互联网电视等;另一类仍为单向传播方式,但加速了传播渠道的分化和传播空间(终端)的延伸,主要是指移动多媒体广播电视(CMMB)和各种公共视听载体。

当然,未来可能还会出现更丰富的新媒体业务形态。与传统广播影视相比,视听新媒体具有以下特征:视听内容形态多元化和分众化;内容来源多样化;内容体验丰富化;传播渠道(终端)无所不在;单一渠道(终端)的兼容性与多功能化;更高的全程互动性。[②]

(三)本书的视听新媒体界定

《互联网等信息网络传播视听节目管理办法》把"视听节目"界定为"利用摄影机、摄像机、录音机和其他视音频摄制设备拍摄、录制的,由可连续运动的图像或可连续收听的声音组成的视音频节目"。基于新媒体作为内容传播载

---

① 董年初. 视听新媒体概述[J]. 中国广播电视学刊,2007,3.
② 庞井君. 中国视听新媒体的现状与发展趋势[J]. 新闻战线,2011,9.

体的"数字化"和"互动性"特征,视听新媒体因其特有的"视听节目"内容而具备了"数字化"和"互动性"之外的"视听化"特征。

视听新媒体既然是新媒体的一种业务形态,那它就必须是"数字化"和"互动化"的视听节目传播服务。基于这样的概念界定方式,网络广播影视、IP电视、手机电视、互联网电视属于视听新媒体范围,那些能够开展互动交流的多媒体广播电视(CMMB)和各种公共视听服务也属于视听新媒体。

与传统的广播电视媒体相比,视听新媒体具有以下部分或全部特征:一是视听内容形态多样化和分众化;二是内容来源多样化;三是内容体验丰富化;四是传播渠道/终端无所不在;五是单一渠道/终端的兼容性与多功能化;六是不同程度、不断提高的互动性。这些特征在基于互联网的视听新媒体业务形态中,表现尤为明显。

二、中国视听新媒体的产业格局

中国视听新媒体在新媒体与传统媒体、媒介与通信、广播影视与互联网的融合发展中日新月异。各类新媒介、新业务、新终端、新渠道不断衍生、链接和扩展延伸。以不断提升消费者视听体验为核心,朝着打造全媒体、经营全业务大步迈进,逐步形成包括内容提供、网络服务、接收终端和用户消费在内的完整产业价值链,并呈现多元化竞争的产业发展格局。

视听新媒体的产业链与传统广播影视的产业链有一定的相似性,也是围绕"内容—集成—发布分销—终端—消费"来展开,但由于传播方式、传播空间、服务方式、消费方式的改变,视听新媒体的发展格局与传统媒体也表现出一定的差异性。

(一)内容提供环节

内容提供方面,已经形成自制、沉积、版权购买、用户上传、合作集成等多渠道来源。传统电台和电视台的节目内容以其品质和公信力在视听新媒体传播中具有强大的影响力。民营机构在内容的制作和发布方面成长迅速,成为视听新媒体市场上活跃的力量。

从内容来源来看,视听新媒体的内容主要来源于自制、版权购买和商业合作,与传统广播电视媒体非常相似。但在互动类新媒体中,特别是在视频分享网站和手机电视领域,由用户上传提供的内容(UGC)成为重要的内容来源,这是视听新媒体与传统广播电视媒体最显著的区别之一。此外,内容集成、运营商自行制作内容是近期一个较为明显的发展趋势,不少主流民营视频网站已拥有专门的视听内容制作团队,中国移动等网络运营商甚至还建立了专门的视频制作基地。

从视听新媒体节目形态来看,因传播方式与接收终端的不同,视听新媒体的节目形态呈现多元化、多样化格局。传统的节目形态在视听新媒体传播过程中仍然具有强大的影响力。从视听新媒体内容服务来看,不仅有传统事业单位性质的电台、电视台、通讯社、报业媒体,还有民营商业机构等,内容服务提供呈现明显的多元化态势。

(二)集成服务环节

在2010年国务院出台的三网融合试点方案中,明确提出试点地区IP电视内容集成播控平台由广电机构建设,电信企业可以开展IP电视传输业务。

手机电视集成播控平台建设方面,明确由广电机构建设,移动运营商可以从事手机电视分发服务。目前,CCTV手机电视、上海广播电视台百视通手机电视、央广视讯手机电视、CRI手机电视已形成品牌优势,与中国移动、中国电信、中国联通三大网络运营商全面合作,提供直播、点播和下载播放等服务。杭州广电集团、辽宁广播电视台、中央电视台、中央人民广播电台、上海广播电视台的3G手机电视集成播控平台相继通过广电总局验收。

在互联网电视集成服务方面,广电总局已批准中央电视台、上海广播电视台、杭州广电集团、南方广播电视传媒集团等单位开展互联网电视集成服务,这些机构分别与清华同方、海尔、海信、康佳、创维、TCL、长虹等厂商开展合作。

(三)网络服务环节

广播电视网络与电信网的技术体系各有所长,其所承载的视听新媒体业务也各有特点。广播电视网是广播类视听业务的基础网络,并逐步成为互动类业务的重要力量。在互动类视听新业务的基础网络服务提供方面,电信网占有优势。IP电视、互联网电视、网络广播影视等新媒体业务都是运行在基于电信网的互联网资源上。目前,中国电信、中国联通两家基础网络运营垄断了90%的宽带接入用户资源、95%的国际互联网出口资源、99%的视听内容服务商资源;广电系统有线电视网络仅占4%的宽带接入用户。手机电视亦要全面依靠中国移动、中国联通、中国电信三大基础网络。

在广播类视听业务的基础网络提供方面,主要通过数字广播电视网提供。目前,支持手持电视的移动多媒体广播电视网(CMMB)已经覆盖全国331个地级以上城市,并形成全国统一运营体制。公交移动电视、部分楼宇电视及户外大屏业务由各地的地面数字电视或者有线电视网提供网络服务。

(四)终端产品环节

随着视听新媒体的兴起,收看视听内容的终端产品也从功能非常单一的电视机、收音机,扩展到可上网和具备其他功能的电视机、电脑、手持类视听终端等多种电子器件。其中,以手持终端产品的类型最为丰富,包括手机、MP4、小型平板电脑等。电视机向平板化、多功能化方向发展;电脑显示终端向大屏幕、移动化方向发展;手持终端向融合化、智能化、平台化方向发展。在技术融合、业务融合的驱动下,信息终端普遍向多业务、高质量、多格式、多状态下接收方向发展。

(五)用户消费环节

网络视频、网络音乐、手机视频与手机音乐以及公共视听载体的用户发展迅速,给传统广播影视带来机遇,也带来了挑战。各类视听新媒体用户规模显著增大。与传统广播电视单一的消费方式不同,视听新媒体形成了直播、点播、回看、搜索、网络社区等多种消费方式,各类视听新媒体用户规模显著增大。

各类视听新媒体平台除了提供基本的视听服务外,理论上都能够在自有用户群的基础上提供网络社交、电子商务、线下活动等各种衍生服务,实现产业链的极大扩展。盈利模式方面,除了传统的广告外,包月收费、按次收费、版权营销、寄生模式、服务托管、线下活动等多种营销模式,在多种视听新媒体形态中均有出现,并形成一定的产业规模。[①]

三、中国视听新媒体的发展前景

目前,基于巨大的人口基数和未开发市场,中国的视听新媒体随着网络和智能手机的普及开始了高速发展。然而,拘于监管规制和市场秩序的局限,中国的视听新媒体运营商还少有赢利,整个行业的发展还处在无序竞争和混乱发展的态势之中,与欧美甚至韩日等先发国家还有很大的差距。

(一)国外经验

在国外,基于长时间发展形成的市场自律自治体制和有效到位的监管规制,视听新媒体呈现出欣欣向荣的新一轮发展热潮,主要呈现如下特征。

1. 融合化

原来传统的广播影视节目被制作成音频、视频、文本、图片等不同格式内容,通过一系列数字化网络和终端,在不断细化、分化又不断相互交融的过程中,一并到达用户,全面提升了受众的视听消费体验。不仅体现在市场主体价值链变长变宽,视听服务产业链重新建构方面;更体现在跨国视听媒体服务越来越普遍,国际资本流动聚合日益突出。

---

① 庞井君. 当前中国视听新媒体产业发展的几点思考[J]. 电视研究,2011,5.

2. 宽带化

视听新媒体服务的快速增长又进一步推进了各国的"宽带计划"。2010年3月,美国FCC向国会提交了酝酿一年的《国家宽带计划》。英国颁布《数字英国》计划,计划在2012年建成覆盖全境所有人口的宽带网络,每个家庭至少能享受到2Mbps的宽带服务。

3. 个性化

个性化的需求在无限延展的互联网上找到了广泛的知音,从而形成了一片汪洋蓝海并带来了巨大的互联网商机。各种音视频服务相互融合交叉,或关注个性,或照顾共性,日新月异,丰富而多元。

4. 便利化

视听节目的编码技术和营利模式的发展,已经能够保障内容运营商在各种业务形态之间的内容转换中的根本利益,内容的创新与创作因此有了丰厚的土壤。"电视无处不在"已经由视听服务的理想和口号变成众多服务商切实的商业模式。

5. 普遍化

随着3G技术的应用和智能手机等移动终端的普及,视听业务已经实现生活化、普遍化的转型。"普遍服务"是发达国家广播影视的基本服务理念之一,在视听新媒体时代,这一理念随着媒体的延伸而延伸。

6. 法制化

世界各国,尤其是一些互联网应用较为发达的国家,早已开始了针对互联网的法制探索,寻求办法,以将这一恣意横行又给现代人带来许多便利和惊喜的新媒介纳入规范之中。通过规制监管、行业自律和用户监督等立体化的监管生态维护新媒体视听产业的良性发展。

(二)我国视听新媒体的发展趋势

随着技术的进步,视听新媒体的发展日新月异,媒介形态、业务模式和内容供应都会日益丰富多样,视听新媒体发展将呈现以下三大趋势。

1. 网络环境将不断优化

未来随着技术的发展与网络的优化,互联网的带宽将得到大幅度提高,视听新媒体业务发展面临的带宽瓶颈将得到明显缓解。云计算、3G技术、下一代互联网等更高速、更便捷的网络技术的应用,将会为新媒体视听产业提供切实的技术保障。

2. 产业规模将不断扩大

视听新媒体的产业规模即将步入高速发展期。2011年中国网络视频的收入超过了30亿元,比2010年增长了50%。2012年公共视听载体收入超过了

100亿元,年均增长20%左右。三网融合试点全面启动后,IP电视的用户规模将稳步扩大,手机电视用户规模将快速增长,互联网电视市场将形成规模,盈利模式也更加多样。

3. 发展环境将更加完善

视听新媒体作为新生事物、新兴产业,其发展环境将日益完善。"十二五"规划提出,要加快转变经济发展方式,推进经济结构调整;实现电信网、广播电视网、互联网"三网融合",构建宽带、融合、安全的下一代国家信息基础设施;推动文化产业成为国民经济支柱性产业。这些都将为视听新媒体的发展提供良好的政策环境。作为主管视听新媒体业务的行政部门,广电总局已成立网络视听节目管理司,专门负责视听新媒体业务的规划发展和行业管理,视听新媒体发展的政策环境将进一步完善。在视听新媒体产业内部,产业合作将更加广泛深入,共同推动产业发展迈上新台阶,走向新繁荣。[①]

第二节 视听新媒体的业务形态

目前,中国市场上的视听新媒体业务形态可分为两大类:一类是侧重发展互动功能的视听新媒体,主要基于互联网及移动通信网,包括网络广播影视、IP电视、互联网电视、手机电视等;另一类仍为单向传播模式,但加速了传播渠道的分化和传播空间(终端)的延伸,主要是指移动多媒体广播电视和各种公共视听媒体。

一、IP电视

IP电视即交互式网络电视,是一种利用宽带有线电视网,集互联网、多媒体、通信等技术于一体,向家庭用户提供包括数字电视在内的多种交互式服务的崭新技术。用户在家中可以有三种方式享受IP电视服务:① 计算机;② 网络机顶盒+普通电视机;③ 移动终端(如iPad、iPhone等)。它能够很好地适应当今网络飞速发展的趋势,充分有效地利用网络资源。

(一)IP电视的基本概念

国际电信联盟对IP电视给出的官方定义是:"IP电视是指通过可控、可管理、安全传送并具有QoS保证的无线或有线IP网络,提供包含视频、音频(包括语音)、文本、图形和数据等业务在内的多媒体业务。其中,接收终端包括电视机、掌上电脑(PDA)、手机、移动电视及其他类似终端。"英国电信(BT)

---

① 庞井君. 中国视听新媒体的现状与发展趋势[J]. 新闻战线,2011,9.

也基本认同这一概念。意大利电信给出的定义类似,但不包含手机、PDA 等移动终端。这些定义的共同特点是强调在可控制、可管理的 IP 网上运营,区别在于终端的限定上。

中国对 IP 电视的定义较为细致,除承接国际通行的"指运行在可控、可管、安全传送并具有质量保证(Qos)的网络上"这一界定之外,还专门强调针对电视终端,强调提供的是基于电视终端的多媒体业务。由此可见,中国的 IP 电视更多强调的是电视特征,IP 仅仅是一种支持技术。其中的 IP 网络可以是电信宽带网,也可以是五类线网和经过 IP 化改造的有线电视网。

IP 电视业务是基于 IP 宽带网络(电信的互联网或者广电的有线电视网)通过聚合 SP 的各种视频内容和增值应用,为用户提供的多种视频服务,包括互动多媒体服务等。其业务重点是通过一个功能广泛的机顶盒或其他具有视频编解码功能的数字化设备,为用户提供音视频点播、广播、信息服务、音乐、卡拉 OK、互动游戏、通信服务、互动广告、远程教育等服务的整体解决方案。

（二）IP 电视的主要功能

与传统无线或有线网络传送电视节目不同,IP 电视系统通过宽带网向顾客提供高质量的交互式电视节目和视频内容,其本质是一个多媒体、多业务的服务平台。IP 电视融合了传统的广播电视业务、互联网上的多种应用以及新兴的通信业务,并通过机顶盒将这些业务集成呈现给用户。IP 电视除了拥有传统电视的直播服务功能外,还具备以下四大独特功能。

1. 视频点播

通过该功能,用户可以在任何时间收看已经录入系统的任意内容,具有充分支配自我观看时间和播放内容的权利。IP 电视运营商可以根据用户偏好为用户定制频道内容,极大地满足个性化需求。

2. 视频时移

该功能类似网络个人录像机,能够让用户在观看直播节目的同时,实现节目的暂停、后退等操作,并能快进到直播电视的当前时刻。通过互动化的节目传输和个人化的内容订制,为用户提供方便、快捷、贴心的视听节目服务。

3. 双向互动

该功能主要分为三种类型：一是用户自由选择视频播放时间和播放内容,如视频点播,而视频节目本身没有受到互动影响；二是通过直播频道与 IP 电视互动功能的结合,用户通过投票等方式影响节目制作进程,如大型选秀节目开通 IP 电视投票功能；三是用户能够通过 IP 电视与其他用户进行互动。

4. 分众传播

IP 电视可以按照年龄、地域、收入、职业等标准来划分用户,有的放矢地为细分用户群提供专业化的节目内容与个性化的服务,从而发挥个性化广告优势,减少无效广告播放量。IP电视可以为相关用户群提供视频节目有关的浏览、搜索等服务,还可为用户提供电子商务、音乐/卡拉OK、可视电话、互动游戏等在线信息咨询等多种服务。

(三) IP电视的产业链构成

IP电视利用宽带网、采用流媒体技术、通过互联网协议来提供包括视频节目在内的多媒体交互式业务,并在时间上解放了消费者,改变传统的电视收看习惯。IP电视给消费者的是内容和娱乐享受,围绕内容和娱乐这一中心构建产业链是IP电视发展的客观选择。当前,牌照运营商(内容集成运营商)、网络运营商与用户是IP电视产业链中的三个关键环节。以下分析IP电视产业链的具体构成。

1. 网络运营商

网络运营商负责IP电视内容的传送及宽带接入。中国的IP电视大多通过中国电信、中国联通的电信网络进行传送。

2. 内容集成运营商

内容集成运营商是IP电视产业链的核心环节。无论是传统电视媒体,还是以IP电视为代表的互联网媒体,它们不仅是信息传播的媒介,还承担媒体职责,是重要的信息传播通道。

3. 内容(版权)提供商

内容(版权)商负责为内容集成平台源源不断地提供内容。IP电视以主流广电媒体为内容集成播控主体,不但能够发挥其内容优势,还可以实现其传播渠道的拓展。

4. 增值服务提供商

对于IP电视产业而言,承载于其上的基本视频业务和增值业务是相辅相成的。直播、点播和时移等基本视频业务是IP电视的发展基石。

5. 设备制造商

设备制造商是IP电视产业链技术系统及设备的提供者。虽然不直接参与IP电视运营的收入分配,却是IP电视产业发展的直接受益者。

6. 用户

IP电视的最终消费者是用户,因此用户是IP电视产业链中另一关键环节。随着互联网覆盖的拓展和固网宽带向移动宽带的发展,以及新型数字媒介的普及,视听消费向多元化、个性化的方向发展成为必然趋势。

(四) IP电视的技术构架

IP电视利用计算机或机顶盒+电视提供视频点播节目、视频广播及网上冲浪等功能。它采用高效的视频压缩技术,使视频流传输带宽在 800Kb/s 时可以有接近 DVD 的收视效果(通常 DVD 的视频流传输带宽需要 3Mb/s),对今后开展视频类业务如因特网上视频直播、远距离真视频点播、节目源制作等来讲,有很强的优势,是一个全新的技术概念。

1. IP 电视集成播控平台

IP 电视集成播控平台是指对 IP 电视节目内容从播出端到用户端实行管理的播控系统,包括节目内容统一集成和播出控制、电子节目指南、用户端、计费、版权等管理子系统。

2. IP 电视内容服务平台

IP 电视内容服务平台是指将节目包装成频道或点播节目库形式的编辑与播出系统。IP 电视内容服务包括节目内容编辑、频道包装、节目库的维护等。

3. IP 电视内容监管平台

IP 电视内容监管平台按统一接口的全国 IP 电视监管系统构建。该平台在各级 IP 电视播控平台、分发平台和用户终端,采用数据交换接口、前端主动采集和终端抽查等方式,采集 IP 电视节目清单、内容码流、媒资信息、用户信息等监管数据,实现对 IP 电视全程全网的有效监管。[①]

二、网络电视

(一)网络电视的基本概念

网络电视(WebTV),是指采用 IP 协议、通过互联网、以计算机为终端的视频传播业务。网络电视与 IP 电视本质上的区别是,前者运行在开放性的互联网上,后者运行在可管理的 IP 网上。近年来,由于各种在线音视频技术快速发展,加上营利模式的出现,网络电视业务已渐渐趋于成熟,并逐步向产业化迈进。

网络电视是一种承载在互联网上的新媒体业务,互联网的开放性也注定了网络电视开办主体的复杂性。整体上看,开办网络电视的主体有商业公司和传统媒体两大类,两类各有千秋。传统广电媒体在开办网络电视方面具有内容资源优势,但体制机制不够灵活;商业公司拥有灵活的体制机制,但缺少内容资源。

在广电系统,央视国际的网络电视目前处于领先地位。2006 年 4 月,中央电视台宣布成立网络传播中心和央视国际网络有限公司,并对"央视国际"(CCTV.com)进行全面改版。至 2006 年 12 月,中央电视台 12 套节目实现了

[①] 庞井君. 中国视听新媒体发展报告(2011)[M]. 北京:社会科学出版社,2011,3.

网上同步视频直播,近400个电视栏目的主要内容提供了网上点播;网站还创办了英语、西班牙语、法语和台湾频道,向全球推送CCTV对外宣节目和对台节目。央视国际开创的台网联动、建立网络联盟、开辟电视明星播客等手法,为电视媒体发展网络广播电视开辟了新思路。其中"网络视频联盟"在2007年春节晚会、"两会"报道、"十七大"报道活动中发挥了重要作用。除央视国际外,地方电视台在开办网络电视方面也取得了新的进展。截至2007年12月,除青海电视台外,内地30个省级电视台网站开设了音视频频道或栏目,25家网站提供网络电视直播业务。办得比较好的有上海文广的"东方宽频"、湖南广电集团的"金鹰网",广东电视台网站、海南广播电视台的"视听海南"、四川广电集团的"神韵在线"、辽宁电视台的"七星电视网"、山西广电总台的"山西视听网"等。"东方宽频"已基本做到收支平衡。

商业网络电视开始进入运营期。在经历前两年的"跑马圈地"之后,商业视频网站开始真正考虑如何才能实现赢利。目前,在商业视频网站上开辟页面广告和视频嵌入广告的情况已经比较普遍。商业机构开办的视频网站中,新浪宽频、悠视网、PPLive、土豆网、优酷网等网站十分活跃,均积累了大量的人气。2007年,最值得业内关注的是,海外知名风险投资机构再次对中国视频网站掀起投资狂潮。2007年初,悠视网得到2350万美元的第二轮投资;此后,爆米花网站获得上千万美元投资;3月,PPStream网站第二轮千万美元的融资完成;4月,土豆网获得1900万美元的第三轮投资;6月,我乐网完成上千万美元的首轮融资,8月再次获得不低于2000万美元的投资;11月,优酷网完成第三轮共计2500万美元的风险投资。仅以上六家网站吸引风险投资就超过1亿美元。

我国网络电视虽然取得一定进展,形成了一定规模,但整体上还处于无序发展阶段,还不具备可持续发展能力。传统媒体开办视频网站和商业机构开办视频网站都存在一些问题。传统广电媒体发展网络电视的主要问题体现在以下三方面。一是领导重视不够、动力不足。全国大多数电台、电视台的领导认为网络广播电视暂时还不能带来效益,不愿投入。二是体制机制不顺。绝大多数广播电视网站沿用母体的事业体制,缺乏市场应变能力和竞争能力;新媒体和传统媒体之间合作困难。三是政策准入受限。广播电视网站普遍不能获得广告经营、无线增值等业务的经营资质,只可以开展宣传业务,业务功能单一。因此,传统广电媒体开办的网站多数缺乏活力。商业视频网站存在的主要问题则是:无照经营现象严重,违规内容大量存在,资本构成十分复杂,造成市场秩序混乱,给政府管理和网络电视的合法经营带来严峻挑战。

在各种视听新媒体业务中,网络电视是相对比较成熟的业务,虽然还面临一些困难,但假以时日即可进入良性发展期。从营利模式看,广告将成为网络电视的主要营利模式,包括贴片广告、网页广告和嵌入式/个性定制式视频广告等;通过包月收费、点播内容付费也可获取部分收益。从市场结构看,主流媒体网站和少数强大的商业网站将主导市场格局。一方面,只有这些网站能够维持一个庞大的资金需求;另一方面,这些网站的公信力相对较强,能够凝聚大量的用户、广告商等;而大量的视频网站都将自行淘汰。

三、手机电视

手机电视(Mobile TV)是指以移动通信网为传输载体,以流媒体内容为表现形态,使用手机观看的交互式视听节目业务。利用移动通信网络和流媒体技术,以集成播控平台为中心,按照生产制作、内容保证、集成播控、传输分发的流程向手机用户提供视听内容下载和在线观看。与网络电视与移动电视广播不同。

(一)手机电视的基本概念

按国际电联的定义,手机电视也是 IP 电视的一种,是运行在可管理的无线 IP 网上、以手机为接收终端的多媒体业务。在国内,鉴于手机电视是由电信部门率先提出的概念,此处将手机电视限定在移动通信网提供的视频业务上,即由广电部门与移动通信部门合作开展的新媒体业务。手机电视同样属于媒体类业务,按规定,经营手机电视也需要获得国家广电总局颁发的《信息网络传播视听节目许可证》。目前,国家广电总局已为上海电视台、中央电视台、中国国际广播电台和中央人民广播电台等颁发全国性牌照,为云南电视台、北京电视台等颁发地方性牌照。

手机电视的运营仍然是上海文广新闻传媒集团(SMG)保持领先地位。早在 2004 年 6 月,上海移动与 SMG 旗下的东方龙就开展了手机电视的密切合作与业务探索。截至 2006 年 12 月 31 日,东方龙共推出手机电视和电台直播业务 16 路,手机电视轮播频道 18 路,点播下载栏目 61 个,累计付费订户达到了 20 多万户。2007 年 7 月,东方龙通过中国移动、中国联通网络开播全球首个专为手机电视打造的专业频道,命名为"第五媒体",全天滚动播报时事、财经、娱乐、音乐、科技、体育、文化、时尚、美食、旅游等短视频信息;同时将上海地区手机电视业务资费由原先的 10 元/月调整为 2 元/月,并于同年 9 月 2 日起正式重新计费。2007 年 8 月 30 日,上海联通与东方龙联合推出的 CDMA 网络手机电视开始商用,节目主要包括东方卫视、第一财经等直播频道及影视、音乐、时尚类点播节目。

央视国际的手机电视则后来居上。2006 年 12 月,央视国际联手两大运营商共同启动CCTV手机电视业务,移动和联通的用户分别通过"移动梦网"和"视讯新干线"进入CCTV手机电视专区,可选择直播、点播、下载以及定制推送等方式观看CCTV一套、二套、新闻、音乐等同步播出的8套节目,以及音乐节目、体育赛事、实时路况信息和衣食住行等视频内容。第15届多哈亚运会期间,手机用户在国内可以通过手机电视随时观看亚运会的所有赛事实况。2007年"十七大"期间,央视国际手机电视"十七大"视频报道访问量总计超过1067万人次。在2008年奥运会期间,央视国际和中国移动、中国联通在手机电视业务上进行了全面合作。

中国国际广播电台的手机电视业务正在奋起直追。2007年4月6日,中国国际广播电台联手中国联通,正式推出了CRI手机广播电视业务。中国联通CDMA1X手机用户都可以在境内收听、收看国际台手机广播电视节目。2007年8月30日,中国国际广播电台在中国移动的流媒体平台上正式开通了手机电视业务。CRI手机电视除了把自有优秀电视节目上传到手机电视外,还整合了各地方优秀电视台栏目、优秀网络视频及知名内容提供商的内容资源。中国国际广播电台与北京电视台联手打造的手机奥运频道——"奥运直通车"也已在"CRI手机电视"专区中亮相。

北京电视台也在积极介入手机电视业务。在2007年获得手机电视牌照后,北京电视台积极与电信运营商合作,着力建设自有品牌的手机流媒体集成运营平台"京视新视界"。除计划整合北京台自有版权节目内容资源外,还将面向市场集成有价值的手机视频内容以及研发有针对性的、专门的手机电视内容,力争在最短时间内将"京视新视界"打造成为国内知名的手机电视集成运营品牌。

除此之外,各地运营商也看到了手机电视发展的巨大市场前景,纷纷通过WAP渠道推出流媒体视频服务,如山东移动与山东广播电视局联手开通的"广视无限",江苏移动开通的"江苏视界",安徽移动与新华社安徽分社联合开通的"安徽移动新华手机报"也包括了手机流媒体服务的内容。

我国手机电视的经营模式仍然没有确立,发展面临许多困难。一是带宽存在瓶颈。受移动通信频率资源的限制,手机视频图像质量不高,带宽瓶颈仍然存在。二是资费太贵。早期观看手机电视,线路占用费达每小时100元以上;尽管目前价格普遍有所下降,而且增值服务的花样也不断翻新,但对于一般消费者来说,费用仍然偏高。三是终端问题。当前手机屏幕播放效果不佳、电池续航能力不足等问题仍然很突出。四是节目匮乏。现阶段,整个广播影视内容产业还不是很发达,针对手机屏幕小、观看时间短、信息量少等特点的专门性内容更是非常缺乏,影响用户粘着度和盈利的实现。

虽然手机电视的发展遇到一些问题,但由于手机庞大的用户基数及中国人对手机的偏爱,手机电视的发展前景仍然被人们普遍看好。随着中国教育电视台等一批短视频制作商的出现,适合手机播放的视频内容将会越来越丰富,也将促进我国手机电视业的发展。

(二)手机电视的业务形态

1. 手机电视的业务形态

手机电视的业务主要有视频直播、视频点播和下载播放三种。

2. 手机电视业务的特点

① 便携性:通过手机可随时随地浏览各种视频内容;② 个性化:用户可根据自己喜好选择浏览的内容;③ 互动性:用户不仅可以观看直播内容,还可以点播、下载观看内容,甚至可以向好友推荐内容;④ 开放性:用户可以借助手机登录视频网站,具有互联网的开发性。

(三)我国手机电视的运营模式

我国手机电视业务运营模式整体看来,我国手机电视的发展还处于起步阶段,已经表现出来的业务运营模式有以下几种。

1. 电信运营商单独运营模式

基于移动网实现,如电信运营商主导的流媒体手机电视的运营采用这一模式,业务由电信运营商自主运营,节目内容通过与广电系统的企业或者具备内容整合能力的 SP 合作而获得。

2. 广电系统企业单独运营模式

基于广播网实现,如广电总局正在进行试商用的 CMMB 即采用了这一模式,广电系统的企业拥有广播网设施,并独立向用户提供单向广播业务。

3. 合作运营模式

广播业务基于广播网实现,交互业务及收费通过移动网实现,如上海文广 DMB 试验,为了推动 DMB 手机电视的发展,上海文广与上海移动之间展开合作,合作主要体现在两个方面:

一是网络上的合作,借助上海移动的网络实现室内覆盖;二是运营上的合作,上海文广不新建收费系统,而借助上海移动的收费系统,节目的加密由上海文广来完成,加扰器和用户授权则交给上海移动,由上海移动实现用户鉴权、业务申请、用户管理等。

我国手机电视的运营模式也涵盖了国外所出现的主要运营模式。综合可知,两网合作的模式是发展手机电视的最佳途径,但是在我国,这一模式目前仅在地方运营企业层面出现,并且这一合作中所采用的技术并没有获得正式的运营许可,同时由于所需频率、终端等问题,业务并没有开始正式商用。由此来看，两网合作运营的手机电视业务还没有在我国正式启动。①

四、网络音视频

（一）网络音视频的基本概念

网络广播影视是指基于 IP 协议，通过公共互联网提供以计算机为主要接收终端的网络音视频传播服务。与 IP 电视等 IP 类业务相比，网络广播影视最大的特征是运行在开放性的公共互联网平台上。包括网络音频（狭义的广播）、网络视频、微电影等。

（二）网络音视频的传播模式

1. 网络音视频的运营主体

网络音视频由具备视听业务运营资质的各类网站运营，主要包括商业门户网站、商业垂直网站、媒体类网站。

在商业门户网站中，不论是新闻门户还是游戏娱乐门户，都已经开办网络音视频业务，如新浪网、搜狐网、腾讯网等。商业垂直网站是指专门经营网络音视频类业务的网站，如酷6网、优酷网、六间房、PPTV等。媒体类网站指报纸、广播、电视等传统媒体机构开办的网站，如人民网、中国广播网、东方宽频、金鹰网等。

2. 网络音视频的发布方式

网络音视频内容的发表都由音视频网站执行，但根据内容来源的不同可分为独立平台发布和共享平台发布。独立平台发布指各类常见的视频网站，一般都是发布自制节目或购买版权节目；后者称为分享网站，也叫播客，主要发布用户上传的短视频节目，如美国的 YouTube，中国的酷6网、优酷网等。

3. 网络音视频的传输播放方式

网络音视频在用户端的播放方式主要有三种：在线直播、在线点播和下载播放。

4. 网络音视频的接收观看方式

收看方式主要分为搜索引擎检索、登录网站、客户端软件（如 PPTV、PPS、P2P）、社交媒体好友推荐等方式。

（三）网络音视频的营利方式

1. 广告模式

① 视频广告：视频广告是指出现在视频播放器窗体内的静态和动态广告；② 传统互联网广告：传统互联网广告是指以文字链和旗帜广告为主要形

---

① 汪卫国. 手机电视运营模式分析[J]. 电信技术，2008，12.

式,按照 CPM、CPC、CPA 或全流量等传统互联网广告计价方式销售的广告;
③ 工具条安装和软件下载:工具条安装和软件下载是指在自身用户群体中推荐安装和使用各类客户软件的做法;④ 活动营销:活动营销是指通过用户参与活动的方式,将广告主要传播理念和信息告知用户的广告形式,通常结合硬广告和软广告以组合方式进行销售。

2. 用户付费模式

① 直接付费:付费观看有包月、单片付费以及混合模式三种;② 寄生模式:寄生模式是指以视频内容提供商的角色,寄生于其他运营商的收费体系,再由运营商分账给内容提供商的运营模式。

3. 版权分销模式

① 版权分销:购买独家播映权和再销售权利,再转售给其他购买者;② 内容生产:直接投资内容生产,合作制作。

4. 视频服务模式

① 视频托管:企业或个人将制作好的视频存储和发布在开放的互联网视频平台,从而在无须自建软件系统、购买硬件和带宽的情况下为外部或内部视频用户提供视频浏览服务;② 视频制作:针对企业和针对个人;③ 商业直播:商业直播是指企业或政府客户通过互联网平台,向公众或内部客户视频直播其商业活动的行为,常用于新闻发布会、展会、上市公司股东大会、商业演出和商业体育比赛等。

5. 联合运营模式

联合运营模式主要是指媒体平台采用收入或利润分账的形式,在自身平台上运营其合作服务商收费业务的模式。① 社区模式:指在已构建的互联网社区中,采用虚拟礼物消费的形式来表达和增进社区成员之间的关系,并实现社区平台营利的模式;② 运营商镜像存储模式:指大型内容运营商由于其巨大的访问量而成为电信运营商网间流动逆差的主要制造者。

五、移动多媒体广播和公共视听服务

移动多媒体广播是指通过卫星或地面无线广播的方式,供 7 寸以下小屏幕、小尺寸、移动便携的手持类终端(如手机、PDA、MP3/MP4 播放器、数码相机以及笔记本电脑等接收设备),随时随地接收广播电视节目和多种信息服务的一种业务。与基于移动通信网的手机电视相比,移动多媒体广播具有频率资源限制小、收看质量高、收视费用低甚至免费等特点,因而得到国际社会的广泛关注。目前国际上已经形成 DMB-T、DMB-S、DVB-H、MediaFLO 等多个移动多媒体广播标准体系,韩国从 2004 年开始,相继开通了卫星和地面移动多媒体广播。我国也正式启动了移动多媒体广播业务。

我国移动多媒体广播试验采取的是广电系统自行开发的具有自主知识产权的 CMMB 标准。该标准体系的几个关键标准，即《移动多媒体广播第 1 部分：广播信道帧结构、信道编码和调制》《移动多媒体广播第 2 部分：复用》《移动多媒体广播第 3 部分：电子业务指南》《移动多媒体广播第 4 部分：紧急广播》等 4 个标准，已从 2006 年 10 月起，先后由广电总局以行业标准的名义发布，并正式实施。其他配套标准正在制订中。

根据广电总局规划，我国移动多媒体广播的网络将利用大功率 S 波段卫星和地面无线相结合的方式进行覆盖，利用移动通信网络构建回传通道。业务方面，将提供 20 余套广播、电视节目和数据业务，并采用广播式、双向式、预付费式相结合的授权方式以及分级式用户管理、计费体系进行业务管理。运营方面，将按照现代企业制度和现代产权制度的要求，组建广电系统上下联合、系统内外联合、中央与地方结合的运营主体，走集约化、规模化、产业化的发展道路。

目前，我国移动多媒体广播的设备研发及组网试验均进展良好。第一代商业化芯片已经研制成功，调制器、发射机、增补网络、接收终端等设备研发方面已取得突破性进展。2007 年 6 月，北京地区移动多媒体广播开路测试获得成功，10 月青岛电视塔播出 CMMB 信号，随后上海 CMMB 网络调试成功。至 2007 年底，6 个奥运城市及深圳、广州共 8 个城市均开通 CMMB 发射站；全国其他大部分直辖市、省会城市、自治区首府、计划单列市都已完成前期的频率规划、发射选点等工作，准备铺设 CMMB 网络。预计北京奥运会期间，中国移动多媒体广播将正式投入运营。

由于在技术体制、业务模式及运营体制等方面具有独特的优势，移动多媒体广播的发展被人们寄予厚望。一方面，移动多媒体广播突破了时空的限制，使手持电视终端拥有者能随时随地地接收电视节目，使低成本时段变成高附加值时段，使电视频道、电视节目更有价值；另一方面，移动多媒体广播可提供特定的服务信息和公共信息，满足移动人群的特定需求，如为汽车驾驶员提供交通信息，遇突发事件时发布紧急信息等。当然，移动多媒体广播也将面临一系列新的问题：一是一项新的技术从开发成熟到普遍应用需要一个过程，各种技术还需要通过试验不断完善。二是技术开发、网络组建、设备购买都需要很大的投入，近期在资金上会有比较大的压力。三是移动多媒体广播业务是一种新的业务形式，节目内容、消费方式还有待市场的考验，也需要进行不断的调整。四是移动多媒体广播将面临手机电视、户外电视、车载移动电视的竞争压力，利益方面必然会形成一些冲突。不过这些问题都是发展带来的新问题,只要积极发展,问题最终都会得到解决。

第三节 新媒体视听节目的传播特征

在本章的前两节中分别对视听新媒体的概念和具体的业务形态进行了阐述。视听新媒体被界定为:通过"数字化"和"互动化"的传播方式,传播"由可连续运动的图像或可连续收听的声音"组成的音视频节目的新媒体业务形态,而新媒体视听节目,就是这种新媒体业务形态所传播的主要内容。

一、新媒体视听节目传播的本质特征

传播技术的变革总是集中体现于传播特征的演变,而传播特征的演变又折射出媒介传播方式的进步,进而引发媒介内容生产形式的创新。正如传媒学者艾伦·格里菲斯所言:"任何一种形式的传播总是随着技术变革而演变,而传播领域的技术变革又总是会引发一系列深刻的社会变化。"当前,视听新媒体传播特征是网络化、数字化技术在广播影视发展中的直接体现,并注定将对其内容生产发生重大而深远的影响。只有深刻认识视听新媒体传播区别于传统媒体的本质特征,才可能对其内容生产规律有进一步了解。

(一)双向互动性

双向互动性是视听新媒体区别于传统媒体的先天优势和最显著特征。视听新媒体利用互联网和无线网络技术,彻底突破传播时空局限,大大提高传播速度,实现了从线性"单向传播"到非线性去中心化"交互传播"的跨越,其传播方式发生了根本性和颠覆性的变革,形成了以交互性与移动性为主要特点的传播形态。视听新媒体特别是网络视听媒体,使每个人都能够利用网络通信技术,自由地发布信息,个性地表达观点,每个人都成为信息的生产者、传播者与分享者,在传播者之间、受传者之间、传受两者之间,都能够进行形式多样、实时互动的交流反馈,受众的主动性、积极性和自主意识得到极大提高,为内容生产提供了更为广阔的创作空间和舞台。简而言之,视听新媒体双向互动的传播特征,开启了广播电视个性互动的传播时代,具有传统媒体无法比拟的传播优势。

(二)复合多元性

复合多元性是视听新媒体的又一鲜明特征。与传统媒体相比,视听新媒体传播主体更加多元化,传统媒体、民营企业、外资企业甚至个人都可以成为视听新媒体的传播主体,其信息来源也呈现出多元化构成的趋势。视听新媒体融合直播、轮播、点播、回看时移等多种传播形式为一体,呈现出网络广播影

视、IP电视、手机电视、移动多媒体广播电视和公共视听载体等多种业务形态。视听新媒体还表现出内容丰富性和价值多元化的特征,各类创新理念、全新题材、制作方式层出不穷,各类社会阶层表达、多种利益诉求得以全面呈现,对各类问题讨论的深度、广度以及形式多样性前所未有。视听新媒体传播渠道和接收终端多元化拓展延伸,出现了广电机构开设的网络电视台、网络电台,社会民营网站开办的音视频网站等多类传输渠道,更有电视机、计算机、手机、平板电脑、户外显示屏等多种接收终端。②在"三网融合"推动下,视听新媒体还将实现娱乐、信息、电子商务等增值服务,在业务经营上和盈利模式上也呈现出复合多元化发展的趋势。

(三)时空无限性

随时随地随心获得视听服务,充分体现了视听新媒体的前所未有的自由度和灵活性。传统电视只能在室内固定观看,而且只能按照节目线性编排方式有序收看,而视听新媒体集交互性和移动性为一体,使随时随地随心享受视听服务的梦想成为现实。今天,用手机上网看热播剧,在公交车、出租车上通过电视了解信息资讯已成为越来越普遍的现象,人们可以在任何时间、任何地点、通过任何终端,按照自己的意愿获取视听节目,视听新媒体服务无处不在,无时不在,已经成为人们精神文化生活中不可或缺的重要组成部分。随着3G、4G技术发展普及,视听新媒体交互性和移动性的特点将体现得更加淋漓尽致,发挥更加重要的作用。华纳高级副总裁安奈特·布索认为:"媒介内容提供商要为今日的消费者提供'时移'内容和'位移'内容,即随时随地都可以欣赏的节目,使信息传播更加迅速、快捷和方便。"视听新媒体将节目内容集成在互动开放的移动传播平台上,受众根据兴趣和需要随时点播观看成为可能,这是对大众传播时间性媒体和空间性媒体的超越和扬弃。

(四)分众异质性

虽然广播电视频道、频率专业化品牌建设早已是学界业界共识,但由于对受众需求准确区别的局限和全盘通吃的利益驱动,实质上传统广电媒体一直行走在"同质化传播"的路径上。在点对面的大众化传播中,受众个性被消磨,参与意识淡薄,自主选择余地很小。而视听新媒体特别是基于互联网技术的视听新媒体,打破了传统点对面、受众区分度不强的传播模式,开创了点对点、面对点和面对面等多种全新的互动传播模式,针对不同受众提供细分化、个性化的视听产品服务,为分众异质化传播提供了可能,体现了视听新媒体传播的专业性和精准度。如果说传统媒体是"主导受众型",那么视听新媒体则是"受众主导型",受众有更大的选择权,更高的自由度,更加注重个性化体验。视听新媒体将传统"大众"解构为"小众"乃至"个人",针对不同受众群体采取适合

19

的传播形式、编排个性化传播内容,推动受众市场进一步细分化和碎片化。

(五)融合开放性

融合与开放是视听新媒体领域两个重要的发展趋势,正如阳光文化集团首席执行官吴征所言:"相对于旧媒体,新媒体的第一个特点是它的消解力量——消解传统媒体(电视、广播、报纸、通信)之间的边界,消解国家与国家之间、社群之间、产业之间的边界,消解信息发送者与接收者之间的边界。"实质上,新媒体在消解边界的同时促进了更为广泛的融合,传统媒体与新兴媒体融合发展,实现了资源共享、优势互补与共赢发展。特别是视听新媒体,以"三网融合"为基础,打破地域、时间和行业界限,体现了融合开放性传播的时代特征。在技术层面,视听新媒体融合了传统广播电视技术、通信技术和互联网技术,在网络上实现互动交流、互联互通和可管可控。在业务层面,视听新媒体融合广播电视业务、信息服务、通信业务和各种电信增值业务,大大拓展了传统广播电视的功能,革新了内容生产、存储、传播和消费方式,满足了人们日趋多样化和个性化的需求。在接收终端方面,电视终端网络化、电脑终端电视化、电脑终端便携化、手持终端综合化、公共终端交互化,也体现出视听新媒体发展融合化趋势。

二、新媒体视听节目生产的基本规律

视听新媒体融合了数字化、网络化和信息化技术,呈现出与传统广电媒体迥然不同的传播特征,正如麦克卢汉在媒介即信息的著名论断中所言:"任何媒介(即人的任何延伸)对个人和社会的任何影响,都是由于新的尺度产生的;我们的任何一种延伸(或曰任何一种新的技术),都要在我们的事务中引进一种新的尺度。"这深刻地阐明,内容和载体密不可分,新媒体对新技术的运用将在传播实践中产生新的标准,并对内容制作产生深远影响。视听新媒体基于高新技术的全新传播特征,在为我们带来前所未有视听体验的同时,也为探寻新媒体内容生产规律展示出较为清晰的路径。

(一)大众文化消费规律

当代社会正处于大众文化与消费文化交织的时代。大众文化作为现代工业社会和市场经济的产物,本质是一种商业文化和市民文化,具有无深度、模式化、平面化、易复制的特征。而消费文化作为一定范围内的人群围绕消费行为所创造的物质和精神财富的集合,以及随之而形成的习惯、传统和观念,是商品经济条件下一种独特的大众文化现象。随着市场经济的日益渗透,以及人们闲暇时间不断增加,消费在一定程度上已成为社会生活的主导,而大众文化已成为当前社会生活的主要消费内容。"大众文化为消费社会的生成提供了实质内容,而消费社会又为大众文化的张扬提供了广阔舞台。"今天,传媒的消费主义倾向更加明显,人们对文化的消费甚至超过了物质消费,大众文化与生俱来的商业性、世俗性、娱乐性等特征在传媒消费中体现得淋漓尽致,媒介产品中充满了感官享受、情感娱乐和梦想意象,表现出以娱乐为中心,追逐欲望满足和感官享乐的消费主义倾向。

视听新媒体本质上是一种大众文化,移动通信技术的应用导致了传播主体的多元化、信息与资讯的共享、传播形式的多样化,对传统和权威的解构在一定程度上契合了大众文化、消费主义和后现代主义的特征,渴望娱乐休闲、追求感官体验和视觉盛宴成为视听新媒体内容生产的一种明显倾向,搞笑戏说、娱乐至死成为新媒体文化的一道独特景观。作为大众文化消费的新媒体视听内容生产,比传统媒体更加关注受众不断变化的喜好和口味,更加具有流行时尚文化的斑斓色彩。视听新媒体的自由度、互动性及参与的广泛性,使其内容生产趋于娱乐化、流行化、趣味化和时尚化。当然,极端的泛娱乐化倾向也常常会导致低俗媚俗庸俗现象,带来伦理道德的沦丧和社会责任感的缺失。因此,新媒体视听内容生产在遵循大众文化消费规律的同时,也要时刻警惕大众文化和消费文化自身弊端所带来的负面影响,防止视听新媒体因为意义的无深度而沦为文化快餐和文化垃圾,防止在以感性轻松人们心灵与生活的同时消解了崇高美感和理性追求。

(二) 文化创意生产规律

创意产业的概念源自20世纪90年代英国拯救经济困境,推动转型发展的实践,是指源自个人创意、技巧及才华,通过知识产权的开发和运用,具有创造就业财富和就业潜力的行业。文化创意产业是一种在全球化消费社会背景中发展起来的,推崇创新、个人创造力、强调文化艺术对经济支持与推动的新兴理念和经济实践,而内容创意生产是产业链和价值链的发端和源头,通过对创意内容的深入挖掘、不断延伸,加快不同行业、不同领域重组与合作,开拓新型的产业营销模式和营利模式,推动社会经济改革创新和转型升级。创意产业本质上是精神文化内容的生产,是符号的创造和意义的消费,其核心是创意,最大的特征是创意为王,创造性是创意产业的生命线。在新媒体时代,一个独特的创意往往会成为风靡全国乃至全球的文化景观,甚至带动整个产业链拓展延伸,创造出惊人的财富资本,充分体现文化创意产业价值创造的巨大魅力。

新媒体视听内容生产是典型的文化创意生产,是精神文化产品的创造,本质上是符号的创造和意义的消费。在数字化、网络化技术及产业融合发展的背景下,视听新媒体已经推动传统广播影视实现了向数字创意内容产业的历史性转变,正打破传统的行业分工,跨越通信、网络、传媒等各个行业,将图像、文字、影像、语音等内容,运用数字化高新技术手段和信息技术进行整合、融合与重铸,在不同的载体和空间内流动和开发利用。因此,新媒体视听内容生产实质上就是创意的比拼,是创造力的展示。在新媒体视听内容生产实践中,要深入把握当代人审美需求特征,满足受众深层次心理结构需求,充分发挥视听符号激发消费欲望,增强传播效果的作用,体现新媒体时代视觉化、娱乐化的特征。要研究市场特别是年轻受众需求习惯,打破传统思维束缚,展开想象力翅膀,探索趣味表达方式,创作开发和制作更多短小快捷,充满时代气息、现代意识和流行时尚的视听节目。要提高情感逻辑和自由表达水平,充分发挥文化创意梦想产业优势,积极探索视听新媒体内容产品在题材、品种、风格和载体上差异化、个性化和品牌化发展路径,以精品争夺产业链高端,以上游带动全局,在竞争与发展中立于不败之地。如最近由中影集团与搜狐公司联手推出的新媒体项目"7电影计划",将邀请7位知名男明星跨界执导7部电影短片,从青春、爱情、科幻、悬疑、都市、黑色幽默等各种角度打造新媒体短剧。而"搜狐出品"门户剧《疯狂办公室》点击数已轻松突破7000万,《钱多多嫁人记》已登陆27个省市数字电视频道。

(三) 高新科技融合规律

人类科技发展推动媒介传播形式一次又一次变革:从语言口头传播,到印刷文字传播,再到电子信息传播,都加快了传播手段创新和人类文明进程,而今天,与传媒业结合最为紧密的无疑是数字化、网络化和信息化技术。传统媒体借助高新技术的力量,突破了传播时空局限,拓展了传播对象范围,创新了传播形态模式。特别是基于网络数字技术 Web.2.0 所诞生的各类新兴媒体,更是彻底颠覆了传统媒体传播理念,改变了节目生产制作流程,重构了全新媒体传播格局,生动地体现了传播技术的新、传播介质的新、传播方式的新和传播规律的新。媒介与高新技术的融合发展,推动了媒介制作理念、生产方式、传播方式模式的巨大变化,同时也深刻地改变了人们信息接受方式,人类生存发展状态和社会经济文化结构。而云计算、云存储等下一代计算技术,以及物联网与数字智慧家庭和城市的结合等,也必将对视听新媒体内容产业产生深远影响。

如果说传统广播影视是电子技术进步的产物,那么,作为广播影视发展最前沿的视听新媒体,就是广播电视与最新网络技术、数字技术融合发展的产物,是广播影视与当代最新科技手段结合最为密切,对人们日常生活渗透最为深入,最具发展活力和潜力的前沿部分。视听新媒体在节目制作、存储、发布、传送、接收和显示等各个环节都深深地烙下了现代高新科技的印记。通过对数字网络高科技手段的运用,视听新媒体具备了传统广播电视无法想象的新功能和新特征,通过有效整合运用图像、文字、影像、语音等各种资源,推动视听图像质量更加高清化、传受交流更加互动化、节目编辑更加合理化、内容处理更加软件化、内容存储更加高效化等,推动视听新媒体节目制作质量水平进一步提高。特别是在视听新媒体内容生产中,以数字创意性和网络开放性思维指导节目制作,将各种文化创意与最新数字技术手段有机结合,大大增强了视听新媒体节目的观赏性和有效性。

(四)草根个性创作规律

与传统媒体更多体现少数人的精英型文化相比,新媒体打破了传受双方界限,颠覆了单向线性传播方式,提供了一个互动开放平台,每个人都能够成为内容生产的参与者和分享者,体现了较强的便利性和自由度,其中强烈的反叛性和戏谑性,更具备消解权威和中心的草根文化特征。受众能够以传播者的角色参与内容生产,通过 DV、DC、PC 等新技术拍摄制作,并在开放的媒介平台自由发布信息和作品,实现了从传统广播影视专业机构制作到受众个性化制作上传的拓展,使新媒体既具有传统媒体的专业性,又具备草根时代的原创性和个性化,从一定程度上打破了精英文化与传统文化对传播语境的垄断,使受众从被动接收信息向主动创造信息转变,最大限度地体现了现代传播包容性、平等性和参与性的特征。在新媒体时代,普通大众或草根借助高科技传播手段的力量,第一次获得平等的信息权和话语权,全方位呈现来自民间的声音和智慧,在与精英文化的博弈、冲突和交融中完成了数字时代全新文化格局的构建。

视听新媒体特别是网络视听网站,有大量内容直接来自网友制作拍摄上传的音视频作品,其中一些影视短片还成为网络流行文化,产生了较大的社会影响。如筷子兄弟的新媒体短片《老男孩》,引发了 70 后的青春集体回忆,掀起了一股怀旧热潮;西单女孩低吟《天使的翅膀》、旭日阳刚高歌《春天里》等音乐视频,展现社会底层奋发向上的精神,引发了人们心灵的感动与共鸣;而《春运帝国》对春节一票难求现象的描述与讽刺,《楼市春晚》道尽楼价居高下房奴的辛酸与艰难,则体现普通民众民主参与意识明显增强。这些网民上传音视频作品充满生机活力,蕴含着来自民间的智慧和创造力,展示出强有力的草根力量。视听新媒体的平民性和通俗性,已使其内容生产成为人们闲暇生活和自我愉悦的重要组成部分,在互动、个性、平等和包容的新媒体文化环境中,每个人都能够自由地展示才华,表达观点,并与他人、与社会分享自己的所思所想所感。但是我们也要清醒认识到,草根个性创作并非"恶搞",不能完全以颠覆的、滑稽的、莫名其妙的无厘头表达来解构所谓"正常",要警惕草根个性创作中的历史虚无主义、文化虚无主义思潮,不能为了追求所谓个性自由而突破道德法律底线,制作一些纯粹以搞笑为目的,扭曲、丑化、侵权原作品的视听短片。视听新媒体平台应加强审核把关,坚决将这些低俗庸俗媚俗的文化垃圾堵在传播渠道之外,为视听新媒体健康可持续发展营造良好的生态环境。

(五) 微内容碎片化规律

学者斯维基(Cm Swiki)对微内容的定义是:"最小的独立的内容数据,如一个简单的链接,一篇网志,一张图片,一段音频、视频,一个关于作者、标题的元数据,E-mail 的主题,RSS 的内容列表等。"相对于传统媒体结构完整、宏大叙事的"巨内容"而言,"微内容"最显著的特点就是微小和细碎。数字技术、网络技术的普遍应用,使受众作为传播个体处理信息的能力大大增强,通过搜索引擎、标签等的聚合,个人微小的信息都可能被看到并引起关注,凝聚成强大的力量。随着社会阶层的多元裂变,各种利益诉求的充分表达,受众个性化的信息需求更加强烈,媒介传播环境呈现出细分化、碎片化的发展倾向。现代社会人们工作与生活节奏加快,时间被割裂成破碎的片段,放松性的视听享受取代了深层阅读,感官性、跳跃性的思维取代了缜密性、逻辑性的思考。新技术使受众信息获取方式产生了根本性改变,新媒体充分迎合了人们休闲娱乐时间碎片化的需求,媒介碎片化、受众碎片化、消费者碎片化乃至品牌碎片化的现象更为普遍。

正是基于对"微内容"创作特点和"碎片化"媒介消费习惯的考虑,新媒体视听内容生产重点正转向碎片化的"微视频"内容制作,优酷网总裁古永锵给出的定义是:"短则几秒,长则数分钟,内容广泛,形态多样,涵盖小电影、纪录短片、DV 短片、视频剪辑、广告片段等可通过 PC、手机、摄像头、DV、DC、MP4 等多种视频终端摄录或播放的视频短片。"微视频生产的关键在于:按照消费时间碎片化的要求,如打破夜晚与白天、工作与休闲的时间界限,按照空间碎片化的要求,如在上下班途中、在工作闲暇,甚至在排队等候时,大胆地将节目碎片化、颗粒化,将追寻连续深度意义的表达转变为片段的、非逻辑的、追求表层信息量的方式。比如在公交移动电视中,将连贯的节目形态按照受众消费时空碎片化要求,拆分成小段落和小单元,时长不超过三五分钟。甚至在不同时段,节目编排风格也不尽相同,如早间节目节奏、音乐更加清新明快。随着技术发展,视听新媒体形态层出不穷,每一种媒体不断细分化、内容更加碎片化,针对不同收视特点的区域和人群,通过不同载体播送不同节目,与传统媒体形成互补共赢的格局。

(六) 社会效益最大化规律

与传统媒体相比,视听新媒体具有双向互动、复合多元、个性异质等传播特征,在内容生产中呈现出大众文化消费、草根个性创作、娱乐化倾向等规律,有人便据此认为,视听新媒体发展重在市场化、产业化运营,以追求经济效益最大化为目标。正是因为对视听新媒体的本质属性认识产生偏差,又游离在依法行政管理之外,一些社会民营视听新媒体为了追求点击率,获取广告收益,往往在节目内容上打擦边球,不时以色情、暴力等感官刺激内容来吸引眼球,危害未成年人身心健康,有时甚至因为把关不严,出现政治导向偏差,带来严重的社会负面影响和安全播出隐患。这些问题的关键在于:没有清醒认识到新媒体作为传统广播影视的延伸拓展,是党和政府又一重要的宣传舆论阵地,同样要把握双重属性、坚持双重效益、遵循双重规律、完成双重任务,同样要坚持正确舆论导向和先进文化方向,肩负引导社会、教育人民、推动发展的重要功能,视听新媒体社会效益最大化的本质并未随着传播特征的变化而改变。

因此,在视听新媒体内容制作生产中,仍然要将加强社会引导,坚持正确导向,建设社会责任放在首位,努力将弘扬以爱国主义为核心的民族精神、以改革创新为核心的时代精神、以社会主义荣辱观为核心的伦理道德精神有机融入各类视听新媒体节目的生产和传播中。围绕党委、政府中心工作,充分发挥视听新媒体高新技术优势和节目创新优势,服务大局,服务群众,服务于社会经济文化建设。深入贯彻"三贴近"原则,准确把握社会热焦点,针对不同受众不同需求,主动设置议题,精心策划内容,通过原创性采制、逻辑式链接、多媒体集成、全方位展现、全社会参与,满足群众多样化、多层次、多方面、个性化精神文化需求。大力培育一大批具有中国特色、中国风格、中国气派的网络视听节目品牌,以大量思想性、知识性、艺术性、观赏性相统一的作品,让广大受众获得文化熏陶和精神滋养。同时自觉抵制低俗之风,抑制腐朽文化,确保视听新媒体内容健康,可持续发展。[①]

三、新媒体视听节目传输终端功能特点

(一)屏幕尺寸所能展现的空间相对较小

单位时间内信息量传达的多少是由画面大小决定的。从电影屏幕的角度来讲,全景画面、深景镜头和长镜头的运用为大型史诗和军事战争题材提供了很好的展现空间,因为大画面适宜于表现内容元素丰富的场景,能把镜头中的各种内部运动方式统一起来,为画面造成多种角度和景别,突出环境表现,能使重要的戏剧动作完整流畅而又富有层次地表现出来。而这种手法如

---

① 郑宇. 论视听新媒体传播特征及内容生产规律[J]. 视听纵横,2011,10.

果运用到电视屏幕,信息量就会打折扣,如果再移植到手机屏幕,这个折扣还会更大。手机相对狭小的视觉空间使得它不适合表现宏大场面和深远历史背景。方寸间所能达到的视觉效果是非常有限的,因而表达的画面信息也是有限的,为了保证画面信息能有效传达给受众,手机电视节目对深景镜头和长镜头就只有忍痛割爱,取而代之的就只能以近景和特写镜头为主。

(二) 屏幕分辨率较低

除了受到手机屏幕尺寸的限制,屏幕的分辨率也是非常重要的一个参数。理性的内容制作商只会根据手机自身的特性来生产商品,目前液晶电视的屏幕能达到40英寸左右,分辨率主要有800×600、1280×768、1366×768、1920×1080,长宽比例基本采用16:9的标准比例。相比较之下,手机屏幕的点阵为128×128,宽度和高度的比例为1:1(或4:3、3:4),只相当于电脑屏幕上的800×600的显示分辨率,这种分辨率使得手机屏幕不适合高画质和特效镜头。因此视觉冲击不是手机电视的长项,不可能追求高质量的场面渲染和画面空间的张力。

(三) 手机电池续航能力较弱

普通的电视连续剧每一集的长度可以达到40分钟,而手机电视由于电池的原因将很难达到这个时间长度。手机的存在首先要满足通讯的需要,视频服务只是它的附加价值,在保证能够通话的前提下,留给观看视频节目的电量是有限的,节目的"短"成为其最重要的时间特征,每个节目至多保留一至两个兴奋点。所以手机电视不追求叙事空间的张力、不追求故事人物结构的庞大和精巧、不追求故事情节的多层渲染和铺张,而以明快手法为主交代叙事目的。

(四) 信息交互能力强

手机电视和传统屏幕比起来有着明显的缺点,而这些缺点都是它与生俱来的特征。但手机电视也有自身的明显优势,对于屏幕来讲,镜头叙事的功能永远是它的第一生命力,叙事能力的强弱与屏幕大小并不存在必然的内在联系,镜头尺寸的变化会使叙事方式发生改变,在某些方面甚至还会加强,例如手机的时效性更强。手机所具有的得天独厚的优势是:移动性和便携性,因而使得交互能力成为手机电视独具魅力的特征。交互能力体现在两个方面:一个是实时点播,另一个是参与节目的叙事,让观众成为节目的制作成员之一,使叙事因为参与者的加入而呈现出与参与者密切相关的主题。虽然由于数字节目的出现使得电视机也具有了同样的能力,但手机的便携性和手机电视节目短小明快、追求简单的叙事方法让受众可以更加容易和更快地参与到节目中去,所以手机电视能够在这方面体现出更大的优越性。娱乐是游戏的体现方式之一，互动是实现娱乐的方式之一，受众参与叙事正是为了娱乐、为了完成游戏，手机电视所拥有的明确的互动性可以帮助受众完成参与游戏的目的，所以在这方面，手机电视会超越其他传统屏幕。

手机电视节目形态的先期探索会形成与电视节目相互补充的机制，例如现场直播的体育比赛等传统电视媒体已经播放过的内容可以通过移动终端点播回放，特别是对一些关键的和精彩的镜头进行点播回放，可以有效补充传统电视媒体的线性编排所带来的局限，能够让受众感觉到随时参与的乐趣。

但从长远来看，由于手机自身的媒体特征比较明显——无可比拟的便携性、交互性和用户的广泛性，加之所实施的点对点服务同时连接计算机网络、移动通信网络和广电网络，使手机电视具有强大的生命力，其运营的范围广，立体性交叉式地传递的信息几乎可以渗透到社会生活的各个领域和角落，所以视频服务的提供对手机来讲将是革命性的：人际传播可以利用手机电视便捷地、更具个性地传达个人意愿，甚至可以组建个人数字娱乐中心；各种组织内利用手机电视传播，可有效加强内部信息沟通和组织管理，快速传递内容丰富真实的实时场景；大众传播利用手机电视可以加快新闻制作与传播，实时保存新闻的活性成分，受众则可以获取廉价快捷的资讯。手机媒介的这些特性，要求手机电视内容应当主要以人们普通的生活空间为背景，以人们的日常生活为素材，精准分类内容，精准定位投放，提供不同层次的不同服务，展现其集多种媒体类型为一身的特质。所以，除去其消费价格、技术的推广应用等这些外部因素之外，手机电视节目自身特征的形态能否符合手机技术特征和受众的观赏需求将是手机电视能否迅速进入市场的关键因素。随着时间的推移，手机媒体自身不断成熟，其作用将不会囿于对传统媒体的补充，视频内容服务的提供将促使手机加快显现属于自己的内容特色因素，形成成熟的节目形态，最终成长为受众不可或缺的独立媒体。①

第四节 新媒体视听节目传播的技术基础

视听新媒体是技术发展的产物，是广播电视技术与现代通信技术和计算机技术相互融合的结晶。网络广播、网络电视、IP电视、手机电视等视听新媒体形态既与数字技术、光通信技术、IP协议、软交换技术等基础技术密切相关，也与通信骨干网、宽带接入网、移动通信网等技术直接相关，同时还涉及一些网络音视频传播的特有技术。

---

① 沈春雷. 手机电视的节目形态探讨[J]. 当代传播，2008，1.

一、基础技术

视听新媒体的出现,是各种基础性技术取得重大进步的结果。影响视听新媒体发展的基础性技术主要包括以下四大关键技术。

(一)数字技术

数字技术是指运用 0 和 1 两个数字编码,通过计算机、光缆、通信卫星等设施,来表达、传输和处理所有信息的技术。数字技术一般包括数字编码、数字压缩、数字传输、数字调制和数字解调等技术。数字技术使话音、数据和图像等多种信息通过统一的编码进行传输和交换。数字技术为广播电视业务与其他业务的融合及其在其他网络中的传播奠定了基础。

(二)光通信技术

光通信是指以光波为载体的通信。光通信技术的发展,为海量内容的传送、特别是音视频内容的传输提供了必要的带宽和传输保障。具有巨大可持续发展容量的光纤传输网成为视频业务传输的理想平台。光通信的发展也使传输成本大幅度下降,使音视频通信成本最终成为与传输距离几乎无关的事。

(三)TCP/IP 协议

TCP/IP(Transmission Control Protocol/Internet Protocol:传输控制协议/互联网络协议)是互联网最基本的协议,是互联网上的世界语。TCP/IP 协议的普遍采用,使得各种以 IP 为基础的业务都能在不同的网上实现互通,具体的下层基础网络是什么已变得无关紧要。下一代信息网络就是建立在 IP 技术基础上的新型公共网络,从终端用户到接入网到核心网,整个网络将实现协议的统一,各种各样的终端最终都能实现透明连接。TCP/IP 协议对广播电视最重要的贡献之一,就是使节目点播的问题得到根本解决。

(四)软件技术

软件是指挥电脑硬件如何运作的一些程序,软件技术是指软件的开发和应用。软件技术的发展,使得通信、计算机、广播电视三大网络及其终端都能通过软件变更最终支持各种用户所需的特性、功能和业务,使得音视频类业务可以非常方便地在各种网络中传播。在通信网络中,软交换已成为下一代通信网络的核心技术。

二、视频编码技术

信源编码技术是指对数字音视频信息进行编码压缩,以便于存储、传输和接收的技术,也称数字音视频编解码技术。目前已出现两代信源编码技术,第一代以 MPEG-1、MPEG-2 为标志,其中 MPEG-2 已被广泛应用于数字电视系统和

DVD等产品,意大利、中国香港的IP电视系统中也采用了MPEG-2标准作为信源编码标准。第二代信源编码标准主要包括MPEG-4、H.264和AVS,其共同特征是编码效率比第一代高,H.264和AVS的编码效率是MPEG-2的两倍以上。因此,它们更适应于对带宽资源要求更高的视听新媒体业务。

(一) MPEG-4

MPEG-4是针对数字电视、交互式绘图应用(影音合成内容)、交互式多媒体等整合及压缩技术的需求而制定的国际标准。它将众多的多媒体应用集成于一个完整的框架内,旨在为多媒体通信及应用环境提供标准的算法及工具,从而建立起一种能被多媒体传输、存储、检索等应用领域普遍采用的统一数据格式。MPEG-4标准与MPEG-1、MPEG-2最显著的差别,在于它是采用基于对象的编码理念,即在编码时将一幅景物分成若干在时间和空间上相互联系的视频音频对象,分别编码后,传输到接收端,然后再对不同的对象分别解码,从而组合成所需要的视频和音频。这样既方便我们对不同的对象采用不同的编码方法和表示方法,又有利于不同数据类型间的融合,而且可以方便地实现对于各种对象的操作及编辑。MPEG-4广泛应用于互联网音视频广播、广播电视、交互式视频游戏、实时可视通信、交互式存储媒体应用、演播室技术及电视后期制作、采用面部动画技术的虚拟会议、多媒体邮件、移动通信条件下的多媒体应用、远程视频监控、通过ATM网络等进行的远程数据库业务等领域。MPEG-4于2000年年初正式成为国际标准。

(二) H.264

H.264是国际电信联盟电信标准化部门的视频编码专家组和国际标准化组织国际电工委员会的活动图像专家组共同成立的联合视频小组开发的新一代数字视频编码标准。H.264的应用非常广泛,可满足不同速率、不同场合的视频应用,具有较好的抗误码和抗丢包的处理能力。H.264能很好地适应IP和无线网络的使用,对目前互联网传输多媒体信息、移动网上传输宽带信息等都具有重要意义。

(三) AVS

AVS(信息技术先进音视频编码的简称)是我国自主开发的第二代信源编码标准,具有先进、自主、开放三大特点。AVS包括系统、视频、音频、数字版权管理等四个主要技术标准和一致性测试等支撑标准,其中视频部分已获国家标准化管理委员会批准,于2006年3月1日正式实施。AVS对我国数字化音视频产业的发展具有重要意义。因为采用MPEG-4、H.264标准需要非常昂贵的专利费用,AVS产业化后,有望为我们国家节省大量的专利费。AVS可应用在家电、IT、广电、电信、音响等领域的芯片、软件、整机、媒体运营方面。

目前，AVS 已在中国网通的 IP 电视系统中测试。

三、基础网络技术

网络广播电视、手机电视、IP 电视等业务的传输主要涉及固话通信骨干网、计算机骨干网、移动通信网及宽带接入网等基础网络，其发展态势和趋势将对视听新媒体业务的发展产生重大影响。

（一）骨干网技术

骨干网也叫核心网，是通信网、计算机网的干线网络，目前的骨干网一般都是指光纤干线网。近年来，数据、视频业务量爆炸性激增，已逐步超越语音业务量，成为通信干线链路的主要信息流，传输网络的容量需求飞速飙升。骨干网技术的发展方向主要在于不断寻求新的解决方案，以进一步增加通信容量。光纤通信的发展经历了从短波长到长波长，从单波长的较低传输速率到波分复用（WDM）的较高传输速率，从较短中继距离到较长中继距离的演进，从准同步数字体系（PHS）过渡到同步数字体系（SDH）的演变，目前正在采用 WDM 技术组建光传送网（OTN）。作为提高每个信道上传输容量的有效技术——光时分复用（OTDM）也正在研究中。

（二）宽带接入网技术

接入网指接入用户的那一段网络，常被称作最后一千米。在骨干网向以 IP 为核心的宽带网演进的同时，接入网的宽带化也在同步进行，它几乎覆盖了从铜缆到光纤、从无线到有线、从地面到卫星、从固定到移动的所有宽带传输技术。无论是有线方式还是无线方式，无论是物理网络还是虚拟网络，运营商都在力图提升网络的传输速率，使其能够承载更多的业务类型，服务更多的用户，提升网络的运营价值潜力。

宽带接入网包括 ADSL（非对称数字用户线）、LAN（五类线）、Cable Modem（有线调制解调器）等有线接入网，本地多点分配业务（LMDS）、无线局域网（WLAN）、固定无线接入 WLL（无线本地用户环）等无线接入网。有线接入网方面，光纤接入网技术将在未来全业务宽带通用接入网中占有较大份额，ADSL 在向 ADSL2/2＋方向发展。无线接入网方面，本地多点分配业务（LMDS）传输速率高达 155Mbit/s，可提供话音、数据、图像等任何种类业务；多入多出天线（MINO）、智能天线、正交频分复用（OFDM）、多维调制技术和多址接入等，已成为当前应用研究的热点。

（三）移动通信技术

目前，移动话音、数据和多媒体通信业务与基于互联网的信息服务业务的结合日益紧密，移动互联成为业务增长最为强劲和最受投资者青睐的领域。

第三代移动通信网(3G)的核心网正朝着基于 IP 技术的方向发展,在手机上可实现各种 IP 应用,移动 IP 技术正逐步成为人们关注的焦点之一。与 2G 相比,3G 的主要目标是提供更大的系统容量、更好的通信质量,且能在全球范围内更好地实现无缝漫游,以及为用户提供包括话音、数据及多媒体等在内的多种业务,同时还要考虑与已有第二代系统良好的兼容性。为解决 3G 在移动端高速运动的情况下传输速率小的问题,目前又提出了 B3G(Beyond 3G)或 4G 系统,以提供更高的传输速率和更高的可靠性。

四、网络播放及管理技术

网络播放技术是指将压缩编码好的音视频内容通过网络传送给用户收听、观看的技术。因涉及交互,其实现方式要比传统的广播电视技术复杂。整体上讲,网络播放技术包括下载播放技术和流媒体播放技术两种。下载播放技术是指用户通过互联网,将网络服务器上的音视频内容下载到用户计算机上后再播放,是一种非实时的播放方式。目前,用户从网上下载大片都是采用该技术。流媒体技术则是一种边下载边播放的技术。

(一) 流媒体技术

流媒体(Streaming Media)技术是一种可以使音视频和其他多媒体内容能在互联网或局域网上以实时的、无需下载等待的方式进行播放的技术。流媒体文件格式是支持采用流式传输及播放的媒体格式。在流式传输方式的系统中,用户只经过几秒或几十秒的启动延时,即可在自己的计算机上观看到相应内容。而此时多媒体文件的剩余部分将在后台的服务器内继续下载。与单纯的下载方式相比,流式传输方式不仅使启动延时大幅度地缩短,而且对系统缓存容量的需求也大大降低。流媒体技术目前已广泛用于实时视频会议、网上新闻发布、在线直播、网络广告等。流式传输目前有顺序流式传输和定时流式传输两种方法。顺序流式传输是顺序下载,在下载文件的同时用户可以观看,用户只能观看已下载的那部分,播放质量高,但用户等待时间长。在实时流式传输中,用户可快进或后退以观看前面或后面的内容,但对网络传输要求高,否则收到的信号效果比较差。流媒体的主要协议有实时传输协议(RTP)和实时流协议(RTSP)等。前者用恒定数据速率传输一个紧凑的、单向的数据流,可以满足实时播放的要求;后者可以在用户的计算机和传输流业务的服务器之间保持固定的连接,用于观看者与单播服务器通信。

(二) P2P 技术

流媒体服务的最大问题是带宽瓶颈,服务器出口、用户接入带宽以及干线网带宽将影响网络音视频传播的质量。解决这一问题的方式,一方面是从扩大带宽入手,如扩大服务器出口带宽,扩展干线传输容量,用户接入尽量改为宽带;另一方面是从改进流媒体相关技术入手,如提高信源压缩效率,采用镜像服务器、缓冲服务器等。近年来,P2P技术的成熟和应用,使网络音视频传播的质量有了大幅度改善。目前网络电视和IP电视中都采用了该项技术,手机电视服务中也将采取该技术。P2P技术主要是指由硬件形成连接后的信息控制技术,其代表形式是软件。P2P模式突破了C/S(客户机/服务器)模式下仅是服务器资源提供服务的方式,通过合理地运用服务器性能和服务器端的网络资源,以及用户计算机的空间资源和用户端的带宽资源,让服务器和所有用户共同提供资源。在P2P模式中,用户数量越多,下载速率越快。P2P技术具有对等计算、协同工作、搜索引擎、文件交换等功能。P2P技术虽然得到广泛应用,但也带来许多新的问题,如占用大量干线网络资源、没有完善的管理计费系统、导致更加严重的盗版行为等。目前,一些可控制的P2P技术正在开发中,对网络流量和内容计费有望实现可控管理。

(三) CDN技术

CDN的目的是通过在现有的互联网上增加一层新的网络架构,将网站的内容发布到最接近用户的网络"边缘",使用户可以就近取得所需的内容。CDN可有效解决网络带宽小、用户访问量大、网点分布不均等问题,提高用户访问网站的响应速度。CDN的关键技术有内容路由技术、内容分发技术、内容存储技术、内容管理技术等。CDN负载均衡系统实现CDN的内容路由功能,其作用是将用户的请求导向整个CDN网络中的最佳节点。最佳节点的选定可以根据多种策略确定,例如距离最近、节点负载最轻等。负载均衡系统是整个CDN的核心,负载均衡的准确性和效率直接决定了整个CDN的效率和性能。内容分发包含从内容源到CDN边缘节点的过程,有PUSH(推)和PULL(拉)两种分发方式。内容存储包括对内容源的存储和内容在边缘节点中的存储。内容管理则涵盖了从内容的发布、注入、分发、调整、传递等一系列过程,其重点在内容进入节点后的管理。

(四) 数字版权管理(DRM)

数字版权管理(DRM)是保护多媒体内容免受未经授权的播放和复制的一种方法。其工作原理是:首先建立数字节目授权中心,编码压缩后的数字节目内容,利用密钥(Key)进行加密保护(lock),加密的数字节目头部存放着密钥序列号(Key ID)和节目授权中心的URL。用户在点播时,根据节目头部的密钥序列号和URL信息,就可以通过数字节目授权中心的验证授权后送出相关的密钥解密(unlock),节目方可播放。

另外有一种数字水印技术,它是一项用于标识所有权、跟踪使用、保证合法授权访问、阻止非法复制和对内容进行认证的关键技术,被认为是数字版权保护的"最后一道防线"。

目前,DRM已经有许多很成功的商业应用,而数字水印的成功应用还不多。如果能把数字版权管理和数字水印技术有效地结合起来,将更有利于内容的保护。

五、智能终端技术

视听新媒体是多媒体业务的重要组成部分,接收视听媒体也常常需要智能终端才能完成。目前比较常见的智能终端可以分为固定终端和移动终端两类。固定终端包括计算机、带有通信功能的电视机等;移动终端的种类较多,目前最常见的是手持电脑和手机。

(一)电视综合信息终端

该信息终端是将数字广播电视与互联网两种方式作为传送路径的一种新型电视接收机。这种接收机配备大容量存储模块,可存储通过两种方式传送的影像内容,具备通信、广播电视、存储三种功能。发展电视综合信息终端的目的是希望电视机能与个人电脑一争高下,使其成为信息设备的中枢。

(二)计算机多媒体终端

目前的计算机均带有多媒体播放器、音乐软件,但为了发挥在家庭娱乐方面的作用,使其成为"家庭媒体中心",计算机正在向具有观看电视功能的多媒体终端方向发展。为计算机安装一套特制的操作系统,以及可录制电视节目的数字视频录制(DVR)组件和电视收视向导组件,用户通过鼠标或红外遥控器操控计算机,就可以在计算机上方便地实现影碟播放、音乐欣赏、照片浏览、电视收录等功能。

(三)手机多媒体终端

目前的手机已经实现通话、照相、录音、录像、收音、收电视、上网、下载和上传多媒体信息、游戏、简单计算等多种功能,已成为名符其实的多媒体智能终端。通过手机,人们可以随时、随地、随意地获取和交流资讯娱乐信息。手机智能终端目前面临的主要问题是存储容量及电池的续航能力,手机流媒体的传输速率也是手机与无线网络需要共同面对的问题。

在视听新媒体业务的运营过程中,除上述之外,还有一些技术同样非常重要,诸如交互控制技术、内容采集技术、媒体资产管理技术、存储技术、检索技术、用户管理系统、计费系统、网络安全技术等。[1]

---

[1] 董年初. 视听新媒体相关技术[J]. 中国广播电视学刊,2007,4.

第二章 视听新媒体节目的拍摄理念

围绕视听节目拍摄过程所使用的画面语言结构,本章从画面造型、画面构图、画面形象和摄像用光等几方面来阐述新媒体视听节目拍摄中所遵循的理念和应具备的专业素养。

第一节 新媒体视听节目的画面造型

视听节目的画面是指由电子摄录系统拍摄和制作的,由屏幕呈现的影像,它是构成视听节目的最小影像符号单元。就视听节目的拍摄而言,镜头是摄像器材从开机到关机,不间断地拍摄所记录下来的一个片段。

视听节目的画面不全是由镜头组成:编辑在视听节目中的图片是画面,不一定是镜头;监控器拍摄的画面也不一定是镜头;数字技术制作的图像或视频不是镜头。因技术问题使所拍摄的镜头质量不过关,或由于某个镜头并不是非要不可等因素,并不是所有的镜头都能成为视听节目的画面。编辑在视听节目中的那一部分镜头是视听节目的画面,画面既可以是一个镜头,更多的时候是一个镜头中的一小部分。镜头与画面就像"玉石"和"玉器"之间的关系,一个是视听节目生产的初级材料,一个可以用来编辑制作视听节目的组成部件。只有了解画面的构成,才能熟悉镜头的拍摄。

视听节目的画面是形成视听节目的基本元素和基本单位,是摄像器材拍摄成果在影像叙事中的能动性呈现。从本体意义上讲,视听节目的画面是视听一体的。画面及附载其上的同期声、现场环境音响等,是不可分割的共同体。文艺类视听节目强调声画同步;纪实类视听节目则要求声画对位。

一、新媒体视听节目的画面景别

景别是被摄主体和画面形象在屏幕框架结构中所呈现出的大小和范围。不同的景别表现出不同的画面内容,反映出摄影师的拍摄意图和创作艺术,可以引起观众的不同感受和心理反应。通过不同景别的调度,一方面可以在画面中突出某些细节,另一方面,又能去掉不需要表现的景物,使留在画框内的景物具有某种表现意义。

景别的变化带来的是视角的变化,它能通过电视摄影造型达到满足观众从不同视距、不同视角全面观看被摄体的心理要求;景别的变化是实现造型意图、形成节奏变化的因素之一,它能适应观众的视觉审美习惯;景别的变化使电视画面语言的叙事具有更加明确的指向性,引导观众去注意和观看被摄主体的不同方面,使画面对事物的表现和叙述有了层次、重点和顺序。

景别的区分是以镜头所包容的面积大小和被摄物体在画面上所占的大小作为划分的标准。通常有以下几种。

(一) 远景——场面

远景是电视景别中视距最远、表现空间范围最大的一种景别。远景的作用,主要用来交代环境,奠定基调。基于相对较小的屏幕尺寸和相对复杂的收视环境,新媒体视听节目比传统电视电影更少地使用远景画面。

1. 远景画面的特点

具有较大的空间容量,它主要表现自然环境、某种气氛、人物周围广阔空间、地点、自然景观或大场景的群众活动场面。注重对景物和事件的宏观表现,力求在一个画面内尽可能多地提供景物和事件的空间、规模、气势、场面等方面的整体视觉信息。

2. 远景画面的拍摄

远景画面的构图,应以宏观态势与规模为主,讲究画面的"单纯"与简单;从大处着眼,选择、提炼、确定画面中大的线条的走向与趋势,统一画面的整体氛围;要发挥光线在远景画面构图中的关键作用,利用好早晚的侧光和侧逆光;可适当考虑选用前景,加大画面形式上的大小、深浅、浓淡和冷暖对比。

(二) 全景——环境

表现人物全身形象或某一具体事物全貌的画面。全景画面主要用在视听节目的开头,通过呈现人物与环境的关系来交代故事发生的时空环境。

1. 全景画面的特点

全景主要用来表现被摄对象的全貌,或者人的全身,同时保留一定范围的环境和活动空间,以此来呈现人与环境的关系。全景画面的主体可以是单个人物或者人物群体,可以是人也可以是物体,但这个画面主体必须是引领故事发展的核心人物。

2. 全景画面的拍摄

在全景画面中,要尽量保证主体外延轮廓线条的完整。全景的最佳特色就是主体与环境的交融组合、相得益彰;拍摄全景时,要善于选择适当的前景,来帮衬内容的表达,以加强画面的纵深感;同时要选择与主体不同色调的背景来衬托主体、突出主体。

(三) 中景——关系

表现成年人膝盖以上部分或局部场景的画面。中景画面既能较直观地呈现人物面部特征又能较全面地展现人物周围的空间关系，因此适合用来表现人物之间的社会关系。

1. 中景画面的特点

中景使观众看到人物膝盖以上的形体动作和情绪交流，通过人物的动作、姿态和手势，来反映人与人和人与物之间的关系和交流状态。中景的最佳特色是以生动的情节来吸引观众。

2. 中景画面的拍摄

当中景表现人物间的交流时，画面的结构中心不是人物间的空间位置，而是人物视线的交汇点和情绪上的交流线；当表现人与物的关系时，画面以人与物的连接线为结构线。中景画面里的人与人之间、人与物之间最好能够有呈现关系的载体，或是动作，或是姿态，或是物体。

(四) 近景——神态

表现成年人腰部以上部分或物体局部的画面，表现重点是人物的神态和物体的局部细节特征。人物处于近景画面时，脸部器官成为重要的形象元素，无论是被摄人物面部肌肉的颤动、目光的流转、眉毛的挑皱等，都能给观众留下深刻的印象。

1. 近景画面的特点

近景是表现人物面部神态和情绪、刻画人物性格的主要景别。近景画面拉近了被摄人物与观众之间的距离，容易产生一种交流感。用视觉交流带动观众与被摄人物的交流，并缩小与画中人的心理距离。

2. 近景画面的拍摄

在拍摄近景时，由于空间放大，要注意前后景，排除与主题无关或矛盾的细节；由于景深较浅，容易虚焦，因此最好使用支撑平台辅助进行拍摄；另外手的动作对神态和情绪的表达也非常重要，也要注意抓取。

(五) 特写——心灵

突出地强调人或物的一"点"，即局部细节，以此来窥视人的内心或物的本质。特写(包括大特写和满景画面)是视听节目最具个性化特色的视觉表达方式，通过最局部细节的选择性放大来呈现和强化某种主题和情绪，同时也是新媒体视听节目也是使用较多的画面景别。

1. 特写画面的特点

特写画面通过描绘事物最有价值的细部，排除一切多余形象，从而强化了观众对所表现的形象的认识，并达到透视事物深层内涵、揭示事物本质的目的。特写是面向观众打开的一扇通往人物内心世界的窗户。通过面部表情和眼神变化,展现出人物复杂多样的心灵世界;表现物体时,可将其全部细节展示于观众面前,准确地表现出被摄体的质感、形状、颜色;表现景物时,可把近距离才能看清的极微小的世界放大呈现出来,让人不得不仔细去看。

2. 特写画面的拍摄

由于特写画面具有突出和强调的作用和营造悬念的功能,特写画面需要配合其他景别的画面来一起叙事;与此同时,基于特写画面在影像叙事中形成气氛、造成节奏和承上启下的转场等结构性功能,需要保证一定基数的特写景别画面的拍摄。不过特写画面不可使用过于频繁,延续时间也不宜过长,在拍摄过程中尤其要通过支撑平台来保证画面质量。

二、新媒体视听节目的画面方向

方向的变化是指拍摄位置在水平方向上的变化。拍摄者以拍摄对象为中心,进行水平圆周运动,寻找最理想和最能表现拍摄对象特征的角度。不同的拍摄方向,会产生不同的画面效果。画面的内部结构、线条配置、物体视向、相互关系,以及构图中的主体、陪体、环境等,都会因拍摄方向的不同,有很大的改变。

(一) 正面拍摄

正面拍摄是摄像机镜头朝向与被摄主体朝向正面相对的拍摄方向,是被摄对象的视线或建筑物的朝向与镜头的轴线相对应且重合的拍摄方向。正面方向拍摄有利于表现被摄对象的正面特征,容易显示出庄重稳定、严肃静穆的气氛,形成画面的稳定感。

1. 正面拍摄的优点

如果以人物为主并采取正面结构形式,可以很好地展示人物的横向线条和外部轮廓,细部的对称结构以及面部情感的微妙变化;同时人物头部和胳膊形成的三角构图能给人稳定、和谐之感和对称、静态之感;能够产生参与事件的交流感;正面方向拍摄人物时,可以看到人物完整的脸部特征和表情动作,如用平角度和近景别,有利于画面人物与观众面对面地交流,使观众容易产生参与感和亲切感;在电视新闻节目中,正面结构形式,更多是为了强调庄严、隆重和正式的气氛;在电视文艺节目中,正面结构形式还用来表现皇权的威严、宗教的神圣和陈腐的体制等。

2. 正面拍摄的缺点

正面拍摄角度只表现被摄物体的一个平面,物体的各个部分平均地展现在画面中,具有同等意义,不利于强调或突出某一部分,也很难获得较好的被摄体与环境的呼应关系；拍摄的建筑物多出现平行线条，各种透视关系不明显，立体效果差，不利于空间感和立体感的表达；表现动势或运动的题材时，因为动体的运动空间被压缩，动感不强，物体展开轨迹和线条难以呈现。

（二）侧面拍摄

侧面拍摄是摄像器材位于被摄主体的正侧面（左或右）进行拍摄，被摄对象的视线或建筑物的朝向与摄像机镜头的轴线成直角即 90°角交叉的拍摄方向，通常说是正左方和正右方。

1．侧面拍摄的优点

侧面拍摄利于表现被摄体的运动感。在这种拍摄方向中，被摄体的朝向与视线焦点在画面一侧或画面之外，因而有明显的方向性，有利于表现被摄物体的运动姿态，及富有变化的外沿轮廓线条。能够呈现人物的交流状态。侧面方向拍摄人与人之间的对话和交流时，能够较好地显示双方的神情、彼此的位置，并能够在画面中形成鲜明的对照效果。

2．侧面拍摄的缺点

侧面拍摄同样只是表现被摄体的一个侧面，缺乏透视变化，立体感和空间感都较弱；侧面拍摄很难全面直观呈现被摄对象的主要形貌和表情细节，不适合用来表现人物的表情和情绪；侧面拍摄的主要内容是人物关系和运动过程，动态性都比较强，因此很容易导致构图失衡，因此对主体运动的轨迹和速率要有准确的预判。

（三）斜侧面拍摄

斜侧面拍摄是指摄像机在被摄对象正面、背面和侧面以外的任意一个水平方向进行的拍摄，即我们通常说的左前方、右前方和左后方、右后方，也可分为前斜侧和后斜侧两种角度。斜侧面拍摄既能呈现人物面部细节，又能交代人物关系；既能传达主体神态和情绪，又能表现主体运动姿态和方向。因此是视听节目中使用量最大的画面造型塑造方式。

1．斜侧面拍摄的特点

斜侧面拍摄能使被摄体本身的横线，在画面上变为与边框相交的斜线，物体因此产生明显的形体透视变化，画面由此而显得活泼生动，有较强的纵深感和立体感，利于表现物体的立体形态和空间深度，能够起到突出重点、分清主次的作用。

用前斜侧拍摄人物时，兼有正面拍摄与侧面拍摄的特征和优点，既能表现人物的内在气质、心理活动，又能刻画人物的轮廓形态以及交流时的手势动作；用后斜侧角度拍摄人物时，兼有背面拍摄与侧面拍摄的特征和优点，既能诱发观众的联想与好奇心，又能看清人物的轮廓形态和动态特征。

2. 斜侧面拍摄的使用

在新闻采访和影视剧对话中，经常使用这种被叫做"过肩镜头"斜侧面拍摄方式。新闻采访中采访者做前景侧后方背对镜头，被访者做主体斜侧面面对镜头，观众自然把注意力集中到了被访者身上。斜侧面拍摄充分利用了画面对角线的容量，使一些延伸线条在画面中保留得最长，起到扩充和伸展空间的作用。

斜侧面拍摄"过肩镜头"时经常需要对应拍摄采访者或话题倾听者的"反打镜头"，因此摄像机与主体之间连线（轴线）形成的夹角角度必须绝对对等，如果角度不对等，就会形成一轻一重或者一强一弱的指向性意味，导致画面叙事意义的扭曲和错位。

（四）背面拍摄

背面拍摄是在被摄对象的背后，即正后方进行拍摄。这种画面中，被摄体背向镜头，因此，人物轮廓线就上升到造型的主要地位。背面结构形式的处理要注意背影的传情写意，着力刻画人物的姿态轮廓，并选择提炼典型的线条结构。

1. 背面拍摄的特点

背面方向拍摄的画面，表现的视向与被摄对象的一致，能使观众产生与被摄对象视线一致的主观效果；有的背面拍摄镜头，既能表现人物的背景，又能突出人物所处的环境，被摄人物看到的空间和景物，也是观众所看到的，因此给人以强烈的主观参与感；由于观众不能直接看到画面中所拍人物的面部表情，具有一种不确定性，带有一定的悬念，处理得当能够调动观众的想象，引起观众更大的好奇心和更直接的兴趣。

2. 背面拍摄的使用

背面拍摄画面往往具有"离场"的指意，因此一般只能在特定场景叙事完成时来引导转场。因为背面拍摄画面完全隐去了被摄主体的面部特征，被摄主体的形体状貌和肢体动作就上升到了主导性的叙事地位；为了强化背面拍摄画面的吸引力和感染力，被摄主体的画面形象往往需要借助辅助物体来塑造，武器（刀枪等）、服饰（披风等）和代步工具（车马等）就是必不可少的叙事载体和造型媒介。

三、新媒体视听节目的画面角度

角度是指摄像机镜头与被摄主体在垂直平面上的相对位置或相对高度。拍摄角度的变化是从生活中人的视点的变化演变而来的，如"登高望远"与"高山仰止"。但这一角度不像水平方向那样容易实现，难度较大，正常的可活动范围较小,如果借助摇臂、升降车等辅助工具可以获得较大空间。

(一)平角度拍摄

平角度拍摄是从视平线的角度进行取景的,摄像机镜头的轴线与被摄对象的视线或兴趣中心线在同一水平高度上,视觉效果与日常生活中人们观察事物的正常情况相似,被摄对象不易变形,使人感到平等、客观、公正、冷静、亲切。利用平角度拍摄,被摄主体的垂直线条虽得以正常表现,但水平线条则容易重叠,因此,平角度拍摄不利于空间层次和空间深度的表现。

1. 小场景平拍要注意处理背景

拍摄小场景时,以人物为主的画面要慎重处理好背景。平角度拍摄带来的最大问题是背景上重叠杂乱的线条和纷乱的影调色彩都会毫无保留地涌入画面。一般利用可行的技术与艺术手段可以简化背景:如用长焦镜头、逆光、雨雪雾等;或通过调动被摄对象来弱化背景,比如让被摄对象动起来。

2. 大场景平拍要注意处理地平线

拍摄大场面时,以风景为主的画面要防止和避免地平线平分画面,要化平面关系结构为立体结构,打破平面线条分割,人为加强画面透视对比(利用前景抑制地平线无限制地贯穿画面);在地平线上有意选择一些高低不平的物体,来分散观众视线的注意力,或者用水中倒影,来淡化观众对地平线的印象;利用画面中由近及远所形成的线条变化,引导观众的视线进行运动;选择有代表性的、典型的、有曲线变化的人或物进入画面,形成地平线的直线条与人或物的曲线条的对比,在对比中找到画面和谐的契合点。

(二)仰角度拍摄

仰角度拍摄是摄像机低于被摄主体的视平线,从下向上进行的拍摄。仰拍改变了人们通常观察景物的视觉透视效果,物体由此变得高大起来,同时也突出和夸张了被摄体的高度,强调了被摄体的优越感,自然而然地给观众一种高大、向上、稳定、牢固、神圣、敬仰、胜利的感觉。

1. 仰角度画面的功能

仰角度拍摄使地平线处于画面下端,或从下端出画,常出现以天空或某种特定物体为背景的画面,可以净化背景,达到突出主体的目的;仰拍具有潜在意义和隐喻色彩,能给人们象征性的联想,能够传达某种歌颂、赞颂之感;仰拍人物既能夸张人物的形体及面部特征,又能校正人物的面部缺陷;仰角度拍摄跳跃、腾空等动作时,能够夸张跳跃高度和腾空动作,具有很强的视觉冲击力。

2. 仰角度画面的拍摄

仰角度拍摄画面的背景往往都是天空,而天空的光照比一般的被摄主体要强很多,为了保证被摄主体准确到位的受光表现,仰拍画面必须使用摄像器材的手动光圈功能,在测光平均质的基础上加大几档曝光;同时,作为仰拍背景的天空光照路径和强度都很复杂,为了净化背景,需要使用偏光镜对天空进行滤光处理,以便在画面中获得更纯净、更幽蓝的天空背景。

(三)俯角度拍摄

俯角度拍摄是摄像机处于在被摄主体的视平线之上,由高处往下拍摄被摄体,如同人们站在高处向低处俯视一样。俯拍使画面中地平线上升至画面上端,或从上端出画,使地平面上的景物平展开来,有利于表现地平面的位置层次、数量距离以及盛大的场面,给人以深远辽阔的感受。

1. 俯角度画面的功能

俯拍能给观众视觉上一种优越感,有效拓展观众的视野,扩大画面视觉信息量;展示空间感和透视感,交代远近景物的层次关系,使地面上的图案造型效果在画面上充分展开,表现和烘托环境气氛;俯拍能够强调规模、数量,展示人物的方位和阵势,表现事件的整体气势,以及力量的对比和相互关系;用于拍摄反派人物时,使形象显得渺小,给观众以压抑感,具有贬低的情感色彩。

2. 俯角度画面的拍摄

俯角度拍摄画面场景都相对较大,画面内事物的走向和结构的规整性和审美感至关重要,因此俯角度拍摄要有效调度画面内的线条、层次和结构,以求达到最佳的画面造型效果;俯角度拍摄放大了水平空间、压缩了纵向空间,容易削弱画面的延展性和层次感,因此适当使用侧逆光和雾雨水等自然物质,可以强化画面的层次感和延展性。基于较简单的拍摄技术难度和较好的画面信息呈现,俯角度拍摄跟平角度拍摄一样,是新媒体视听节目使用较多的拍摄角度。

(四)顶俯角度拍摄

顶俯角度拍摄是摄像机镜头近似垂直于地面、位于被摄体正上方的自上而下拍摄。顶俯拍是一种特殊的拍摄角度,用这种角度能够拍摄到物体顶部的全部线条和轮廓,在体育节目、图表、文字资料的拍摄中,经常采用这种拍摄角度。从顶俯角度拍摄景物、人物,更能强调被摄体相互间的关系和造型上图案变化。顶摄还能造成观众心理上的高低、大小、上下的悬殊对比。但它并不符合人们日常观察的常规视点,因此一般不用它来拍摄人物肖像。

第二节 新媒体视听节目的画面构图

构图是指在视听节目拍摄中,把被拍摄对象及各种造型元素加以有机地组织、选择和安排,以塑造视觉形象,构成画面样式的一种创作活动。如果说造型是建房,那么构图就相当于建房后的装修工作。画面语言的运用都是表现为对社会、自然对象的取舍与安排,使之组织成为一个可以理解的整体。那些被组织、取舍的元素是画面构成的实体元素,它们通常包括主体、陪体、前景、背景等内容。

一、视听节目画面构图的特点与要求

视听节目画面构图通过画面中人物关系的调度和安排,以及场景中位置关系的有机画面呈现达到突出主体、规避杂乱的效果,画面构图的根本目的是使主题和内容获得尽可能完美的形象结构和画面造型效果。

(一)视听节目画面构图的特点

1. 动态性

随着被摄对象和摄像机的运动,画面的构图结构和情节重点会发生相应的改变,被摄主体等画面形象在画面中的位置和透视关系也会随之变换。

2. 时限性

视听节目画面的时间长度不同,所附载和传达的信息量的多寡也不同,观众只能一次性地收看和接受画面信息,因此要求摄像根据画面所传达的信息的不同来决定画面的时间长度。

3. 瞬间性

视听节目画面的画幅是固定的,很难像图片那样可以在事后进行剪裁和修补,它的拍摄只能在镜头前一次性地完成,因此要求摄像必须在事件发生的同时瞬间完成创作。

4. 整体性

视听节目的完整内容通常都由大量画面来共同完成,因此,某一特定的单个画面的构图可能并不完整,但在一系列画面的整体结构和组合关系中必须形成叙事的完整性。

(二)视听节目画面构图的要求

1. 画面要简洁

视听节目画面的构图,要求摄像一方面要牢牢地盯住主体,另一方面也要尽量避开妨碍主体的多余形象。

2. 主体要突出

作为小屏幕、一次过的视听节目画面,必须正确处理好主体、陪体及环境间的关系,做到主次分明、相互照应、轮廓清晰、条理和层次井然有序。

3. 立意要明确

每个镜头所要传达、表现的思想内容和艺术内涵必须是非常明确而集中的,切忌模棱两可、不明不白,而应该以鲜明的构图形式反映出凝练的主题和立意。

4. 应具有表现力和造型美感

通过画面的空间配置、光线的运用、拍摄角度的选择,以及影调、色彩、线形等造型元素的运用和调动,创造出丰富多彩、优美生动的构图形式。

5. 重视和考究"落幅"

环境介绍和背景交代时,找出能够表现环境特色的主要对象作为落幅;表现人物时,根据同时声的段落,找到一个能够代表事件情节的物体作为落幅。

二、视听节目画面构图的人物调度

人物(character),是指"具有产生角色效果的显著特征的行为者",他们既可以是人,也可以是物,关键在于他们能够主导和影响事件的发展。视听节目画面中的情节人物是指那些主导和影响了视听节目中事件的发生和发展的人或物,他们因情节建立起彼此间的关系,并推动着事件的进行与发展。

(一)视听节目画面构图的主体

主体是电视画面中所要表现的主要对象,主题思想的重要体现者,是表达内容的中心,画面构图的中心,也是画面趣味的中心。它是画面中起主导作用的、控制全局的焦点,是画面存在的基本条件,也是吸引摄影者进行艺术创作的主要因素。作为画面的视觉重点,主体具有极大的包容性,它可以是某一个被摄对象,也可能是一组被摄对象;可能是人,也可以是物。主体是根据表达内容的需要、上下镜头的衔接,以及构图形式规律来安排的。

1. 视听节目画面主体的功能

视听节目画面的主体首先是表达内容的中心。因为情节人物是视听节目记录事件或讲述故事的事件行为者和情节推动者,主体就是视听节目画面叙事内容的动作发起者和情节诱发者。因此,主体作为画面内容表现的决定因素和诱导因素,是画面表达内容的中心。

视听节目画面的主体也是画面构图的中心。按照人们心理注意规律,处理构图时,将主体安排在观众视线最易集中的画面位置,有利于突出主体。实践表明,在4∶3或16∶9的电子屏幕方框中,在分割屏幕的"井"字线的四个交点处,可以得到四个视知强点,这四个点的视知强度按照左上、右上、左下、右下的顺序依次递减。由于这几个点都临近边缘的黄金分割点,容易获得开拓与均衡的视觉效果。画面正中是视觉最薄弱的地区,因为人用双眼观看对象时,很难从正中顾及两翼,只有倚居一隅才能轻松纵览全局。所以如果在电视画面中只出现一个主体时,一般这个主体的位置不会在画幅的正中间,而是稍微偏左或偏右。①

视听节目画面的主体还是画面的趣味中心。观众在收看视听节目时最容易聚焦的屏幕位置是画面正中偏四个角的中间位置，同时人眼最容易被吸引的是具有动作张力的人物动作或行为。那些具有特定叙事意味的动作行为往往最能吸引人的眼光，而主体则往往是发起这些动作或行为的人物。因此，在构图处理时，将主体尽可能安排在视知强点和注意优势区域，可以获得最佳视觉冲击力。

2. 视听节目突出画面主体的方法

视听节目画面构图的首要任务是突出主体形象，这就要求电视摄像能够正确地选择和安排主体的位置，处理好主体与陪体、主体与环境的关系；以恰当的拍摄角度和景别，配置好光、色、影调、形体等造型元素，来获得尽可能完美的、形式与内容高度统一的画面。

通过强化主体同其他人物的大小比例（如可用仰拍角度，让被摄体在高度上凸显出来）；用俯角度，突出视觉中心（如用群众的动势、视线或陪体组成的线条等来形成某种向心力，以此烘托气氛）；通过线条的变化引导观众的视线沿着线条的伸展或走势逐渐移动到主体身上；通过虚与实、动与静的对比和变化渲染主体；通过光线的变化调整观众的视线注意力，将观众的视觉兴奋点由"面"集中转移到"点"上，也就是主体所在的位置上等方法，都能突出主体。

由于视听节目的画面具有"流动性"，因此主体并不是绝对的，主体具有相对性，为了适应内容表达的需要，主体和陪体之间可以相互转化。在这一画面中，A 是主体，在下一画面中，A 则可以是陪体。比如利用过肩镜头拍摄两个正在对话的人 A 和 B。在一部分镜头中，可以以正在说话的 A 为主体，但当 B 说话时，为了拍摄 B 说话的情境，则需要以 B 为主体，即使 B 不说话，为了更好地表现 A，就需要拍摄 B 作为倾听者的一些反应，这时镜头就要以 B 为主体。

(二) 视听节目画面构图的陪体

陪体是相对于主体而言的，它是指与拍摄主体有紧密联系的对象，是画面中陪衬主体的景物或人物，在画面中与主体构成特定关系或辅助主体表现主题思想的被摄对象。陪体也是画面的有机成分和构图的重要对象，陪体在画面中出现的目的是要陪衬、烘托、突出、解释、说明主体。

1. 视听节目画面陪体的功能

渲染、烘托画面的主体形象，发挥其陪衬作用，使主体的表现更为鲜明充分；配合主体形象进行叙事，对主体起到补充说明的作用，帮助主体说明画面

---

① 康大荃. 摄影构图学[M]. 成都：四川出版集团，2007，8.

的内涵;与主体形成对比和呼应,作为装饰的陪体能够美化画面、均衡构图;点明主体的个人身份和职业特征,使画面更具生活气息和社会意义;陪体能使画面的视觉语言准确完整,有更强的说服力;处于画幅之外的陪体给人以联想,并为镜头转场提供方便。

2. 视听节目处理画面陪体的方法

处理陪体时要掌握分寸,一定不能喧宾夺主,主体与陪体要有主有次、有虚有实,并构成一定的情节;对于直接见诸于画面的陪体,在处理时,陪体的线条要同主体建立起呼应关系,线条的朝向要与主体对应,在色调上或影调上随时要有区别与对比。

对于陪体的间接表现(也就是画面上主体的动作神情是与画面以外的某一对象有联系,但该对象只出现在观赏者的想象之中,并不表现在画面之上),重要的在于要善于利用叙事的"媒介物",达到由"象"及"意"的隐喻效果。一些经典画作在这方面给了我们很好的媒介物使用的范例,如《深山藏古寺》,只画了小和尚下山溪边挑水;《竹锁溪桥卖酒家》,只在竹梢上写一酒字;《踏花归去马蹄香》,马蹄的香都不在画面之内,画面只见蝴蝶飞扑在马蹄之中,只留给观众去想象。绘画中的这些艺术构思很值得摄像者在立意和结构中学习,在选取素材,经营画面时,同时要考虑抒情性、哲理性及含蓄的审美要求,要学会利用间接处理陪体的手法,加强画面的表现力和感染力。①

三、视听节目画面构图的环境构成

环境在戏剧影视专业中又称做"场景",是指视听节目画面主体对象周围的人物、景物和空间,包括前景和背景。作为构图场景的相关事物与人物最大的不同在于,人物不管是人还是物,都对故事的发生发展有显著的推动和决定性作用,而场景中的人或物只是起辅助叙事的作用,对故事的发展没有决定性的影响。

(一) 视听节目画面构图的前景

前景位于主体之前,或是靠近镜头位置的人物、景物。前景有时可能是陪体,但在大多数情况下是环境的组成部分。前景直接作用于人眼,给人们以画面感觉的第一印象。

1. 前景的作用

前景可陪衬、烘托主体,帮助主体直接表达主题,交代内容;前景的出现能够突破画面的二维空间限制,有助于强化画面的纵深感和空间感;前景可以表

---

① 注释:媒介物是指在画面中起提示、引导或暗示作用的物象。

现时间概念、季节特征和地域特色,有助于表现和渲染现场气氛;前景能"框"起主体,可以美化和装饰画面,增加趣味性;前景可以用来与与主体形成某种蕴含特殊意味的对应关系,借以加强画面的视觉语言叙事效果,为更深刻地表达主题思想提供可靠的依据;在运动拍摄中,前景能加强节奏感和韵律感。

2. 前景的使用方法

前景在构图中虽有积极作用,但前景的选择必须为主体的突出和主题的表现服务,在画面中不能妨碍主体的表现;运用前景要注意整个画面的完整,要与画面所展现的环境具有内在联系,不可破坏和分割画面的氛围;前景要富有装饰色彩,构图要美,一般来说,前景的影调比后景暗一些为好。

(二)视听节目画面构图的背景

背景位于主体之后,渲染、衬托主体的人或物。背景以被摄主体为核心,与前景形成前后对应的空间关系,并跟前景一起在画面构图中烘托、陪衬画面中的被摄主体。

1. 背景的作用

从内容上说,背景可以表明主体所处的环境、位置及现场氛围,帮助主体揭示画面的内容和主题;交代时代气息,给人以明显的时代感;在新闻节目中,环境能直接影响节目的新闻价值;背景还可以很好地体现主体人物的职业特征。另外,背景具有很强的暗喻色彩,作者的创作想法可通过画面的环境背景体现出来。

从结构形式上而言,背景可以使画面产生多层景物的造型效果和透视感,增强画面的空间纵深感。背景在画面中的出现,可以形成与被摄主体的呼应和区隔,既能给被摄主体一个空间位置的参照对象,又能让被摄主体从单一平面的空间凸显出来。当背景紧靠被摄主体时,会显得空间小,背景远离主体则会显得空间大。

2. 背景的使用方法

背景的影调、色调应与主体形成一定的对比,尽量避免与主体的雷同,好使观众能一目了然地辨清主体形象;尽量坚持减法原则,要利用各种技术和艺术手段简化背景,以尽可能简洁的背景烘托主体;背景的清晰度和趣味性不应超过画面主体,如果后景偏强,则需运用技术手段弱化。

四、视听节目画面构图的动静关系

从美学上讲,运动是自然界和人类社会中最富变化、最具魅力的物质现象,是各种艺术都力求表现的一种美;从物理学上讲,运动是物质存在的本真状态,它既是物质自身状态的不断更新,也是运动物体之间空间位置的相对变化。通过连续的记录和多视角的表现,在屏幕上呈现出物体的运动过程;通过摄像机的运动产生多变的景别、角度、空间和层次,形成多变的审美效果和逼真的运动视听感受。视听节目画面的运动包括画面内部运动(被摄对象的运动)、画面外部运动(摄像机的运动)和两者相结合的综合运动。

(一) 视听节目画面的内部运动

画面的内部运动是指摄像机机位和镜头光轴、镜头焦距不动,主要靠被摄对象的运动来表现动感。这种构图方式客观地再现了现实世界的各种运动状态,给观众以运动的直观感受。

1. 画面内部运动的特点

通过画面内部运动拍摄的画面,视觉语言"通俗易懂",没有过多的"语言"修饰,保持了画面形象本身的淳朴、自然;运动是画面表现的一种最基本的方式,能充分发掘画面中动与静的表现潜力;能让观众准确感受物体的运动方向、速度、形式以及目的。

2. 画面内部运动的使用技巧

要表现被摄对象动感,就需要从以下几方面着手:一是找好角度,从低角度仰拍能够拉长被摄对象的运动幅度,强化画面的运动动态感;二是找准方向,一般从正侧或斜侧方向拍能够加快被摄对象的运动完成速度,强化画面的运动时间感;三是选择有代表性的静止参照物(如道路旁边的树)等,能够通过静止与运动的对比来强化被摄对象的运动感。

(二) 视听节目画面的外部运动

画面外部运动是指画面内的被摄对象基本不动,通过摄像机机位及其镜头光轴、焦距的运动来表现动感。摄像机的运动是摄像发挥创造性、施展艺术才华的重要手段,是影响观众观照方式和心理反应的重要途径。

1. 画面外部运动的特点

视点不断变化,画框相对运动;画面空间广阔,通过画框的运动拓展视觉空间;表现主观意图,通过画面的运动引导观看;通过画面的运动推动影像叙事的发展,在一个镜头内实现内容调度;生活片段相对完整,时空统一性较强。

运动镜头与固定镜头相比,具有画框相对运动、观众视点不断变化等特点,它不仅能够表现被摄主体的运动,而且还通过摄像机的运动,产生了多变的景别和角度、空间和层次,形成了多变的画面构图和审美效果;同时,摄像机的运动,使不动的物体和景物实现了运动和位置的变换,在屏幕上直接表现了人们流动的视点和视向,不仅赋予了画面丰富多变的造型形式,也使得视听节目成为更加逼近生活、逼近真实的艺术。

2. 画面外部运动镜头的组成

(1) 起幅：镜头开始时的固定画面；

(2) 落幅：运动过程结束时的固定画面；

(3) 运动过程：起幅和落幅之间的景别变化过程；

(4) 运动镜头的拍摄要求：拍摄运动镜头是要有构图准备，起落幅要稳定、坚决，交代清楚运动的原因和目的；运动镜头的运动过程要平稳、自然、流畅，画面内容要有信息量的增加和悬念的增加。

3. 画面外部运动镜头的类型

(1) 推摄

推摄是指摄像机向被摄主体的方向推进，或者变动镜头焦距使画面框架由远及近向被摄主体不断接近的拍摄方法。随着镜头向前推进，画面表现的视点前移，形成了一种较大景别向较小景别连续递进的过程，被摄主体在画面中由小变大，由不甚清晰到逐渐清晰，而主体周围的环境则由大到小，甚至消失。这种推摄镜头的动态构图，有一种把主体从环境中显出来的功能，与文学里的烘云托月的手法异曲同工。

(2) 拉摄

拉摄与推摄相反，是摄像机向被摄主体的方向拉出，或者变动镜头焦距框架使画面框架由近而远向被摄主体不断脱离的拍摄方法。随着被摄主体由大变小，取景范围和表现空间从小到大的扩展，原有的画面主体与不断入画的形象形成新的组合，产生新的联系，每一次形象组合都可能使画面发生结构性的变化，使得画面构图形成多结构变化，这样逐次展开的画面比推镜头更能抓住观众的视觉注意力。

(3) 摇摄

摇摄是摄像机对拍摄对象进行上下或左右的运动拍摄。摇镜头的运动形式多样，比如水平横摇、垂直纵摇，中间带有停顿的间歇摇，摄像机旋转一周的环形摇，各种角度的斜摇，摇速极快形成的甩镜头等。摇镜头使得画面内容不通过编辑发生了变化，画面空间排列是现实空间原有的排列，它不破坏和分隔现实间原有的排列，而是通过自身的运动忠实地还原出这种关系。

(4) 移摄

移摄是将摄像机架在活动物体上随之运动而进行的拍摄。移动摄像是以人们的生活感受为基础的。摄像机的移动使得画面框架始终处于运动之中，画面内的物体不论是处于运动状态还是静止状态，都会呈现出位置不断移动的态势。移动镜头表现的画面空间是完整而连贯的。移动摄像根据摄像机移动的方向不同，大致分为前移动、后移动、横移动和曲线移动等四大类。航拍就是大范围的移摄。

(5) 升降拍摄

升降拍摄是摄像机借助升降装置等一边升降一边拍摄的方式。升降镜头带来了画面视域的扩展和缩小。当摄像机机位升高后,视野向纵深逐渐展开,还能越过某些屏障,展现出由近及远的大范围场面。当摄像机的机位降低时,镜头距离地面越来越近,所能展示的画面范围也渐渐狭窄起来。因此,升降拍摄手法很适于表现人物和环境的关系。不过升降拍摄在新闻节目中并不常见,但在电视剧、文艺晚会、音乐电视等的摄制中运用较为广泛。[①]

不管是哪种运动,摄像机的运动都必须符合视听节目画面的语言规范,必须满足观众的心理需求,创造美的感受。摄像机运动具有如下特点:人为的目的性加强,创作者的主观意图明显,能让观众理解其想法和用意;画面的动感来自于观察者自己的感受,来自于镜头的机械运动;镜头自身的运动能表现节奏及其变化,能够给观众一种参与感和伴随感。

(三) 视听节目画面的综合运动

不但画面内部的被摄对象在运动,画面外的摄像机及其镜头也在运动。这种画面往往是摄像机根据被摄对象的运动轨迹和运动规律而进行的跟拍式运动。综合运动最常见的是移动拍摄,在这种拍摄中,摄像机镜头的各种运动方式都能够被调动起来,在摄像机自身的移动中综合使用。

1. 视听节目画面综合运动的类别

移动拍摄一般分为四种类别:① 横向移动:镜头跟随被摄对象作匀速度的运动,它运动的方向与镜头的轴线呈90°角。用于介绍环境、展现空间,在特殊情况下,也可用于人物的主观镜头。② 前移动:摄像机运动的方向与镜头的朝向一致,被摄体可以是静止的,也可以是移动的,被摄体静止呈现的是走近视角,运动表现的则是跟随、超越或远离视野。③ 后移动:摄像机运动的方向与镜头朝向相反,与被摄对象的运动方向大体一致。由于面对镜头,被摄对象的正面特征、画面人物的神情及内心的微妙变化,都直接地呈现在观众面前。④ 曲线运动:摄像机随着被摄对象运动方向和速度的变化而运动,它不只有运动方向和速度的变化,而且也有景别和角度的变化。

2. 视听节目画面综合运动的要求

画面的运动一定要有依据,依据之一是内容表现的需要,之二是观众视觉心理习惯的需要,之三是画面表现技巧或造型规范的需要。从视觉语言表述上,镜头的运动要有起幅和落幅,一起一落构成一个完整的"句子";在一个镜

---

① 黄匡宇等. 电视画面创作技巧[M]. 北京:中国广播电视出版社,2002,7.

头或一个连续画面中要避免几种运动形式同时出现、交织在一起使用；从构图技巧方面要求，只要采用了推拉摇移等运动拍摄方式，画面都必须尽量保持稳、平、匀；镜头运动的目的之一是通过运动给观众带来更大的视觉信息量，因此每一个运动的画面都必须具有明确的目的性和不可替代性。

第三节　新媒体视听节目的画面形象

形象，广义上讲就是物体的外在形貌。"象"是物体本来的外貌，"形"是经过处理和描绘后的外貌。从心理学的角度来看，形象就是人们通过视觉、听觉、触觉、味觉等各种感觉器官在大脑中形成的关于某种事物的整体印象，简言之是知觉，即各种感觉的再现。

形象不是事物本身，而是人们对事物的感知，不同的人对同一事物的感知不会完全相同，因而其正确性受到人的意识和认知过程的影响。由于意识具有主观能动性，因此事物在人们头脑中形成的不同形象会对人的行为产生不同的影响。对于视听节目的画面来说，"形"是由线条勾勒出的物体的外部轮廓、形状，"象"是物体自身的影调、色调和质感。因此，视听节目的画面形象就是受众对画面中被摄主体的视觉感知。

一、立体感

立体感是人对客观世界中存在的物体占有三维空间与形状的感受。视听节目画面中的立体感主要通过垂直方向上的线条合理有效拉长来强化，而垂直方向的线条拉长需要通过多侧面的呈现、光线的投射和影调的对比等途径来实现。

（一）通过多侧面的呈现来凸显立体感

1. 合理选择拍摄方向

由于正面拍摄和侧面拍摄只能呈现正对镜头的一个侧面，而斜侧面拍摄能够呈现两个以上的侧面，因此斜侧面拍摄比正面拍摄和侧面拍摄更适合表现物体的立体感。

2. 调整拍摄高度

由于水平角度的拍摄只能呈现垂直方向上的侧面，而仰、俯角度的拍摄不但能够呈现垂直方向的侧面，还能够呈现水平方向上的侧面，因此仰角度拍摄和俯角度拍摄比水平角度的拍摄表现的立体感更强，斜侧面的仰、俯拍摄比正面和侧面的仰、俯拍摄表现的立体感更强。

3. 拉近拍摄距离

用标准或短焦距镜头近距离拍摄,画面包括了前景也包括了广阔的后景,画面上的景物远小近大对比强烈,空间感、立体感强;长焦镜头则会压缩纵深方向的景物空间,画面的纵深感和空间感弱,使镜头前纵深方向的景物与景物之间的距离缩小,多层次景物有远近相聚、前后重叠在一起的感觉;广角镜头近距离拍摄某些物体时,由于镜头曲像畸变的原因,线条透视效果强烈,线条倾斜、变形,具有某种夸张的效果。①

(二) 通过光照的强弱对比来塑造物体的立体形象

光线投射到物体,产生受光面、阴影面和投影之间的对比和反差,有利于呈现物体的立体结构。

1. 使用简单光源和直射光

简单光源和直射光能够直接呈现被摄对象的受光面、阴影面和投影,形成光照差异。为了呈现物体的立体感,一般多用直射光和简单光源拍摄,散射光和复杂光源很难形成明显的受光面、阴影面和投影。

2. 使用侧面方向光源

从侧面和斜侧面照射的光源,受光面、阴影面和投影都能直观地展现在画面中,三个横向呈现极差受光对比能够强化被摄对象在垂直方向上的侧面延伸感,强化视觉上的立体感知。

3. 使用强光源拍摄

强光源照射下,被摄对象垂直方向上不同侧面的对比感比弱光源照射更强,如果能够选择在适当的强光源下拍摄,受光面、阴影面和投影之间的反差会更明显,因此画面形象更有立体感。

(三) 用影调的对比来强化立体感

物体的立体感来自物体表面的"状态"和物体本身的外形轮廓给人的一种综合印象,这种立体"印象"需要环境的对比和映衬来帮助形成。

1. 影调强弱对比

影调缺少变化时,感觉会平淡,影调反差大时,立体感才突出。被摄主体影调明亮时,背景深暗,立体感强;主体深暗,背景明亮也会增加立体感。顺光照射时,被摄对象获得相等的照明,缺乏立体感;光或侧光照射时,会出现鲜明的轮廓线条,立体感就增强。

2. 色彩反差

不同的滤光镜也可以增强或减弱透视效果。如蓝滤光镜可以加速透视

---

① 董从斌. 影视节目制作技术简明教程[M]. 北京:清华大学出版社,2010:137.

感,有助于形成立体效果;浓雾天使用黄滤光镜,晴天使用青滤光镜,都能巧妙地减薄底片,使一部分影调突出,一部分影调减弱,从而加强照片景物的透视效果与立体感。

3. 虚实对照

虚实之间的对照也能凸显物体的立体印象,如天安门前的"流光车",色彩的反差同样能够营造立体感,如苍翠古柏与宏伟故宫。

二、纵深感(透视)

透视是物体在空间的存在,以及它们相互之间、它们与观众之间的关系。在摄影中更通常的说法,透视就是纵深。纵深感通过画面形象的线条和轮廓的组合与延伸形成的一种视觉在水平方向上的伸展感。根据形成透视效果的不同条件,可分为线条透视和空气透视。

(一)线条透视

线条透视又称线形透视,通过线条的组合和延伸在水平角度上形成的空间透视感。线条透视主要通过水平方向由近及远不断延伸的各种线条的伸展和汇聚形成,能够拓展视听节目画面在水平方向上的空间感和层次感。

1. 线条透视的特点

基于画面中由近及远的无限延伸的视觉感知,视听节目画面中不同距离上的物体大小不同,从画面近处往远处物体的大小逐渐递减;画面中线条延伸过程中被摄对象的视觉分辨率逐渐变小;纵向线条无限靠拢,在水平方向上形成趋向交叉的梯形侧面构架。但这些直线在大多数场景里其实是平行线,比如公路的两边、墙的顶边和底边。

2. 线条透视的塑造方式

镜头的焦距是影响线形透视的一个重要因素。广角镜头能在前景包括更多斜线,从而更明显地主导影像的结构。所以,广角镜头倾向于增强线形透视,而远摄镜头则使之扁平化。另外,拍摄方向与角度,拍摄距离等都会影响线条透视。

(二)空气透视

空气透视,因大气介质的曲光度而产生的空间透视感,由于空气中漂浮着各种类型的尘埃和水蒸气,通过空气的光线照射会形成不同的空间感和层次感。因此,合理利用大气介质形成的空间形象感知塑造透视效果,能够强化画面形象的纵深感和层次感。

1. 空气透视的特点

因为光线照射过程经过介质后的衰减效果,光线照射在视听节目画面中会形成纵深方向上的色调的明暗、深浅变化;距离的变化也会导致纵深方向上不同物体的色彩亮度、饱和度的不同;因为大气对光线的阻隔和筛漏,纵深方向上不同物体的清晰度随距离由近及远地递减。

2. 空气透视的塑造方式

通过合理利用逆光和侧逆光等,利用多层、多重景物,虚实映衬等方式可以强化空间感,营造空气透视的效果。

三、质感和影调

质感和影调都是视听节目画面形象通过光线照射后形成的视觉感知,质感主要是画面对被摄主体外部结构细节特征的表现,影调则是整个画面环境受光强度的控制形成主体形象的视觉对比。

(一)质感

质感指对物体表面材料结构性质或质地的视觉感受,视听节目画面形象的质感主要通过合理选择拍摄角度和用光来实现。质感能增强物体的造型与特征,质感的好坏,直接影响到作品的感染力。

形成画面质感的关键在于用光和曝光。光线在表现物体质感方面起着极其重要的作用,光的特性与方向能改变质感的外观,粗糙的材质依靠强烈的斜射光可以增强物体的质感,顺光则可能获得相反的结果。不同的光线可以表现不同物体的质感,柔和的光线可以表现皮肤柔软细腻的质感,斜射的光线有利于表现地面或海面的质感等。一般来说,用光强化质感的方法可总结为:对于粗糙的表面结构,应用侧光直射光,可以使用较强照度的光源;对于光滑的表面结构,应用散射光,可见光点;对于透明物体,应用侧逆光加正辅光,通而不透;对于镜面物体,应用柔和散射光,需要明确交待发射参照物。

(二)影调

影调指画面中被摄体表面的明暗层次。影调是由画面中黑与白不同的明暗阶调组成的。黑白影调的配置处理和不同色彩的配置处理具有同等的重要地位。黑色:肃穆、凝重、神秘、忧郁;白色:高雅、明朗、单纯、洁净;灰色:常规、平稳、协调。

画面影调从画面明朗分布倾向上,可以划分为高调、低调和中间调;从画面明暗对比(反差)倾向上,可以划分为硬调、软调和中间调。

影调作用一:营造叙事氛围。影调的配置都有一定的倾向,如果以某一种影调为主,就形成某种特定的基调。低调处理:灰色、深灰和黑色集中烘托小部分亮色调,表现沉思与凝重;高调处理:中性灰、浅灰和白色调为主来对应小部分暗色调,表达轻快、灵动;中间影调:黑、白、灰影调均匀分布,过渡层次丰富,明暗适中,呈现稳定、和谐。

影调作用二:呈现情节对比。利用画面中影调的面积与等级的对比,形成对照效果,强化情节氛围。主体同环境(前景/背景)的影调对比;主体同陪体的影调对比;前景同背景的影调对比;注意各对比影调之间的呼应与调和。

第四节 新媒体视听节目的摄像用光

光是宇宙中客观存在的一种物质运动形式,是能量的一种存在形态。视觉是由光源直射或物体反射的光线作用于视网膜,由此引起其中的感觉细胞的反应,然后再由视神经传入大脑的感官信息。视听节目画面中影像的形成、黑白影调的分布、色彩的再现与还原,都同光线有着密切的联系。

一、摄像用光的特点和作用

摄像用光是利用不同的自然光和各种摄像照明器材进行人工照明布光和采光的总称。摄像用光造型是一门艺术。光不仅是将三维空间的活动反映到二维电视屏幕上的重要物质条件,而且也是塑造物体形象的基本造型因素。

(一)摄像用光的特点

1. 小光比

光比是指被摄物体受光面亮度与阴影面亮度的比值,是照明布光的重要参数之一。黑白胶片的宽容度是 1∶128,彩色胶片是 1∶64,摄像机一般只有 1∶32。

2. 动态性

视听影像是时空的艺术,时空转变最大的特征就是光影的变迁,光影的流变能够塑造更具动态性的电视时空。

(二)摄像用光的作用

1. 满足基本的照度要求

电视摄像是视觉艺术,充足合适的光照是使影像呈现在屏幕上的物质基础,也是能够保证视听节目准确完整记录下被摄对象画面形象的基本条件。

2. 完成画面的艺术造型

如果光线的运用只是停留在满足技术要求,而忽视艺术上的造型作用,就失去了用光的意义和本质。

3. 强调主要场景和人物

用光应着重刻画、描绘主要场景和人物,有意弱化陪体和次要环境在画面中的影响力,避免非主要对象和杂乱线条分散观众的注意力。

4. 再现环境气氛和时间概念

通过合理用光来记录和呈现被摄对象在特定时间里和特殊环境下的行为和情节，能够凸显真实而浓郁的环境氛围，烘托人物，表达生活气息。

5. 画面构图的需要

在合理光照的前提下，充分利用光影、明暗和色调的配置，以及照明的范围和入射角度等来实现构图。

二、摄像用光的要素

（一）光位

光位，即光线的照射方向与摄像机的拍摄方向和角度的关系。光位不只是一种用光照射方向或位置，而是视听节目画面拍摄过程中，摄录器材围绕被摄对象与光线照射形成的位置互动关系。

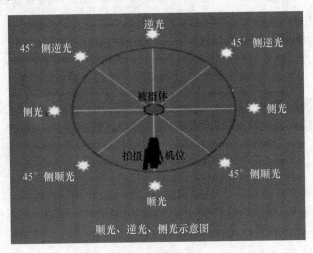

图 2-1　光位图

1. 顺光拍摄

顺光拍摄指光源和摄像机镜头基本处于同一高度并和摄像机的光轴同向的拍摄。顺光的特点是被摄体表面均匀受光，反差小。优点：A. 处理杂乱的场景；B. 掩饰质感；C. 呈现色彩或形体；D. 影调中和，适于电视。缺点是造型效果平淡，缺乏立体感、空间感，轮廓不明显，不宜表现有凹凸层次丰富和数量众多的物体。

2. 侧顺光拍摄

是指光线的投射方向与摄像机镜头的光轴形成 45°左右的角度，又叫前侧光或斜侧光。侧顺光拍摄能使对象产生明多暗少的效果,能较好地表现被摄对象的立体感和质感,是常用的拍摄用光角度。

3. 侧光

侧光又叫侧面光,指光源的照射方向与摄像机镜头的光轴成 90°左右的角度。这种光线使物体出现阴阳面：一面受光、一面阴暗,反差十分强烈,而且物体有明显的横线投影,但其立体感强,线条突出,便于表现轮廓和结构,影调对比鲜明。拍摄景物时,合理安排影调、线条、虚实的变化,可以提高画面的造型效果,还可以突出戏剧化的画面效果。

4. 侧逆光拍摄

侧逆光又叫后侧光或背侧光,指光线的投射方向与摄像机镜头的光轴成 130°左右的角度。这种光线使物体的正面大部分阴暗,而被照射的一侧有一条明亮的轮廓线,能把物体一侧的轮廓勾画出来,使物体具有较强的立体感和纵深感。利用落在物体前侧的投影填补画面空白来均衡画面。

5. 逆光拍摄

逆光的方位与被摄体正前方呈 180°角,又叫背光或者正逆光。这种光线能使物体正面完全阴暗,但物体被照的周围边缘形成一条明亮的线条,把物体的全部轮廓清楚地勾勒出来,并且使物体与物体之间、物体与背景之间分开。所以逆光常用来做轮廓光,使物体的立体感和纵深感增强。

6. 顶光拍摄

顶光指来自被摄体顶部、在摄像机上方与镜头光轴形成 90°夹角的光线。顶光照明下地面风景的水平面照度较大,垂直面照度较小,反差较大,能取得较好的影调效果。但在大环境中的景物能获得平均的照明,物体投影小,不利于表现空间层次。

顶光条件下,人物头顶、前额、鼻梁、上颧骨等部分发亮,而眼窝、两颊、鼻下等处较暗,嘴巴处在阴影中,通常是一种丑化人物的手法,但在自然光的照明下,只要加以适当的补光和控制,不一定形成反常效果,有时还能表现出特定的环境氛围和生活实景光效,反映特殊的精神面貌。

7. 脚光拍摄

脚光拍摄是指光线从摄像机下方照射,可以在物体的下部形成明亮区域,弥补其他光线在被摄物体下部形成的阴影,但正面和上部光照不足。脚光在造型上可起到修饰作用,可以表现出夸张的艺术传达效果,歪曲和丑化人物的形象。脚光还常用于表现和渲染特地的光源特征和环境特点,如夜晚湖面反光,篝火的真实光效等。

(二) 光质

光质指光的不同性质,判断光线的属性和构成。由于光源种类不同,光照路径不同,或者同一光源光照条件的不同,就产生了不同性质的光。从光源角度出发,可以把光分为自然光和人工光;从照明角度出发,可以把光分为直射光、散射光和反射光;从艺术造型角度出发,可以把光分为硬光、柔光和混合光。

1. 光源:自然光和人工光

(1) 自然光

日、月、星辰、闪电光等大自然发出的光线,以日光为主,随地域、季节和时间的不同而变化。

室外自然光:早晚柔和,中午强烈;室内自然光:受房屋的影响较大。

(2) 人工光

人工光是电视工作者根据拍摄的需要而设置的人造光源。主要有:聚光灯系列、散光灯系列、回光灯系列和家用灯等。

2. 光路:直射光和散射光

(1) 直射光

直射光指光源直接照射在被摄物体上、产生清晰的投影的光线,如阳光、火光和灯光等。直射光的特点是光线的方向明确,可以形成明显的阴影。

优点:A. 突出物体表面的质感;B. 画面反差大,表现环境和时间;C. 便于控制光线的照射范围。

缺点:A. 反差过大,效果生硬;B. 特定角度形成光晕,破坏画面效果;C. 投影杂乱,画面零乱。

(2) 散射光

散射光指经过某种介质粗糙反射物形成的柔和光线。电视摄像中的散射光主要有:多云或阴天时的光线、经过漫射物(如墙壁)反射的光线等。散射光的特点是光线比较柔和,被摄对象受光较为均匀。

优点:A. 理想的辅助光源;B. 光照均匀,常用作基本光;C. 反差小,适宜于纪实拍摄。

缺点:A. 物体质感较弱;B. 受光平均,画面平淡;C. 照射范围难以控制。

(3) 反射光

反射光即物体受到光照后反射出来的光线。利用间接光的配光,与散光照明具有同等的效果,能够很好地与散射光和直射光一起配合使用。

3. 软硬:硬光、柔光和混合光

(1) 硬光

光源射出方向性较强的光线,直接照射在目标上,成为一种直射光,如自然光源中的太阳光以及来自水平面的反射光,人工光源的聚光灯、回光灯、筒子灯等。

硬光的特点为,光照强烈,光线聚集性好,阴影有边缘。从画面造型效果上看,直射光光质很硬,鲜明有力,被照射目标的光比很大。如果用在人物布光上,可以表现人物刚毅的性格,刻画出皮肤质感,塑造"性格人像";如果用在环境布光上,可以充分显示景物的立体感、纵深感,景物层次分明。

硬光的缺点为:一是单一的硬光光源照明,造型效果生硬,多光源时投影处理不好容易出现光源混乱现象;容易产生局部光斑。特别在明亮金属等反光率极高的物体上产生的强光反射可能会超出摄像机的宽容度。

(2) 柔光

光源射出的光通过具有一定密度的介质柔化后照在目标上,形成一种散射光,如自然光源透过薄雾、薄云的阳光,以及来自沙滩的柔和反射光,灯光打在墙壁上形成的反射光。

柔光照明范围宽广,光照强度均匀,其特性为:它造成一个中间格调的区域,照明的主要部位向远处逐渐变暗,光质柔和,光线方向性不明,投影被虚化,明暗光比小,适宜描写细腻质感的高调人像。值得注意的是,柔光在布光范围内形成的杂散射光不易控制,另外也不易显示被摄体的立体感和质感。[①]

(3) 混合光

既具有硬光性质又具有柔光性质的光线为混合光线,日常生活中实际存在的光线经常是直射光和散射光的混合。

(三) 光度

光度是视听节目摄像用光的光照强弱和光线色温。影响光照强度的因素主要有光源的发光强度、光源与被摄体之间的距离、物体的反光性能等。

1. 强弱:时间、季节、天气和地域

(1) 时间:上午和下午亮度适中,最适合拍摄;

(2) 季节:夏强冬弱,春秋适中;

(3) 天气:阴天和雨天光线相对较暗,晴天和雪天光线相对较强;

(4) 地域:南方与北方,平原与丘陵,沙漠与草原,农田与树林。

2. 色温

色温表明光源光谱成分的标志(K)。人们平时看到的白光是由不同颜色(不同波长)的色光混合构成的复合光。日光经过三棱镜的分解,能得到红、橙、黄、绿、青、蓝、紫等几种色光。其中红、绿、蓝为主要色光。人对光的颜色

---

① 董从斌,于援东等. 影视节目制作技术简明教程[M]. 北京:清华大学出版社,2010:155.

有很高的适应性,但是电视摄像机对光线的色温变化却非常敏感。为了能够准确还原色彩和影调,就必须准确判断色温,并勤调白平衡。

三、人造光在摄像中运用

(一) 人造光线分类

视听节目画面拍摄过程的用光主要分为人造主光、辅助光、轮廓光、底子光、眼神光、装饰光和效果光等类别,这些不同类别的人造光往往是几个或多个配合使用来进行拍摄。

(二) 三点布光法

对被摄体使用主光、辅助光和轮廓光三个基本光位的照明,我们称之为"三点布光法",是最基本的照明方法。

主光和辅助光位于摄像机的两侧,轮廓光在摄像机的对面,三个灯具安排的最佳位置构成一个三角形,所以又叫三角形照明法。随着被摄主体的增多,布光更为复杂,但归根结底都是在三点布光的基础上进行演变的。

布光时,先布主光,主光布好后,关闭主光,再布辅光,最后布轮廓光。布光时要注意,布一个关一个,再布下一个,都布好后,再全部打开,根据整体效果做适当调整。

(三) 摄像照明的基本设备

1. 电光源的种类

(1) 热辐射类:普通白炽灯、卤钨灯(卤钨白炽灯);

(2) 气体放电类:金属卤化物灯、荧光灯、氙灯;

(3) 激光类:激光灯光具有颜色鲜艳、亮度高、指向性好、射程远、易控制等优点,看上去更具神奇梦幻的感觉。

2. 电视照明灯具

灯具一般由灯体、光源、反光镜、透镜、遮光罩和支撑物组成。

(1) 聚光灯:它是一种硬光型灯具,模拟无云彩遮挡的阳光直射大地的日光效果。照明时常用作主光、逆光、造型光或效果光。

(2) 泛光灯:它是一种柔光型灯具,效果似阴天的天空散射光。照明时常用作辅助光、基础光和背景光。

第三章 新媒体视听节目的拍摄技术

　　基于新媒体传播的数字化、互动性等特点,新媒体视听节目的制作技术跟随拍摄器材的数字化发展的步伐一同进步。本章在系统分析和阐述数字视听节目拍摄器材的数字化发展路径的基础上,系统讲解数字摄像机、数码相机和移动终端摄像器材的性能及使用方法。

第一节　新媒体视听节目拍摄器材的数字化发展

　　任何视听节目的制作都离不开摄像机、录像机等信号采集设备和编辑设备,而孤立的单一设备的功能几乎为零,只有将各个单一设备置于一定的系统中,使其相互配合,各自分担不同的功能,才能真正发挥各单一设备的作用。同时,任何电视系统的构建,都必然通过其功能与特定的应用目的联系起来。系统不是设备的大组合,并不是设备功能越齐全,性能指标越高,系统的质量也必定越好。一个好的系统,设备的性能指标未必要求很高,而是要在满足使用要求的前提下,做到系统内设备之间经济合理的配置,系统能稳定可靠地工作,且使用操作灵活方便,并有进一步发展和补充的可能。

　　另外,系统的整体技术指标是由这个系统的传输通道内所有设备中指标最低的设备决定的。如一台摄像机和一台录像机组成的电视节目素材制作系统,若摄像机的清晰度为600电视线,而录像机只有200电视线左右,则整个系统的清晰度指标也只有200电视线左右,显然没有充分发挥摄像机的性能,这是一种不合理、不经济的设备配置。因此,单纯追求某一设备的高性能对整个系统来说是毫无意义的。设备配置时一定要避免品种杂而又不配套的现象,系统构成要容易综合使用。所以一个好的系统,应该是具有结构合理、设备配置最经济、工作性能最好、有效使用期最长等优点。

　　摄像机、录像机在功能上相互配合,在发展轨道上也相互推进,走向一体化。视听拍摄器材的发展大致经历以下几个发展主线。

一、胶片摄影机

　　摄影术发明以来,伴随着无数摄影师的锐意进取一路发展,期间诞生了无数的发明创造,而这些发明创造中最伟大的一项,莫过于感光胶片。胶片摄影机的出现,源于两个因素:一是人们对影像信息记录和传播的需求;二是物理学、化学等现代科学技术的迅速发展。摄影技术从出现到胶片摄影产生的几个标志性事件有以下几方面。

(一)银盐感光性的发现

1725年,德国解剖学教授舒尔泽,首先发现硝酸银具有感光性,发现银盐受光变黑的现象,这是银盐感光材料化学性能的最早提出,至此人类在化学上为摄影术的诞生创造了条件。

(二)第一张照片的诞生

1826年,法国人尼埃普斯采用"日光蚀刻法",把涂有沥青的合金板放在暗箱里,并把镜头对着窗外庭院,在经过8小时的曝光后,放在薰衣草油中冲洗,出现了前所未有的奇迹:庭院中的景象竟牢固地凝结在合金板上,这就是世界上第一幅照片《窗外风景》(又名《鸽子窝》)。

(三)达盖尔摄影法

1839年8月19日,法国科学院召开会议,详细地介绍并公布了"达盖尔摄影法",从此摄影宣告正式诞生。达盖尔摄影法首先应用于人像的拍摄。

(四)卡罗式摄影法

与达盖尔同一时期,英国科学家塔尔博特用半透明的氯化银进行摄影实验,曝光后得到的是负片,再用这张负片在感光纸上曝光,得到一张正像。这种摄影法称之为"卡罗式摄影法",这就是我们今天所用的摄影法的基础。

(五)湿板摄影法

1851年3月,英国雕塑家阿切尔向公众推出了日后统治摄影界20年之久的"火棉胶湿板摄影法",火棉胶是用硝化纤维溶于75%酒精与25%乙醚的混合液之中形成的黏性溶液,他的方法是将含有碘化银的火棉胶涂在玻璃上,再浸入硝酸银溶液中以增强光敏感性,由于这样制造成的感光板必须在干燥前使用,所以又名"湿板摄影法",这是摄影史上一个比较重要的历史时期。

(六)干板摄影法

1871年,英国一名医生马多克斯,以明胶为涂料加溴化银做成乳剂,干燥之后仍能感光,代替火棉胶取得成功,这就是干板摄影法。

(七)胶片的诞生

1889年,美国摄影爱好者伊斯曼发明了硝化纤维代替纸基,制造出了世界上最早的硝化纤维透明片基,为感光胶卷的发展奠定了基础。1891年伊斯曼又推出可以由摄影者本人装卸的胶卷,每个胶卷可拍摄100幅图像。1906年,英国雷登温赖特公司制成了全色照相干板,乳剂中添加有机染料使原本对蓝、紫光敏感的卤化银能感受所有的色光。到1930年以后,片基由硝酸纤维被醋酸纤维取代,这就是我们现在使用的安全片基。

(八)彩色胶卷的出现

1907年,法国卢米埃尔兄弟创造了"天然色彩片",1936年由柯达公司首次推出了涂有三层乳剂的彩色片。1942年,柯达公司生产出三乳剂的彩色负片。1947年,美国波拉公司研制成功一步成像照相机和与之配套的黑白材料,使人们能立即看到拍摄结果。1963年,波拉公司研制成功一步成像的彩色材料,70年代彩色摄影才真正得到完善和普及。① 随着感光技术的发展,摄影事业也在逐渐得到发展,小型胶片的产生使得相机也趋向小型化,但是胶片的小型化并未使拍摄者摆脱束缚,胶片的购买、冲洗、保养要花费大量财力和精力,于是人们便开始探索可以代替胶片的感光材料。

二、磁带摄录机

录像机是用磁带记录音频和视频信号的磁记录设备,一般称为视频磁带录像机(video tape recorder,VTR)。为了使用方便,录像机都将磁带装入精巧的盒中,所以又称录像机为视频盒式录像机(video cassette recorder,VCR)。将摄像机和录像机制成一体便称之为摄录机。

摄录机是录像机和摄像机的结合体。摄像机拍摄的景物立刻能记录到磁带上,这给用户带来了极大的方便。这种设备在广播电视领域使用的比较早,如新闻采访、球赛转播、科学探索及教学节目都离不开它。

(一)磁带摄录机的发展

早在20世纪50年代,由于旋转视频磁头记录方式的发明,使磁带录像机走上了实用化的道路。1956年,美国Amper公司推出了2英寸(磁带)4旋转磁头的广播用录像机。在此之前,图像的记录都是使用感光胶片作为记录媒体的电影片。胶片只能记录一次而且还需要专门的洗印设备,使用起来很不方便。自从磁带录像机诞生后,由于磁带具有可录可抹、重复使用的优点,故很受人们的欢迎。

磁带录像机的问世,也带动了视频摄像机的发展。于是,使用摄像管(属于一种电子管)作为摄像元件的摄像机问世了。它可以输出视频图像信号,送到录像机中便可将图像信号记录到磁带上。

20世纪60年代至70年代,磁带录像机经历了从使用2英寸磁带到1英寸磁带,又到1/2英寸磁带;重量从600千克到几十千克;体积从台式到便携式的发展过程。电视摄像机也经历了从座机到肩托式机的进步。摄像管也经

---

① 石广田. 现代摄影基础[M]. 沈阳:辽宁美术出版社,2010,4.

历了从体积方面和质量方面的重大变化。原来摄录节目时，摄像机和录像机必须同时背到现场，两种设备分别操作，这给使用者带来了不便。摄像机和录像机的小型化使两者可以制作成一体，于是诞生了摄录机，即摄像和录像由一台机器完成，不仅使用方便，而且大大降低了成本。

随着磁带录像技术的飞速发展，磁带录像机不再限制在广电系统，而是向广播用、工业用和家用这三个方向齐头并进，出现了高度调频、色度降频后混合记录在同一条视频磁迹上的模拟复合记录方式，如专业用的3/4英寸U型机、家用的1/2英寸VHS，日立等种类录像机，以及亮度信号、色度信号分别经过调频后记录在不同视频磁迹上的模拟分量记录方式，如索尼公司的Betacam-SP和松下公司的MII等。

（二）磁带录像机的不足

磁性记录的优点之一是能方便地转录，而现在的模拟式录像机每转录一次，质量就要降低一些。在节目制作过程中，转录是难以避免的。例如制作电视剧就要编辑转录三次以上，也就是第四代磁带才能用于播出。第一代是素材带，它是由摄像机拍摄记录的分镜头，然后这些分镜头经电子编辑、后期配音，汇编成一部完整的节目，这是第二代。接着还要配字幕，把演员的道白、歌词等镶嵌在画面下部，又需要转录合成，这是第三代。到此为止才能算完成节目制作过程。这盒磁带称母带，一般不用于播出，真正用于播出的是由它转录的子带，当然播出的质量就远不如素材磁带了。因此，较低复版指标，是困扰模拟磁带录像机发展的一个重要原因。①

三、数码摄像机

摄像机是一种集电、磁、声、光等多种学科技术于一体的高档电子产品，具有复杂的电子线路、精密的机芯和高性能的光学系统。它的每一个部件都体现了当今电子领域中各种高新技术的成果。数码摄像机和电影摄影机一样都是用于获取景物影像的装置，它利用光学镜头使被摄景物形成光学影像，经过图像传感器（如CCD）将"光像"转换成为"电像"，并经过一系列处理电路的处理，最终形成适合应用的数字信号。从影视画面的摄取而言，它处于整个影响系统的最前端，其性能的优势将直接影响最终的影视画面质量。

（一）电视摄像机的发展历程

电视摄像机的发展大致经历了四个重要的时期：

第一个时期是20世纪30年代到60年代初，称为电子管时期，这个时期

---

① 姜武. 磁带录像机，向数字化迈进[J]. 浙江广播电视高等专科学校学报，2011(1).

的电视摄像机全部采用电子管电路,体积庞大、耗电多、笨重,且绝大多数为黑白摄像机,图像质量也不甚理想。

第二个时期是20世纪60年代初到70年代末,称为晶体管和集成电路时期。晶体管和集成电路技术的发展,特别是氧化铅管的应用,使摄像机在体积、质量和各项电性能指标方面取得了突破性的进展,导致节目范围大幅度扩大,图像质量进一步提高,性能基本上达到了广播级的标准,并开始朝小型化方向发展。

第三个时期是从20世纪80年代初到80年代末,称为大规模集成电路时期。这个时期,由于大规模集成电路和微处理机控制技术的发展,使摄像机的调整和控制基本实现了全自动化,摄像机的功能与质量产生了质的飞跃,并开始向数字化和一体化方向发展。

第四个时期是从20世纪90年代以后,称为数字和CCD摄像机时期。这个时期,广播、专业和家用领域的摄像机已全面实现数字化,CCD摄像机完全淘汰了真空管摄像机,并成为广播用摄像机的主流。

(二)摄像机的数字化趋势

20世纪80年代是摄录机技术大发展的时期。由于录像机已成为现代信息社会中不可缺少的信息处理工具,产品的更新换代速度加快,产品普及的速度也非常快。到20世纪80年代,录像机已经普及到了多数家庭之中。20世纪90年代初,CCD固体摄像元件开始取代电子管式的摄像管,使摄像机不论是从体积上还是在信息质量上都有了飞跃式的发展。20世纪90年代末,精品化的摄录机受到了普通家庭的欢迎。8mm/超8摄录机、VHS-C/S-VHS-C摄录机成为流行的产品。这些摄录机结构十分精巧,而且性能也很好。各种高新技术的应用,特别是数字信号处理技术的开发使摄录机锦上添花。

这样,音频、视频产品数字技术的发展迎来了数字化时代。具有国际统一标准的数字摄录机问世了。这种摄录机又被称为DV格式的摄像机,简称DV机。DV是Digital Video(数字视频)的简称。DV格式的录像带为6.35mm,带盒体积很小,因而机芯的尺寸也非常小巧,特别适于制成袖珍式摄录机。由于DV机是全数字化产品,可直接与多媒体相连,进行视频、音频编辑及特技等处理,故大大扩展了它的应用领域。

DV机的问世也带动了整个摄录机技术的发展。在家用机领域,过去模拟的8mm摄录机和VHS摄录机也都推动了数字化的8mm摄录机(Digital 8)和数字VHS(D-VHS)摄录机。在专业和广播领域,则推出了高质量的DVCAM摄录机和DVCPRO摄录机,摄像部分采用了3CCD,可得到高画质的图像,至此摄像、录像进入了全数字时代。

在广播电视领域,广播级摄录机和相关配套的编辑、制作设备正在朝这数字化高清晰度的方向发展。与此同时,磁盘录像机、DVD光盘录像机及全数字化非线性编辑系统成了广播电视领域的主流产品。

家用摄录机是普及量最大的商品,品种、型号、款式琳琅满目。专业摄录机是兼顾画质和价格的产品,是跨越家庭和广播电视领域的两用机。广播级摄录机是追求高画质和高音质的高档设备,并有完善配套的编辑、制作及传输等相关设备。

随着节目制作及拍摄器材的数字化发展,将来的拍摄器材也将会更加地注重器材的智能化和便携化,未来的节目制作将以数字化为基石,迎来一个大爆发的时代。

第二节 数码摄像机的性能及使用方法

一、数码摄像机的特点

在当今科技发展的浪潮下,数字技术日臻成熟,并被广泛运用于影视创作设备上。数码摄像机是指摄像机的图像处理及信号的记录全部使用数字信号完成,其最大的特征是磁带上所记录的信号为数字信号,而非模拟信号。[①] 与传统的模拟摄像机相比,数码摄像机明显有着诸多优点。

(一)图像分辨率高

一般数码摄像机的水平解析度都在500线以上,而VHS摄像机为200线,S-VHS摄像机为280—300线,8mm摄像机为380线左右。数码摄像机的画面清晰度比普通模拟摄像机要好,而且其色彩及亮度频宽比普通模拟摄像机高六倍,色彩还原逼真,可以达到专业级别。

(二)录音质量好

数码摄像机的音频录制模式有两种:采样频率48KHz、16Bit量化、双声道/立体声模式;采样频率32KHz、12bit量化、4声道模式。第一种录音模式录制的声音可接近CD的音质。

(三)操作简单

普通家用DV(Digital Video,数码摄像机的英文缩写)的操作极为简便,即使是从来没有用过DV的初学者也可以很快掌握。而且家用DV的体积小,携带方便,适于不同年龄的拍摄者进行拍摄。

[①] 徐明.数字摄像基础[M].南京:江苏科学技术出版社,2009,8.

（四）后期制作方便

把 DV 带中的信号直接采集到计算机中就可以对它进行各种编辑，而且运用软件或硬件可以将影片方便地在 PAL 制式和 NTSC 制式之间转换。

（五）反复复制信号无损失

模拟摄像机中的信号经过反复复制会有一定的信号损失，而 DV 则不会出现这样的问题，它采用的是数字格式，反复复制都不会有信号的衰减发生。

（六）成本低

现在市场上 DV 的价格不等，单 CCD 的 DV 价格有的已经在 3000~4000 元，3CCD 的 DV 价格也有的跌破 8000 元，DV 带的价格在 20~30 元不等。另外，数码摄像机的使用折损率远低于模拟摄像机，因此维修费用也会相应降低。

二、数码摄像机的类型

摄像机的研制开始于 20 世纪 30 年代，先后经历了电子管、晶体管和集成电路时期，到 70 年代末开始进入微电子时期。自此，摄像机的制造技术突飞猛进。微处理器技术的广泛应用和大规模专用集成电路的开发，使得摄像机的体积减小、重量减轻、耗电减少、功能增强、图像质量提高、调整简单、使用方便。

80 年代中期以来，CCD 固体摄像器件开始投入市场。由于其质量和性能的不断完善，到 90 年代初期它已经取代了摄像管而成为摄像机图像传感器的主流，尤其是 3CCD 的摄像机已被广泛应用于电视广播、专业节目制作等领域，而且随着 CCD 价格的降低，3CCD 应用于家用摄像机已成为了可能。

摄像机的问世时间远远晚于电影摄影机，作为一种新事物，它在发展过程中无时不在与电影摄影机作对比，尤其是对于那些直接从事画面创作的摄影而言。摄像师们对于两类机器的不同目光主要集中在两个方面：其一为操作的方便程度及拍摄成本，其二为成像质量的高低。在第一方面，摄像机显然已超过了电影摄像机。而第二方面的比较其实是摄像机与电影胶片作比较，摄像机的成像虽然远不如胶片，但伴随高清数码摄像机的出现，二者在成像质量方面的可比性已大大增强了。

通常，摄像机的分类方法有如下几种：按应用领域（应用场合）分类；按信号处理方式分类；按录像机的记录格式分类；按摄像元件的种类和数量分类。

（一）摄像机按应用领域（应用场合）分类

目前采用基于 MPEG-2 压缩格式技术的数码摄像机较多，主要有数字 Betacam 格式、Digital-S 格式、Betacam-S 格式、DVCPRO 格式、DVCAM 格式、Mini DV 格式和 MICROMV 格式。它们采用了数码分量记录方式,所以也称为数码分量录像机。

1. 家用摄像机

家用摄像机主要供家庭娱乐使用,体积小巧、价格低廉、操作简单、使用方便,技术指标相对来说要求不高。家用摄像机一般都是摄录一体机,过去流行的有 VHS、8mm/Hi 8 及 VHS-C 等,目前流行的有 DV 摄录机、数字 8mm 及数字 VHS 摄录机等。

(1) Mini DV

在市场上见到的绝大部分数码摄像机属于 Mini DV。这里提到的 DV 是一种国际通用的数字视频标准,是一种用于家用数码摄像机的数字格式。1994 年,世界上的十几家公司联合制定了这一标准。目前,已有 55 家大公司宣布支持这一格式,使其成为了一个国际标准。

对于 PAL 制式,Mini DV 采用了 4∶2∶0 的采样格式、8bit 量化和 DCT 帧内压缩方式,压缩比为 5∶1,记录码率为 25MB/s,信噪比可达 54db。对于音频,可采用 32KHz 采样、16bit 量化的双声道立体声方式,也可采用 32KHz 采样、12Bit 量化的 4 声道方式。Mini DV 格式的图像质量相当高,已经超过了常见的 S-VHS 和 Hi8,因为其亮度信号频带带宽达 6MHz,色差信号的带宽也分别达到了 1.4MHz 和 3MHz。MiniDV 格式采用 1/4in 金属蒸镀带来记录高质量的数字视频信号,磁迹宽度 10um,MiniDV 的体积小巧,重量轻,方便携带,更适合家庭和非专业的爱好者使用。

(2) Digital 8

Digital 8 也叫数字 8mm 或 D8,它是 SONY 公司开发的一种家用数码摄像机的格式。它的记录介质采用了 Hi8 磁带,与 DV 带一样,水平解像度可以达到 500 线以上,所以其画面质量上比用旧式摄像机拍摄出的画面质量要好得多。Hi8 磁带是一种 8mm 的金属磁带,比 DV 带的磁带要宽,而且 Digital 8 还能兼容旧式的 8cm 磁带,灵活性和适应性就更高了。Digital 8 磁带的体积只有家庭录像带的 1/5 大小,尺寸为 15mm×62.5mm×95mm,磁带储存的是数字信号,所以水平清晰度能达到 500 线。

Digital 8 与 DV 格式在技术上的差异不大,亮度采样频率为 13.5MHz,压缩比为 5∶1,采用 4∶2∶0 的采样格式,以帧为单位的帧内压缩方式,音频记录为 16bit 和 12bit。但是为了与模拟 8mm 格式兼容,Digital 8 是每帧 5 条或 6 条磁迹,DV 格式则是每帧 10 条或 12 条磁迹。一般 Digital 8 摄像机使用金属 8mm 磁带作为存储介质。

2. 专业用摄像机

专业用摄像机是在中、小型电视台和教育、企业、医疗等非广电领域使用的摄像机,使用比较广泛。在基本保证性能的情况下,要求有较好的性能比价格。例如,过去流行的高带 8mm 机(Hi8)、S-VHS 摄像机,目前流行的 DV-CAM 和 DVCPRO 等。

(1) DVCAM 格式

DVCAM 是在 Mini DV 格式的基础上开发成功的专业用数码分量录像格式。采用 DVCAM 格式的数码摄像机就叫做 DVCAM 格式数码摄像机。这种格式采用 4∶2∶2 采样,8bit 量化和 DCT 帧内压缩方式,压缩比为 5∶1,记录码率为 25MB/s。信噪比大于 54db,具有 2 通道 48KHz 采样,16bit 量化的数码音频。它与 Mini DV 格式双向兼容,1/4in 金属微粒带,磁迹宽度 15um。也就是说,Mini DV 格式的磁带可以在 DVCAM 摄像机上重放,DVCAM 摄像机也能在 Mini DV 格式摄像机上重放。DVCAM 格式不仅是一个专业的录像格式,同时它也是一个非线性的摄录编系统,它与数字 Betacam 相比,价格要低廉许多。

(2) DVCPRO 格式

DVCPRO 格式与 DVCAM 格式同样是在 Mini DV 格式的基础上开发成功的专业用数码分量录像格式。它充分扩展了 Mini DV 格式的特点,使用小盒带并延长重放时间。它所采用的采样格式有 4∶2∶2、4∶1∶1 和 4∶2∶0。4∶2∶0 使用的压缩比是 3.3∶1,记录码率是 50MB/s,4∶1∶1 和 4∶2∶0 的压缩比是 5∶1,记录码率为 25MB/s,8bit 量化和 DCT 帧内压缩方式,信噪比大于 54db。它所使用的是 1/4in 金属微粒带,磁迹宽度 18um,具有 2 通道 48KHz 采样,16bit 量化的数码音频,并且具有兼容重放家用 DV 格式录像带的能力。

DVCPRO 格式有两种系列,分别是 DVCPRO(25) 和 DVCPRO(50)。DVCPRO(25) 的压缩比是 5∶1,DVCPRO(50) 的压缩比是 3.3∶1,它们可以在 4∶2∶2、4∶1∶1 和 4∶2∶0 这 3 种采样格式间转换。

3. 广播用摄像机

广播用摄像机是在广播电视领域使用的摄像机,如新闻采访、球赛转播、运动会、晚会转播等,因此按场合不同,广播用摄像机又可以分为现场直播用摄像机、新闻采访用摄像机以及演播室用摄像机。其技术性能、指标要求较高,清晰度通常接近 800 线,价格也比较昂贵。在制作高清晰度数字电视节目中使用的摄像机则要求更高,是摄像机中的极品,又称高端产品。

(1) Digital-S 格式

Digital-S 格式是日本的 JVC 公司在 1995 年推出的一种广播级的数字录像格式，是以 S-VHS 技术为基础，开发的具有高效编码数字技术 S 格式的录像标准。Digital-S 格式的压缩比为 3.3∶1，记录码率为 50MB/s，具有 2 通道 48KHz 采样，16bit 量化的数码音频。它的信噪比优于 55db，采用 4∶2∶2 采样格式，8bit 量化的数码分量处理，使用 DCT 帧内压缩方式，可以达到广播级质量。Digital-S 格式还充分考虑了与 S-VHS 录像带的互换性，采用 1/2in 金属带，机械结构与 VHS 磁带相同，具有编辑处理图像功能，并且向下兼容重放 S-VHS 录像带。Digital-S 格式数码摄像机与其他专业摄像机相比，它的性价比较高，是采用 S-VHS 的产品的一个数字化过渡产品。

(2) Betacam-SX 格式

Betacam-SX 格式是 SONY 公司推出的数字录像格式，它的压缩采用 MPEG-2 格式，既可保证图像质量，又可保证较高的压缩比，某些带有硬盘的机型可以进行现场的非线性编辑。Betacam-SX 格式采用 4∶2∶2 采样格式，8bit 量化的数码分量处理，输入的图像以 2 帧为 1GOP(图像组)，每个 GOP 的数据为固定长度。其压缩比可达 10∶1，记录码率为 18MB/s，图像质量优于标准型 Betacam-SP。对于音频则采用 4 通道 48KHz 采样，16bit 量化的数码音频。Betacam-SX 格式采用了 1/2in 金属带，它的向下兼容性最好，其 DVW-A 系列录像机可向下兼容重放 Betacam-SP 录像带。Betacam-SX 录像机还首次采用了无循迹重放方式，重放磁头增加了一倍，也就是加装了 4 个重放磁头，只要有一个磁头正常工作即可，降低了对磁迹精度的要求，提高了可靠性。

(二) 按信号处理方式分类

摄像机从信号处理方式角度可以分为模拟方式和数字方式两种，每一种方式中又分为复合方式和分量方式。

通常我们在电视机中会遇到各种信号，如在电视机中频道通道里经视频检波输出的信号被称为视频信号，它由亮度信号、色度信号、行同步信号及色同步信号等组成，这个信号就是复合视频信号。将视频信号经 Y/C 分离电路分成亮度信号(Y)和色度信号(C)，这种信号被称为 Y/C 分离信号或称 S 视频信号。将视频信号经解调处理而形成亮度信号(Y)和两个色差信号(R-Y/B-Y)，这种信号则被称为分量信号。我们在过去的电视机、录像机中所处理的上述信号都是模拟信号，如将这些信号经 A/D 变换器转换成数字信号，就是数字式摄像机所处理的信号。

(三) 按摄像元件的种类和数量来分类

摄像机按摄像元件的种类来分有摄像管式摄像机和 CCD 摄像机。

过去的摄像机都使用摄像管作为光电变换器件(图像传感器)。摄像管是一种特种电子管。拍摄的景物在摄像管的靶面上成像(电子图像),通过电子束的水平和垂直扫描将电子图像变成一行一行和一场一场的视频电信号。

CCD(电荷耦合器件)实质上是一个具有约 20 脚的双列直插集成电路,在它的上面的一个长方形的感光区上,通过自行扫描,将光图像变成电信号。CCD 摄像器件初期存在很多缺点,主要性能指标还赶不上摄像管,1988 年之后各种摄像及研究机构都集中力量研究固体摄像器件(CCD/MOS/CPO 等),特别是 CCD 摄像器件,终于使很多指标都达到甚至超过了摄像管。

正是由于 CCD 固体摄像元件的成熟才使家用摄像机得到迅速的普及。摄像的清晰度取决于 CCD 的像素数。CCD 感光面上制作了几十万至几百万个像素单元。像素单元用集成电路的制作工艺,使各像素单元整齐地排列,因而没有几何失真、结构简单、性能好,适于批量生产。到 20 世纪 90 年代末已基本上取代了摄像管。

流行的 CCD 摄像机从使用 CCD 的数量上来分有单片 CCD 和 3 片 CCD 两种。家用袖珍摄像机(即 DV 机)多使用单片 CCD,结构简单、成本低。专业用的摄像机多使用 3CCD,镜头中的分光棱镜将光分解成 R、G、B 三光色,分别由三个 CCD 转换成 R、G、B 三色图像,图像质量高,成本也高。

(四) 按清晰度划分

摄像机按清晰度划分可分为标清和高清两类,标清的清晰线一般在 250~850 之间,高清则以 1280×720 和 1920×1080 的分辨率为标准。

三、数码摄像机的基本操作

(一) 数码摄像机的工作原理

数码摄像机是一种数字信号处理的摄像机,即将光电转换器得到的三基色信号转换成数字信号,并进行一系列的数字处理。数码摄像机主要由光学成像系统、数字视频处理及数字视频记录三个部分组成。

1. 光学成像系统

数码摄像机光学成像系统是由摄像机镜头、分光棱镜及各种滤色镜组成,主要任务是完成景物成像到摄像器件上。分色棱镜将景物光分解成 R、G、B 三色,分别传送到摄像机的三个 CCD 器件上,得到三色信号。滤色是矫正色温,确保摄像机拍摄画面的色彩平衡。

2. 数字视频处理

视频处理是摄像机将摄像器件送入的微弱信号经取样保持、放大和黑斑校正、彩色校正等各种加工处理，使输出信号图像符合全电视信号技术标准，获得高质量的视频图像信号和音频信号。

3. 数字视频记录

数字视频记录有磁带式、硬盘式和光盘式。硬盘式和光盘式因技术标准不统一，目前还没有被普及使用，因此数字视频记录仍然多以磁带记录视频信号。磁带记录采用电—磁—电的转换方式，利用磁头在磁带上扫描来实现视频信号的记录。[①]

（二）准备工作

在拍摄现场，找好拍摄机位，架上三脚架，调好云台的水平、平衡，把左右横摇与俯仰的调整螺丝锁定，将摄像机固定在三脚架上。不论拍摄是否用三脚架，调整摄像机时最好放在三脚架上进行。

将摄像机与外围设备的连线（如摄像机多芯电缆、专用电源的四芯电缆线、监视器等测试设备的视频线）接好。打开摄像机电源开关，机上若有工作开关应先放在预热位置，预热10s或更长时间后再放到开的位置。这时把镜头盖和光圈打开（如果是自动光圈，它会自动开启），便能在寻像器里看到图像。如果寻像器没有图像，可微调寻像器亮度旋钮使图像呈现。

（三）选择滤色镜

旋转滤色镜转盘，选择适合拍摄环境中光源色温的滤色镜。通常滤色镜转盘上标有滤色镜的号码，我们可在覆盖滤色镜转盘的小合页门上或附近的机身外壳上找到滤色镜号码对应的色温条件。绝大多数摄像机上的1号滤色镜是3200k（个别型号的摄像机是3000k），用于室内以卤钨灯作光源的场合，3号滤色镜是5600k左右的，适用于室外日光下或阴天；如果有0号的位置，对应的滤色镜是一个黑片，拍摄时要从这个位置移开，不然即使光圈打开，光线也照不进去。如果照明条件变了（例如从演播室移到室外），而滤色镜却忘记变换，会使拍摄出的图像严重偏色（偏蓝或偏黄），录制后又不易再校正成正常颜色，会造成莫大的遗憾，甚至对工作造成损失，所以拍摄前这一步骤的调整绝对不能忽略（当然，某些带有实时自动白平衡的摄像机另当别论）。

如果现场的照明光源种类不是单一的，如在有灯光又有阳光的房间内，就要根据当时现场的具体情况来选择滤色镜。在窗户较大，又是上下午光线较强的情况下，室内灯光亮度远远不及室外自然光，可以按日光选用高色温的滤

---

① 徐明. 数字摄像基础[M]. 南京：江苏科学技术出版社，2009，8.

色镜。当室外自然光的亮度不够,使室内光线暗淡,不得不采用卤钨灯光照明时,就可以选择3200k的滤色镜。如有可能,不如把窗户索性都用窗帘遮上,以免室外光照射在人脸上使皮肤变蓝。

当然,混合光照明应尽量避免,它毕竟会破坏图像色彩的协调性。所以要想拍摄出高质量的图像,还是应想办法尽量用绿色纸把照明光线统一起来。

(四) 调整光圈

现在的摄像机都有自动(Auto)光圈,使用起来非常方便,无论什么样的场景,自动光圈都能保持合适的进光量,得到规定的输出信号强度。尤其是拍摄运动镜头(推、拉、摇、跟、移)时,变化的景物也会使图像亮度发生变化,有了自动光圈可以省去不少调整麻烦。只要照明情况正常,物体亮暗反差适中,均可利用自动光圈拍摄。

由于自动光圈是根据图像的平均亮度来确定光圈值的,所以也并非完美无缺。例如景物反差大时,某个亮(或较暗)的物体进入被拍摄画面时,画面平均亮度增大(或减小),导致光圈自动缩小(或扩大),使画面中的环境背景变暗(或变亮),不符合生活中的真实感受;有时我们又希望通过画面的亮暗来表现白天或傍晚的特定情景,而自动光圈总是得到同样的输出电频,达不到预想的效果。因此,在电视节目技术要求较高时,可以先用自动光圈测出光圈值,然后再换用手动光圈,并改变半档或一档光圈使用。

手动光圈的调整除了利用自动光圈的测光性能来确定光圈值以外,还经常使用以下方法——摄像机上若带有斑纹开关,可以将其打开,这时可以从寻像器中看到图像中亮的部分会出现斑纹,我们可以根据斑纹出现与否,或出现的多少来决定光圈的大小。

有的摄像机在寻像器中用视频电平线显示景物的亮暗,也可根据此电平线来调整光圈。如果有波形监视器,可接在摄像机的输出上监看其视频电平,作为手动光圈调整的参考。一般来说,大部分图像的电平调在500mV左右,个别较亮部分的电平不超过700mV(均以消隐电平为基准)。

若手头没有其他测量或可参考的设备和手段时,那么在调整时应从寻像器或监视器中监看图像,边逐步增大光圈,直到图像中最亮的部分开始缺少层次、要"开花"而没"开花"时为好。

光圈的正确调整对整个图像的亮度、对比度、视频电平的幅度等指标影响很大,所以在每次拍摄,甚至每个镜头画面拍摄前都应注意。

(五) 调整白平衡和黑平衡

滤色镜选好后,就应进行白平衡与黑平衡的调整。

首先应有一个白色物体作为调整的标准。白色物体可以是摄像机附带的白板或各种简易测试卡,如果没有测试卡,也可以使用较白的纸,例如复印用的白纸。在外拍要求不高时,为了抢时间,也可利用白墙、白桌布等来调整白平衡;但在拍摄高质量节目时,最好用测试卡,并且拍摄某一电视节目的全部镜头都应该用同一白色物来调整白平衡,以保证整部片子的色调一致。

将选好的白色物体置于实际拍摄场景的光照之下,而且是放在被摄主体的位置,使得到的照明光线与之相同,但需要注意白色物上不要出现反光点。

把摄像机的镜头对准白色物体,调整镜头焦距,使白色物体充满整个荧光屏画面。由于现在的许多摄像机用微处理器来控制自动白平衡电路,只要求白色物体处于画面中心,其面积达到画面总面积的 1/10,也能调整出正确的白平衡。但是为了保险起见,还是将白色物体充满画面为好,至于镜头的焦点调得清晰与否对白平衡的调整影响不大。

拨动自动白平衡的触发开关钮(一般是向上拨一下即可松手),电路就开始自动调节,过 2~3s 后,白平衡指示灯亮,如果寻像器上显示出文字"OK"(好),就表明白平衡已经调好,并将其状态存入记忆电路。如指示灯不亮,或文字显示为"NG"(不好),则表明白平衡未能调好,原因可能是光线太暗,使视频电平太低,或色温滤光镜选择错误,应将这些问题解决后再次进行调整,直至调好。进行自动白平衡调整时,应将机上另一个白平衡选择开关置于"AUTO"(自动)或"MEMORY"(记忆)的位置。置于"3200k"或"PRESET"(预置)的位置时机器的白平衡固定,只适合于在 3200k 的色温条件下进行拍摄。一般只在卤钨灯照明的条件下因找不到合适的白色物体,或抢拍镜头而来不及调整白平衡时使用。在室外自然光条件下换用 5600k 的滤光镜后也能用这一档位置,只不过多少有点偏色。

把自动白平衡的触发钮向反方向拨动,自动黑平衡电路就开始工作,此时光圈先自动关上,然后电路再对黑平衡进行自动调节。过几秒钟,黑平衡指示灯(一般与白平衡共用一个指示灯)亮,或寻像器上显示出"OK",表明黑平衡已调好,并存入记忆电路。在自动光圈的情况下,调整结束后光圈会自动打开。若光圈处于手动方式,虽然调节开始时光圈能自动关闭,但结束后却不能自动打开。

通常黑平衡的调整会影响白平衡的状态,所以调整完黑平衡后应再调一次白平衡,即调整次序为:白平衡—黑平衡—白平衡。有时为了简化,也可省去第一次的白平衡调整,即:黑平衡—白平衡。

要想把黑、白平衡调整得更加精确,或者为了拍摄某一特定(如晚霞照射下的景物),把偏色的现象呈现出来,可以利用手动方式来调整。然而大部分摄像机机身外部不设白平衡调整按钮,而要通过 CCU 来进行。

自动白平衡的数据可以记忆，在拍摄条件不变、两次拍摄间隔时间不长的情况下，可以不再调整白平衡。然而就一般来说，在每次拍摄前都要进行自动或手动白平衡调整这一步骤，以确实保证电视图像颜色质量。

（六）镜头前聚焦和后聚焦的调整

为了使摄像机镜头在变焦的过程中无论是长焦还是短焦状态都能得到清晰的图像，需要对镜头的焦点进行调整。前聚焦调整比较容易，只需转动前面的聚焦环使图像清晰即可。后聚焦是调整镜头后面的后聚焦微调环，这个环一般在摄像机出厂前已调好，但当我们发现用广角镜头拍摄时图像总是模糊、调聚焦环也不起作用时，就需要重新调整后聚焦。调整后聚焦时可按以下步骤进行。

步骤一：用西门子星卡作为拍摄目标，放在距镜头约 7～15m 远的地方。如果没有西门子星卡，别的轮廓清晰的物体也可代替，但距离至少在 7m 以外。

步骤二：光圈开到最大，以使景深较短有利于调焦，但需要调整被摄物照明，使之获得适当的视频电平。

步骤三：把靠近变焦镜头后部与机身接口处的后聚焦微调环（标有 F.f 或 F.B）上的禁锢螺丝松开。

步骤四：推镜头到最长焦距，调前面的聚焦环使图像清晰。

步骤五：把镜头拉到最短焦距，调后聚焦环使图像清晰。

步骤六：调整完毕，把后聚焦微调环上的紧固螺丝拧紧。

第三节　数码相机的性能及使用方法

随着社会逐渐进入数码时代，人们的各种信息被转换成数码信号，并通过有线方式和无线方式进行沟通交流，有传递文字的电子邮件，有重现声音的MP3，也有摄录影像的数码照片。本节将介绍数码相机的特点、结构和使用方法。

一、数码相机的特点与结构

数码相机是一种可以如同摄像机那样拍摄场景，同时又能将结果转换成数码图像的设备，它可以直接将拍摄的图像（即照片）输入到计算机中。

（一）数码相机的特点

数码相机是数字化应用图像的一种产品，也是计算机外部设施中技术创新与用户量增长最快的产品之一，而且已经在很多领域（包括广告设计、产品设计、工程设计、航空测绘)中取代了传统相机的许多任务。数码相机的特点主要有以下几方面。

1. 即拍即看

数码照片可以即拍即看。数码影像不像传统照片那样要经过冲洗才能观看,只要按下快门,马上就可以通过数码相机本身的小型LCD液晶显示屏观看拍摄的效果。人们可以检查刚刚拍摄的照片,看看人物的表情是否生动,画面会不会太暗,是否捕捉到所要的效果,等等。利用这个立即检查的功能,不仅能增进摄影的乐趣,也能用来提升摄影的技巧。如果用户对拍摄的照片不满意,可以删除后再拍。

2. 编辑处理随心所欲

照片拍摄完后,将数码相机连接到计算机,然后将照片输入计算机后,就可以使用各种图像处理软件按照自己的想法进行编辑处理。比如,若拍摄的场景中有一条横空而过的电线,可以利用photoshop等软件轻而易举地去掉它,而且不留丝毫痕迹。

3. 冲印快速而准确

冲印对于传统相机来说是一件麻烦的事,同时也是技术性很强的工作,而使用数码相机就不存在这一问题了,因为在按下数码相机快门的那一刹,照片已生成完毕,并且是以电子文件的格式保存的,随时可通过打印机打印出来。

4. 传输方便快捷

拍摄好的照片能马上被编辑,再以电子邮件的方式传输或上传到网络相册中。许多专业软件也把这些操作过程变得非常简单,即使没有受过专业的训练的人,也能很快上手,这是传统摄影难以比拟的。

(二)数码相机的结构

数码相机的构成和传统相机基本上并没有太大的区别,也有镜头、机身两大部分。

1. 快门按钮

执行拍摄的主要操作按钮,大多数数码相机的快门按钮都分为两阶段的操作设计,当按下快门按钮时可以进行自动对焦和测光,当全部按下快门按钮时(将快门按钮按到底),即进行拍摄。

2. 模式拨盘

通过旋转此拨盘,可以切换到数码相机的不同功能模式,如自动调节模式、手动曝光模式、拍摄动态影像模式、照片浏览模式、各种预置场景(夜景、夜景人像、烛光、风景、海滩、软抓拍)模式等。

3. 闪光灯

用以在光线不足时，为拍摄物体补光。

4. 取景窗

景物和光线从这里进入，直到背面的光学取景器，方便人眼观测。

5. 红外线对焦发射器

在进行正式拍摄前，可以发射红外线来判断拍摄物体与镜头之间的距离，帮助数码相机准确对焦，其作用类似于雷达。

6. 镜头

这是数码相机最重要的部件。镜头通常由许多块镜片组成，不同的镜片有各自不同的功用，它们的作用是力求保证达到图像传感器的影像完美逼真。

7. 取景器

用以观测通过前面的取景窗获取的图像，大部分的数码相机采用的是光学取景器，此外还有部分高端数码相机采用的是电子取景器，相当于小型的LCD取景器。

8. LCD状态切换按钮

此按钮主要用来控制LCD液晶屏的开关等状态。

9. 变焦控制按钮

用于进行镜头拍摄时的变焦调节，也就是通过镜头获取的景物的远近距离。此外，这个按钮还可以用来在数码相机的液晶屏上浏览照片时控制照片的放大和缩小。

10. 控制按钮

标准的方向导航按钮，中间的为确定按钮，用来控制菜单的选择和执行，此外还可以快速开关与调整闪光灯模式，进行延时自拍、微距拍摄以及快速预览最近拍摄的照片等。

11. 图像大小/删除按钮

此按钮用于设置拍摄照片的尺寸大小，以及删除照片之用。

12. LCD液晶屏幕

这是数码相机有别于传统相机的重要部件之一，LCD液晶屏不仅能帮助拍摄取景，还可以用来在拍摄完后浏览查看照片，对数码相机的拍摄与显示设置等有极大的作用。不过LCD液晶屏受外界光线的影响比较大，在光线强的地方不能很好地进行显示。

13. 菜单按钮

此按钮可以对数码相机进行详尽具体的功能设置，如调整相机的分辨率、曝光率、白平衡设置等。

14. 电源接口

在保护挡板下的此接口，用来通过连接交流电源适配器来获取电能。

15. USB 接口

在保护挡板下的此接口，用来通过随机附带的 USB 电缆连接至计算机，以输出照片。

16. AV 输出接口

在保护挡板下的此接口，用来通过随机附带的 AV 电缆连接至电视机的音频/视频输入插孔，以输出影像。

二、数码相机的使用方法

数码相机和数字摄影一经诞生，便以势不可挡的速度发展着。随着技术日益成熟以及价格的日益亲民化，数码相机已经逐渐"飞入寻常百姓家"，它改变了胶片摄影"专家"化的传统，以其一系列简单的操作吸引着众多"非专家"参与到影像文化的洪流中。

在日常生活的各个场景中，我们随处可见手持数码相机的拍摄者，"用相机记录生活"已经成为这个时代数码相机持有者的口号。数码相机操作起来比较简单，容易上手，但是如果要拍出效果较好的影像，还是要掌握一些摄影技巧。下面将介绍数码相机的基本操作方法和一些有技巧的高级操作，了解这些知识之后，便能更好地记录我们的生活，也能使简单的数码摄影更加艺术化。

（一）数码相机的基本操作

1. 准备工作

数码相机操作起来比较容易，初次拿到一台数码相机，首先要熟悉相机各个按键的功能，开机前要做好以下几项准备工作。

（1）阅读说明书

新买的数码相机都会附有本款相机的使用说明书，还有一些数码相机产品附带有随机光盘，可以通过阅读说明书或播放光盘来了解数码相机的性能、按键操作等。

（2）安装电池

在安装电池的时候要注意正确的安装方法，看清电池舱门附近的正负极标识后再把电池放入。要确认电池电量充足，首次充电一般要充足几个小时。电池的维护工作很重要，后文中将会提到。

（3）安装储存卡

有些数码相机本身会有储存空间，但是一般容量不是很大，也需要另外装入储存卡。放入储存卡的时候要按照卡正面的指示轻轻插入相机,要注意放储存卡时,相机应处于关机状态,这样就不至于损伤储存卡。另有些相机机身内有内存,并且不支持扩展卡,那就无法使用储存卡了,如索尼 2011 年上市的一款卡片机 J10 就不支持额外的扩展卡。

2. 开关机

不同款型的相机开关机的方式也不一样,常见的开关机电源有按键式、拨盘式和拨杆式等几种,在电源开关附近会有"POWER""ON""OFF"之类的标记,依据开关的标记来操作即可,这里便不再赘述。[1]

3. 场景模式

数码相机操作简便的一个表现就是它的自动模式,在自动模式下,数码相机可以自动对焦、自动测光、自动曝光等,初级入门者通过自动模式便可拍出清晰的照片。

为满足拍摄者更高标准的要求,数码相机还根据不同的情境设置了不同的场景模式。场景模式一般可以通过机身的场景模式转盘来选择,还有些机型则通过菜单选择场景模式。常见的场景模式有:

(1) 人像模式

通过人像模式可以拍摄出带有健康肤色的生动肖像,使用变焦的远摄端并选择远处的背景,有些数码相机提供的人像模式还能自动调整拍摄时的对比度,并加入柔化效果。

(2) 风景模式

风景模式用于拍摄远处和辽阔的风景,在此模式中,相机的光圈会调到最小,自动聚焦首选项设置为无穷大。

(3) 运动模式

该模式主要用于拍摄运动的物体,相机会选择较快的快门速度以冻结动作,或是提高 ISO 感光值。

(4) 夜景模式

用于拍摄夜间景物,根据拍摄景象的不同,使用的方法也不同。在拍摄夜间人像时一般用闪光灯照亮被摄人物,同时用较慢的快门捕捉背景;在拍摄运动的夜景时则通过关闭闪光灯,延长曝光时间来获得流动的夜景。

(5) 全景模式

全景模式一般用于拍摄比较开阔的宽幅场景,如湖光山色、广场等。这个模式实际上是通过相机自动侦查相连拍摄照片之间的连接部分,而拼接成的

---

[1] 高晶. 轻松学会数码相机:原理·使用·维修[M]. 北京:电子工业出版社,2005,7.

一张风景照。

(6) 其他

除了以上一些普遍的模式之外，还有一些根据特定的场景设定的模式，如日落模式、烟火模式、空中摄影模式等；另外有些相机还设有一些特效模式，如针孔效果模式、喷沙效果模式、鱼眼效果模式，等等。

4. 取景

数码相机的取景分为光学取景器取景和液晶显示屏取景两种。

大多数数码相机都带有传统的光学取景器，其中普及型的相机使用的是一组与镜头无关的透视镜来作为取景器的部件，即为平视旁轴取景，这种取景器所看到的景物和实际拍摄结果有明显的差别。单反相机使用的是传统的TLL光学取景，这是没有误差的取景，但当镜头遮上保护盖时，光学取景器就无法正常工作了。

目前大多数数码相机使用的取景方式是显示屏取景，通过数码相机的液晶显示屏可以直接观察到各方面的拍摄效果，比较直观。[①]

5. 浏览相片

拍摄者通过数码相机的 LCD 显示屏可以回放储存中的影像，观看所拍摄的相片效果是否满意，同时也能提高拍摄者的拍摄技术。

在数码相机的操作键上一般会有浏览/拍摄模式的选择开关，如 Panasonic FH-25 相机，在拍照的状态下，下拨浏览/拍摄的选择键就可以进入浏览状态回放拍摄的相片，在回放状态时可以对不满意的相片进行删除处理。

6. 删除相片

数码相机与传统胶片相机在操作上的一个显著差别就是它可以对所拍摄的相片进行删除操作，这个功能可以扔掉自己不满意的照片，并释放储存空间。数码相机上的删除键标志是一个垃圾桶的形状，按下这个按键可以选择删除单张照片、多张照片或是全部删除。还有一个全部删除照片的方法就是格式化储存卡，格式化后的储存卡是不能恢复的，因此要小心使用，以防删除重要的照片。

7. 数据传输

数字照片的输出方式有两种，第一种是将数码相机的 USB 端口连接到计算机直接导出，另一种是将存有图像数据的储存卡插入匹配的读卡器，再将读卡器连接到电脑，便可将图像传出。

---

① 汤天明. 数字摄影：颠覆传统[M]. 南京：南京师范大学出版社，2006,1.

（二）数码相机的技术操作

1. 曝光

数字照片的好坏与曝光量有关，每一种拍摄环境下只有一种曝光量才能使光电传感器得到清晰的图像。曝光量与通光时间、通光面积有关。目前数码相机的曝光模式一般有全自动、程序优先、快门优先、光圈优先、手动曝光等几种。

在测光的时候，人们可以从正常的拍摄取景位置进行拍照，相机自动对整个画面进行矩阵式测光，然后正确曝光。此外人们还可以通过近距离法，即在正常的取景位置确定构图以后，走到距离拍摄主体尽可能近的地方，采用测光方式对主体进行测光，然后使用曝光锁定功能锁定测光值，再回到构图位置进行拍摄。在没有可能接近拍摄主体时，可用较近处的相似影调物体的测光值代替，并使用曝光锁定功能进行拍摄。还可以把18％灰板或自己的手掌置于与主体相似的光照条件下，对其测光并锁定，替代实际景物的测光值，然后对主体进行拍摄。曝光补偿的使用方法有以下几种。

（1）相机的曝光补偿功能

利用曝光补偿功能可以对相机测得的理论曝光值在增加和减少两个方向上进行调整，使得摄影者面对不同的拍摄对象、不同的拍摄环境以及不同的艺术表达需求，都能够得到影调合适的图片。曝光补偿的一般范围是±(0.25～2.0)EV值(国际通用的"曝光值"系列，每个EV值代表一特定的曝光量)。

（2）不同影调景物的曝光量补偿方法

景物的影调不同，补偿方法也不同。景物的平均影调比18％灰色浅的时候相机的测光系统会自动减少其测得值，试图将其拍成18％灰色;景物的平均影调比18％灰色深的时候相机会自动增加其曝光值，仍是试图将其拍成18％灰色。曝光补偿原则就是针对相机的误判行为进行纠正，即在相机测得的理论曝光值的基础上，对白色、浅色的景物增加曝光量，对黑色、深色的景物减少曝光量，即"白加黑减"。

白色或浅色调为主的景物，原则上是增加相机接受的光线照度，即加大曝光，可以将曝光补偿向增加方向调整1～2挡;对于黑色或是深色调的景物，则是减少相机接受的光线照度，将曝光补偿向减少的方向调整。

1～2挡对于夜景拍摄的曝光方法，理论上是按照画面中主要高光部位的曝光量来进行拍摄，如夜景中的灯光、月光、车流等。但在拍摄实践中，可以在测光数值的基础上，参考上述的"白加黑减"法。[①]

---

① 高晶.轻松学会数码相机：原理·使用·维修[M].北京：电子工业出版社，2005，7.

2. 调整白平衡

白平衡（White Balance）主要针对特定光源下拍摄时出现的偏色现象，通过加强对应的补色来进行补偿，一个通俗的理解就是让白色所成的像依然为白色。调整白平衡的过程叫做白平衡调整，白平衡调整在前期设备上一般有三种方式：自动白平衡、手动白平衡调整和场景模式白平衡调整。

(1) 自动白平衡

自动白平衡通常为数码相机的默认设置，这种白平衡的准确率比较高。在这种模式下，相机会根据光源的色温变化自动对颜色进行校正。自动白平衡并不是在任何条件下都那么灵敏，在拍摄亮度较大或较低的光源、色温反差大的物体时，不适合使用这个模式。

(2) 手动白平衡

一般来说，用户需要给相机指出白平衡的基准点，即在画面中用一个白色物体作为白点。可以在拍摄现场光照条件下，用白纸或白色物体充满镜头视野进行白平衡调节。经过这样的调试再拍摄，记录的色彩将是非常准确的。在设置白平衡的时候可以通过LCD显示屏观看拍摄的画面，不断调整以达到最好效果。

(3) 场景模式白平衡

在数码相机中，根据拍摄环境的光源色温和色彩平衡，有着几种设定的白平衡模式：日光模式、阴天模式、白炽灯模式。在不同的场景中可以设定相应的白平衡模式，比如在白炽灯下拍摄，就要把白平衡设置为白炽灯模式。

3. 对焦

对焦即通过对镜头内的透镜组进行微小的调节，以使景物在光电传感器上形成清晰的倒影。现在普通级的数码相机已提供了自动和手动对焦两种模式，其中，自动对焦又分为全自动对焦、区域自动对焦等。

(1) 自动对焦

在自动拍照的模式中，把相机对准被摄景物，相机会通过自动对焦功能进行调焦，在按下快门的时候，相机会进行快速精准的调焦，从而获得清晰的相片。

(2) 手动对焦

手动对焦是传统相机所使用的对焦方式，现在的数码相机自动化程度很高，但大多数厂家仍然保留了手动对焦方式，以提供十分精准的对焦。使用者在进行手动对焦的时候，需要观察相机的液晶显示屏，直到景物清晰为止。[①]

[①] 汤天明. 数字摄影：颠覆传统[M]. 南京：南京师范大学出版社，2006，1.

4. 其他

（1）摄影构图

一幅好的照片要显示出主题是什么，以确保让观赏者也能一目了然。这就需要通过正确的构图，突出主题、展现层次。

（2）调和色彩

拍摄照片时要注意协调画面的色彩和色调，色彩和色调的运用可以表现出照片的大小、远近关系，表现出软硬、冷热的感觉，正确的色彩色调搭配，可以增加照片的张力。

除上述内容以外，在拍摄时还要注意摄影的用光、造型等问题，这些要根据具体的拍摄场景和主体来确定，没有严格的限定和要求。

三、数码相机的维护

数码相机作为摄影器材大家族中的新成员，已经逐渐走入人们的生活，但是由于数码相机构造比较精细，除了传统相机的物理、光学设备之外还增加了大量的电子部件。所以在维护上与传统相机有些不同也有些相同。在这里，介绍一下数码相机在使用和维护时应该注意的内容。

（一）机体的维护

1. 注意防水防潮

对于数码相机来说，潮湿是大敌之一。潮湿的环境会使数码相机镜头等光学部件和相机其他部位滋生霉菌或产生锈斑，而数码相机都装备着集成电路等电气设备，潮湿的环境对电气设备有较大影响，可导致数码相机的电器件发生失灵等严重问题。

如果不得不在潮湿的环境中使用数码相机，可以考虑为相机选购防水罩。例如，如果要使用数码相机在水中进行拍摄，就可以为数码相机选购配套的防水罩。

2. 注意温度对相机的影响

数码相机有严格并且局限的操作温度，不适于在严寒环境和高温环境下进行拍摄。持续的高温会影响粘合光学透镜的粘合剂，也会影响数码相机内的其他部件。而在严寒的环境下，相机也容易出现润滑剂凝固，机件运转失灵、电池效率降低等问题。因此，应该使数码相机远离热源和冷源，如暖气片以及其他发热或者制冷设备，被太阳晒得炙热的汽车车内等都是需要远离的。

如果不可避免地要在阳光下操作，可以用一块有色但不是深颜色的毛巾或带有锡箔之类能够阻挡阳光的工具来避光，最好将照相机包在浅色的、不掉绒毛的柔软的旧毛巾内,这样既通风又防晒,还能在一定程度上防震。不要用黑色工具,因为黑色只会吸光,会使情况变得更糟。在室内时,不要把相机放在高温、潮湿的地方。如果要在寒冷的环境下使用数码相机拍摄,在低温下可能需要更多的电量来启动,同时在寒冷的环境下,电池的效率也较低,需要携带额外的电池,同时注意保持电池的温度。

此外,温度骤然变化对数码相机是非常有害的,特别是将相机从低温处带到高温处时,除了可能由于温度的变化产生结露现象引起潮湿,甚至发生电路短路问题以外,还会使相机出现一些压缩问题,肉眼不易看出相机内部已经受到伤害。如果数码相机刚从温差很大的地点拿过来,比如在冬天从寒冷的室外拿到温暖的室内,或者在夏天从炎热的室外拿到有空调的室内,应该用报纸或塑料袋将相机包好,直至相机温度适应温差后再开机,否则有可能出现开机故障。

3. 注意防烟避尘

数码相机应在清洁的环境中使用,这样可以减少因外界的灰尘、污物和油烟等污染而导致的相机故障。因为污染物落到相机的镜头上会弄脏镜头,影响拍摄的清晰度,甚至还会增加相机的调整开关与旋钮的惰性。

在户外空旷地区拍摄时风沙会比较大,可能会有忽然到来的狂风,由于风沙会刮伤相机的镜头或渗入对焦环等机械装置中造成损伤,因此,除了正在拍摄外,应随时用镜头盖将镜头盖住。

4. 注意避免碰撞

数码相机的镜头和传统相机的镜头一样,是相当脆弱的,不经意的磕磕碰碰都可能让镜头受到损伤。因而在使用相机时,挎在颈间把镜头面向身体一侧可以防止意外损伤镜头。另外,相机背带或挂绳应时时刻刻挂在颈间或缠绕在手腕上,以免不慎落地摔伤,尤其是在水边、山间、高空或交通工具上拍摄时,要随时注意防止滑脱跌落。而在不使用时,摄像包则可以让相机远离很多"天灾人祸"。

5. 注意防止强光损伤

数码相机的感光元件CCD属于非常精细的电子元器件,它对光线的感知是有范围的,如果光线的强度超过感光元件的承受能力,如在不采取任何保护措施的情况下直接对着太阳等拍摄就会对感光元件造成永久性的伤害。

(二)镜头的维护

镜头是数码相机的一个重要组成部分。由于经常暴露在空气中,因此积上一些灰尘在所难免,但是如果长时间使用数码相机而不注意维护镜头,这些灰尘将越聚越多,最终会大大降低数码相机的工作性能,严重影响所拍摄的图像质量，让图像上出现斑点或减弱图像对比度。另外，在使用过程中，手碰到镜头而在镜头上留下指纹也是在所难免的，这些指纹都会使所拍摄的图像质量下降。

不过，只有在非常有必要时才对镜头进行清洗。因为镜头上有一丁点儿的尘土并不会影响图像质量，清洗也会对镜头表面造成伤害，所以应当尽量减少清洗次数。这里，对镜头可以按如下的方法进行维护。

1. 吹净

对于镜头上的灰尘，最好是先吹净，而不是直接擦拭。因为很多镜头表面的镀膜是很娇贵的，小的灰尘颗粒散落在镜头表面，如果直接用镜头纸在上面擦，灰尘在纸与镜头膜面之间充当了砂纸上砂粒的角色，对娇贵的膜面的损害不言而喻。而对于低端消费机的塑料镜头，损害就更严重。所以正确的做法是使用专用的吹气球，握于掌中对着镜头捏吹即可。

2. 擦拭

吹净灰尘后再做擦拭。一般是针对有水印、痕渍的，尽可能及时处理，像唾液或含酸、碱性的雨水痕渍对镜头镀膜有一定轻微的侵蚀，时间长了有可能损伤膜面。清理的办法是对镜头哈一口气，用镜头纸在镜头表面以顺时针或逆时针向一个方向擦，一定不要来回擦。擦拭的要点是：轻入、略重擦、再轻起为一个过程。而且擦过一个过程，一定要更换纸的部位再擦。

3. 清洗

如果镜头上的污渍面较大，或痕迹留下的时间较长、有粘性，单纯的擦不能解决问题，这时就要对镜头做简单的清洗。清洗的方法很简单，找一根医用棉棒，或脱脂棉球，在木棒一头一定要用厚一点的棉球，以防棉球过薄，木棒划伤镜头表面。用棉球沾少许纯净水，并失去水分，即湿润状态，在污渍处一个方向多次擦洗。

（三）LCD 的维护

数码相机的 LCD 彩色液晶显示屏是数码相机的重要组成部件，而且是最容易受到损伤的一个部件，因此在使用过程中需要特别注意保护它。因此，用户除了要按产品使用说明书的内容来使用与维护外，还应当注意下述问题。

注意事项一：使用与存放时不可让 LCD 液晶屏表面受重物挤压。

注意事项二：轻拿轻放数码相机，避免因震动损坏 LCD 液晶屏。

注意事项三：若液晶屏表面有污物，只能用干净的软棉布轻轻擦拭，而且不能使用有机溶剂。

注意事项四：有些 LCD 液晶屏亮度会随着温度的下降而降低，这属于正常现象，不必维修。

注意事项五：LCD液晶屏的背后有一个灯管,如果显示屏中的图像变暗,或者显示的影像上有斑斑点点,或者根本就不能显示影像,多半是此灯管老化所致。

注意事项六：为了保护数码相机的LCD液晶屏表面,避免将它刮花或拍摄时沾上污物,可以贴上塑料薄膜。

(四) 存储卡的维护

数码相机的图像存储能力对保存摄影结果至关重要,用户可以使用数码相机原厂配置的存储卡,也能单独为自己的爱机配置兼容的存储卡。无论用什么样的存储卡,都必须精心保护它,任何漫不经心的使用与操作都将导致图像信息丢失,甚至损坏存储卡。在实际应用中,必须注意的问题如下。

1. 关闭数码相机电源后才能装入或去除存储卡

切忌在开机通电状态下拔插存储卡,否则,轻则会造成数据的丢失,重则会烧毁存储卡。

2. 装入存储卡时方向要正确

装入存储卡时只能以指定方向插入数码相机,用户可以在存储卡上看到这个方向标记。

3. 避免在高温、高湿度下使用和存放存储卡

在高温和高湿度下使用和存放存储卡都将损坏这种元件。因此,任何时候都不要将存储卡放置于高温中和直射在阳光下。

4. 避免存储卡受到静电和磁场的损伤

静电和磁场会损坏存储卡中的数据,因此在使用和存放时都应当让存储卡,甚至包括整个数码相机远离静电和磁场,如不要靠近电视机、喇叭。

5. 远离液体和腐蚀性的材料

液体和腐蚀性的材料将严重损害存储卡,因此必须远离它们。

6. 随时备份存储卡中的图像数据

经常对存储卡上的图像数据进行备份是防备各种不测的最有效方法。

7. 正确存放

存储卡在不使用时,应从数码相机中取出,并放入卡盒中保存。

8. 避免外力

不要对存储卡施加重压,不要弯曲存储卡,避免存储卡掉落和受到撞击。

9. 注意随时关闭数码相机的存储卡舱盖

除了在数码相机上装入或取出存储卡时,用户应当随时注意将数码相机的存储卡舱盖关闭,否则数码相机将无法将图像保存于存储卡中,或从中读取图像。

10. 在电量充足的情况下操作

用数码相机对存储卡进行格式化处理或删除存储卡上存储的所有影像时,必须保证数码相机内的电池有充足的电量来完成操作,否则将有可能损坏存储卡。

(五) 电池的维护

电池是数码相机拍摄的能量保证。如何维护保养好电池,让电池发挥最大的效能,延长数码相机的拍摄时间和电池寿命,是值得每一个使用者关心的问题。下面,介绍使用电池时应当注意的问题。

1. 充电方法要正确

正确的充电方法对充电电池的使用寿命与效率影响很大,主要表现在以下方面。

使用方法一:使用原厂的充电器和充电电池,将有助于充电电池寿命的延长。

使用方法二:充电时间的长短取决于所用充电器和充电电池,以及使用电压是否稳定等因素。

使用方法三:第一次使用的充电电池(或几个月来都没有使用过的充电电池),锂电池的充电时间一定要超过 6 小时,镍氢电池一定要超过 14 小时,否则充电电池寿命会较短。

使用方法四:新买的充电电池,一般需要经过初次充电与放电过程才能达到最佳工作状态。

使用方法五:当充电电池还有残余电量时,尽量不要重复充电,否则将缩短寿命。如对一节镍镉电池充电一会就会停止充电,然后再对它充电,那将不会使电量充满,这就是所谓的"记忆效应"——它将会降低充电电池的总容量和使用时间。随着时间的推移,存储电荷会越来越少,充电电池内的电量也就会消耗得越来越快。

2. 充满电后不要立即使用

刚刚买回来的充电电池一般电量很低或者无电量,在使用之前应该对它充电。充满电后的电池很热,应该待冷却后再装入相机,以免超负荷放电。

3. 长时间不使用数码相机时要将充电电池取出

若要长时间地放置数码相机时,必须将充电电池从数码相机中或是充电器内取出,并将其完全放电,然后存放在干燥、阴凉处。因为将它很长时间存放在数码相机或是充电器内就可能会漏电或漏液,造成数码相机元件的腐蚀

4. 电池存放位置要正确

为了避免发生短路问题,在不用充电电池时,应以保护盖将其封存后保存。存放已充满的充电电池时要特别小心,不管是哪一类型的充电电池都不要放在皮包、手袋、手提袋或其他装有金属物品的容器中。

5. 保持电池绝缘皮的完好无损

保持电池绝缘皮的完好无损能有效地防止漏电。一旦发现有破损则应该立即用透明胶布粘牢。

6. 保持充电电池两端的接触点和电池盖子的内部清洁干净

为了避免电量流失,需要保持电池两端的接触点和电池盖子的内部清洁干净。如有必要可使用柔软、清洁的干燥棉布轻轻擦拭这些地方。如果充电电池的电极出现氧化的情形时,应当将其擦拭掉,如果是严重的氧化或脱落的情形时,则应该立即更换新的电池。

7. 使用适当的清洁剂

绝不能使用清洁性或是化学性等具有溶解性的清洁剂,像稀释剂或是含有酒精成分的溶剂清洁数码相机、充电电池或是充电器。

8. 其他省电方式

为了延长充电电池的使用时间,以便拍摄更多的图像,在拍摄过程中应该注意以下方面。

注意事项一:尽量不使用LCD取景器,因为LCD液晶屏的电耗量很大,所以最好少用。但在近距离拍摄时,LCD液晶屏是不可缺少的,此时应当注意尽可能地缩短使用时间。

注意事项二:减少光学变焦的次数。在拍摄过程中减少光学变焦的次数是很有必要的。如果实在是需要变焦,可移动相机的位置来得到相同的变焦效果。

注意事项三:减少使用闪光灯的次数,闪光灯也是耗电大户,若非迫不得已一般不要使用它。

第四节 移动视频终端的性能及使用方法

在传统影片拍摄中,对拍摄器材要求非常高,基本不会涉及手机摄像头和网络摄像头的拍摄,但是随着科技的进步以及传播途径的多元化,这两种拍摄工具已经越来越多地参与到影视创作中来,并因其便携性和普及性等突出优点,弥补了传统拍摄器材的不足,成为不可或缺的拍摄工具。本节将系统讲解移动视频终端拍摄的特点、相关的拍摄方法。

一、移动视频终端的特点

(一) 手机的特点

拍照手机现在越来越普及,摄像头的像素也从30万到200万再到500万,听起来跟低端数码相机都有一拼了。一些智能手机,甚至可以将照片用手机软件进行简单的处理,再上传到互联网。手机镜头和图像质量的不断改善,使手机除了满足日常生活拍摄需求以外,还成为有力的影像采集工具。其特点有以下几方面。

1. 便携性

手机小巧轻便,方便携带,通过手机随时可以记录生活。

2. 操作简单

手机拍照只需点开手机中的照相功能,对准景物,按下拍照键,就可以轻松获得相片。

3. 普及性

随着手机的日益普遍,它的拍摄功能使得当今时代正成为一个"全民拍摄"的时代。

4. 互动性

智能相机可以连接互联网,把手机中储存的相片传输到网络,与别人分享、交流。一些非智能手机,比如诺基亚一些基于塞班S40系统的手机,也可以登陆3G网,将即时拍摄的小幅图片传送到互联网上。

5. 传输数据便捷

通过手机拍摄的相片可以通过读卡器将储存在手机扩展卡中的相片传到电脑上,也可以用手机配套的数据线进行传输。

(二) 平板电脑的特点

平板电脑(Tablet PC)是一种小型、携带方便的个人电脑,以触摸屏作为基本输入设备,并允许用户通过触控笔或数字笔进行操作,而不需要使用传统的键盘或鼠标。

早在2002年微软就提出平板电脑概念:平板电脑除了具有笔记本的功能外还有语音识别和手写功能,由于技术和价格等原因平板电脑未能实现普及,主要应用于一些垂直行业,如医疗、运输和物流等。直到2010年苹果公司的乔布斯对平板电脑概念进行了重新思考定位:以超薄、轻便的外观、高精度的电容多点触控屏,更低价格,更强娱乐性能等特点区别于传统平板电脑。[1]

---

[1] 王宗良. 平板电脑研究综述[J]. 微型机与应用,2011(11).

平板电脑作为 PC 机的一个衍生品,其特点有以下几个方面。

1. 小巧便携

与 PC 机相比,平板电脑外观更加小巧,携带也更加方便。

2. 功能齐全

与智能手机相比,平板电脑的功能更加强大,一般平板电脑上的应用软件跟电脑无异。

3. 可触摸式屏幕

平板电脑的触摸式屏幕操作起来比较方便,它支持手写输入、语音输入等。

4. 联网方便

平板电脑接入无线网络十分方便,这一点使得平板电脑相比其他 PC 设备有着明显优势。

二、移动视频终端的性能

摄像头作为家用级影像拍摄工具,已经得到了广泛的应用。而在手机中加装摄像头和计算机上配置摄像头是最普遍的两种应用。在数码产品高度普及的今天,如果不了解其相关的知识,不仅会在使用过程中遇到不必要的麻烦,而且会将很多实用功能忽略,造成资源的浪费。只有充分了解摄像头的特性和功能,才能保证其正常运行,并且挖掘出它们巨大的潜力。

2001 年初,外接摄像头的手机刚一上市,就引起了巨大的轰动。它标志着手机告别只能接打电话的单一用途,迈入了多媒体应用的新时代。但是随着科技的迅猛发展,内置摄像头的手机越来越多,技术也越来越成熟,外置摄像头也逐渐退出了主流市场。

(一)摄像头的感光元件

数码摄像产品的镜头后面都有一块芯片,上面密密麻麻地挤满了感光元件,其作用就像是传统相机中的底片。每个感光元件只能将很小的一点转换成图像,这些小的图像加起来就成了可以看见的图像了。

摄像头使用的感光元件主要分为 CCD 和 CMOS 两种,其中 CCD(Charge Coupled Device,电耦合元件)具有成像效果好、灵敏度高、抗震动、体积小等优点;而 CMOS(Complementary Metal Oxide Semiconductor,互补金属氧化物半导体元件)具有价格低、反应快、超低耗能等优点。两者相比,CCD 的分辨率更高、色彩还原逼真,对外部光源的要求也较低。目前,数码相机、数码摄像机多采用 CCD 感光元件,而内置于手机、MP4 的摄像头,以及计算机上配置的摄像头则多采用 CMOS 感光元件。CCD 和 CMOS 各自的利弊,从技术的角度来比较两者主要存在的区别有以下几方面。

1. 信息读取方式不同

CCD 传感器存储的电荷信息需要在同步信号控制下读取，电荷信息转移和读取输出需要有时钟控制电路和 3 组不同的电源相配合，整个电路较为复杂。CMOS 传感器经光电转换后直接产生电流(或电压)信号，信号读取十分简单。

2. 速度有所差别

CCD 传感器需要在同步时钟的控制下一位一位地输出信息，速度较慢；而 CMOS 传感器采集光信号的同时就可以取出电信号，还能同时处理各单元的图像信息，速度比 CCD 快很多。

3. 电源及耗电量

CCD 传感器电荷耦合器大多需要三组电源供电，耗电量较大；CMOS 传感器只需使用一个电源，耗电量非常小，仅为 CCD 电荷耦合器的 $1/8 \sim 1/10$，CMOS 光电传感器在节能方面具有很大优势。

4. 成像质量

CCD 传感器制作技术起步较早，技术相对成熟，采用 PN 结和二氧化硅隔离层隔离噪声，成像质量相对 CMOS 传感器有一定优势。由于 CMOS 传感器集成度高，光电传感元件与电路之间距离很近，相互之间的光、电、磁干扰较为严重，噪声对图像质量影响很大。

5. 价格差异

在相同的分辨率下，CMOS 价格比 CCD 便宜，但是 CMOS 器件产生的图像质量相比 CCD 来说要低一些。到目前为止，市面上绝大多数的消费级别以及高端数码相机都使用 CCD 作为感应器；CMOS 感应器则作为低端产品应用于一些摄像头上。是否具有 CCD 感应器一度成为人们判断数码相机档次的标准之一。而由于 CMOS 的制造成本和功耗都要低于 CCD 很多，所以市面上大多数手机都采用的是 CMOS 摄像头，少数也采用了 CCD 摄像头。

CMOS 摄像头一般不会在镜头外圈标注感光元件信息。CCD 摄像头会在外圈标注"CCD"字样。计算机的外接摄像头一般不会在镜头上标注感光元件信息，但说明书或包装盒上会有说明。

(二) 摄像头的像素值和帧速率

1. 像素值

要想了解摄像头的像素值必须先了解分辨率，分辨率就是计算机屏幕上显示的像素的个数，而像素就是分布在特定图像上的点。例如，一个 30 万像素的摄像头，它所支持的最大分辨率为 640×480，也就是说，在面积为

640×480 的图像中所含有的最大像素值为 640×480＝307200 像素。

常用分辨率有如下几种：

VGA(640×480)，又称 30 万像素；

SVGA(800×600)，又称 50 万像素；

XGA (1024×768)，又称 80 万像素；

SXGA (1280×1024)，又称 130 万像素；

UXGA (1600×1200)，又称 200 万像素；

QXGA (2048×1536)，又称 300 万像素；

QSXGA(2592×1944)，又称 500 万像素。

(600 万像素是指 3072×2048)

另外，市面上还有一些标称为 X 百万像素的摄像头，其实这些像素值是插值像素，并非真正的物理感光元件像素。它采用了软件处理的方法将拍摄图像中大于感光元件像素值的点补齐，使摄像头的最大像素远大于感光元件像素，这种通过软件的方法虽然名称上很好听但是会让图像细节模糊。有些 130 万插值像素摄像头用的是 30 万元件像素，通过软件运算得到 130 万像素，诚实的商家会在镜头外圈标明 30 万像素的"VGA"字样，以便购买者区别，有些摄像头的镜头外圈没有标注任何信息，只能通过说明书或观察实际拍摄效果进行鉴别，这就是为什么有些用户在使用过程中会抱怨自己 130 万像素的摄像头所产生的效果却没有 30 万像素的好。计算机的外接摄像头一般不会在镜头上标注像素值信息，但说明书或包装盒上会有说明。

2. 帧速率

摄像头的分辨率和像素值是可以拍到的静态影像的最大值，而连续画面的拍摄会涉及分辨率和帧速率两个方面。

帧速率就是一秒钟时间里所传输图片的帧数，通常用帧/秒(fps)表示。如果帧速率过低，则会让播放的画面不连贯。在实际应用中，只有帧速率在 15 帧/s 以上，人的眼睛才不会感到明显的停顿。目前主流的网络摄像头的最大帧速率基本上都在 30 帧/s 左右，这是在 320×240 的分辨率条件下实现的，若是在 640×480 分辨率以上，能达到 30 帧/s 的就很少了。

(三) 摄像头的变焦原理

1. 光学变焦

光学变焦(Optical Zoom)是通过镜头、物体和焦点三方的位置发生变化而产生的。当成像面在水平方向运动的时候，视觉和焦距就会发生变化，更远的景物变得清晰，让人产生像物体递进的感觉。

显而易见，要改变视觉必然有两种方法：一种是改变镜头的焦距，用摄影的话来说，这就是光学变焦，通过改变变焦镜头中各镜片的相对位置来改变镜头的焦距；另一种就是改变成像面的大小，即成像面的对角线长短，在目前的数码摄影中，这就叫做数码变焦。实际上数码变焦并没有改变镜头的焦距，只是通过改变成像面对角线的角度来改变视角，从而产生了"相当于"镜头焦距变化的效果。所以我们看到，一些镜头越长的数码相机，内部的镜片和感光器移动空间更大，所以变焦倍数也更大。市面上的一些超薄的数码相机，一般没有光学变焦功能，因为其机身内根本不允许感光器件的移动，只有那些"长镜头"的数码相机，它的光学变焦能力达到5~6倍。

2. 数码变焦

数码变焦也称数字变焦，数码变焦是通过数码相机内的处理器，把图片内的每个像素面积增大，从而达到放大目的。这种手法如同用图像处理软件把图片的面积改大，不过程序在数码相机内部进行，把原来影响感应器上的一部分像素使用"插值"处理手段进行放大，将影像感应器上的像素用插值算法将画面放大到整个画面。

与光学变焦不同，数码变焦是在感光器件垂直方向上的变化，使人感觉画面主体放大或缩小。在感光器件上的面积越小，那么视觉上就会让用户只看见景物的局部。但是由于焦距没有变化，所以成像质量相对于正常情况下较差。

通过数码变焦，拍摄的景物放大了，但它的清晰度会有一定的下降，所以数码变焦并没有太大的实际意义，因为太大的数码变焦会使图像质量严重受损，有时候甚至因为放大倍数太高，而分不清所拍摄的画面。

（四）色彩深度

色彩深度又叫色彩位数，以 2 的幂来表示。它用来表示摄像头的色彩分辨能力。红、绿、蓝 3 个颜色通道中每种颜色为 n 位的数码相机，总的色彩位数为 $3n$ 位，可以分辨的颜色总数为 2 的 $3n$ 次方，即 16777216 种颜色。数码相机的色彩位数越多，意味着可捕获的细节数量也越多。通常数码相机有 24 位的色彩位数已足够，广告摄影等特殊行业用的数码相机，一般也只需 30 位或 366 位的色彩深度即可。

目前几乎所有的数码相机的色彩位数都达到了 24 位，可以生成真彩色的影像，一些号称 30 或 36 位的数码相机，实际上也只有 24 位，目前商业级的数码相机 CCD 都是 24 位色彩位数。这一指标目前并不是衡量数码相机的关键指标。

（五）文件格式和接口类型

1. 手机拍摄的文件格式

手机摄像头拍摄的文件格式一般为 3GP、MP4，还有些会存储为 MPEG

或MJPEG格式,3GP、MP4可以直接在手机上观看,也可以通过手机的对传设备发送到其他手机上直接观看。而MPG和MJPEG拍摄编辑的视频流,需要通过一些视频转换工具转换成3GP、MP4等通用格式以便于传播,并通过Quick Time等视频工具播放。

MPEG是Moving Picture Expert Group(活动图像专家组)的缩写词,它隶属于国际标准化组织和国际电工协会名下。由该组织规定的视频编码标准就被称为MPEG标准。MPEG标准是现在运用比较广泛的运动图像压缩技术,它利用运动估算与运动补偿来减少图像在时间方向上的冗余度,以达到大幅度压缩图像信息的目的。目前已有mpeg-1、mpeg-2、mpeg-4等几种标准,它们都是在不断发展中形成的。

MJPEG是指Motion JPEG,即动态JPEG,按照25帧/s速度使用JPEG算法压缩视频信号,完成动态视频的压缩。它是由JPEG专家组制订的,其图像格式是对每一帧进行压缩,通常可以达到6∶1的压缩率,但这个比率相对来说仍然不足,就像每一帧都是独立的图像一样。MJPEG图像流的单元就是一帧一帧的JPEG画片。因为每帧都可以任意存取,用一个非线性编辑器就很容易编辑,所以MJPEG通常被用于视频编辑系统。MJPEG能产生高质量、全屏、全运动的视频,相应的,MJPEG对带宽的要求也很高,相当于T-1,MJPEG信息是存储在数字媒体中的庞然大物,需要大量的存储空间以满足如今多数用户的需求。因此从另一个角度说,在某些条件下,MJPEG也许是效率最低的编码/解码器之一。此外,它需要依赖附加的硬件。由于MJPEG不是一个标准化的格式,各厂家都有自己版本的MJPEG,各方的文件无法互相识别。

2. 数据接口类型

手机拍摄的影像可以直接保存在手机内存或存储卡中,而计算机摄像头则需要连接到计算机上才能够进行录制和存储。由于计算机的USB接口支持热插拔,支持即插即用,并且不会占用系统资源或让系统中断,所以目前大多数摄像头都采用了USB接口。USB规范有2.0和1.1两种,其中USB 2.0可向下兼容1.1规范,并且有最高的传输速率。但是要实现USB 2.0规范还必须有硬件和软件的支持。

三、移动视频终端的拍摄技巧

手机、平板电脑拍摄操作简单,摄像头设备也日益高端化。由于技术的限制,拍出的图片始终不能和数码相机相媲美。使用以下的拍摄技巧,可使手机、平板电脑也能拍出很精美的相片。

（一）近距离拍摄

众所周知，离拍摄物体越近，画面就会越好。因为这样可以避开无关紧要、扰乱视线的背景，清晰地呈现出拍摄物体。拍摄时，试着只显示足够的背景来让画面变得清晰有趣。注意要将相机调到手动模式，找到拍摄允许的最近距离。很多傻瓜相机离拍摄物体不得小于 4 英尺，否则无法清晰对焦。①

（二）使用简单的背景

简单的背景有利于让观看者的注意力集中到画面的主角身上，带来更加清晰、有力的视觉效果。

（三）寻找好的光线

足够的光线是曝光的基本要求，好的光线能使画面更加有趣、多彩、有立体感。强烈的阳光只是好光线的一种，其实，强烈的光线会带来浓重的阴影。而阴天的光线则能使人物的脸部颜色显得柔和一些。

（四）增加前景

在拍摄风景照时，试着将前景收入镜头，可以为画面增加深度感和立体感。

（五）防止抖动

有时，一些好照片会因为使用者过于将注意力放在拍摄角度、距离、对焦等技术问题上而拍摄效果不佳。端稳手机才是拍出清晰照片的最根本因素。按快捷键时不要过于用力，轻轻一按就可以了。手机拍照和相机拍照一样，哪怕一个微小晃动，也会影响照片的清晰度。有条件的话，最好给胳膊找一个支点。②

（六）寻找框架

这一点比较简单，将要拍摄的物体框在一个现成的前景里，会给画面带来很多情趣。关键是要增加景深，从而使框架和物体之间的对比度凸显出来。只要处处留心，拍摄者能找到许多物体来为画面做边框。可将镜头光圈放小，可增加景深，凸显框架和物体之间的对比度。

（七）使用最高精度

许多拍照手机都有选择照片尺寸的功能，它们通常具有低、中、高三种拍照分辨率可供选择。把手机拍摄分辨率调到最高，可以获得最佳品质影像。也许从镜头上看不出不同分辨率的区别，但是拍出的照片在计算机的屏幕上会有明显的差异。③

---

① 扬子. 手机拍摄我有招——手机拍照 15 条技巧[J]. 电脑爱好者，2007(10).
② 同上.
③ 丹丹. 手机拍摄的七个小技巧[J]. 电脑爱好者，2007(9).

第四章 新媒体视听节目的编辑理念

视听节目编辑同传统媒体节目编辑一样,是一项具有高度创造性的工作,因为节目制作并不是简单的镜头加解说词,而是从杂乱的镜头中组成能够表达思想的流畅影像。另外,一个好的作品还需要有严谨的思路、适宜的节奏、动人的情节等,这些都离不开对节目素材的构思与编辑。

第一节 新媒体视听节目的语言体系

一、视听节目编辑概述

视听节目编辑,是视听节目制作过程中的核心环节和关键流程。根据视听节目的内容需要,将在不同时空中记录的素材进行处理和选择,然后按照一定顺序,将有用镜头组合成具有一定系统性和逻辑性的整体,并完成配音配乐和适当的特技处理,这一工作流程叫做视听节目编辑。

(一) 编辑的作用

视听节目的编辑通过对现实素材的选择性截取和画面叙事的规范性运用,实现对现实世界的有机重构和选择性呈现,创造出通过时空重组的、有着饱和信息量的影像叙事文本,为观众提供一个观照世界的独特视角。

1. 重构现实

任何视听节目都是对现实时空的选择性再现,视听节目的编辑就是将素材按照事件发生的先后顺序或按照事件本身的逻辑性进行解构,根据叙事的需要排列、组合成一个崭新的整体。

2. 选择性呈现

视听节目编辑可以修正拍摄中的某些失误,并选择性地呈现事实、表达观点。如将在拍摄中由于技术原因出现的晃动、主体不明确、构图不精美等缺陷镜头进行删除,留下的都是精挑细选的可用镜头。

3. 影像化叙事

创作者根据创作的主观需要,按照一定的理念和想法,将镜头进行相应排列。镜头的先后顺序都是经过创作者精心构思的,能体现出创作者的意图。

也就是说，通过编辑后的节目必然引领观众按照创作者原定的想法进行感知，这就便于观众理解创作者的想法和节目的主题思想。

4. 创造影视时空

通过剪辑，可以将现实的真实空间与历史的虚幻空间（人为再造或创造的空间）自由结合在一起；或者像科幻电影那样，将现实空间与未来虚幻空间相结合。除此之外，视听节目编辑还可以通过慢动作、快动作、定格等特技，实现拉伸、压缩或使时间凝固的效果。

5. 扩大信息容量

视听节目编辑中通过画面的有机组合实现影像叙事的意义叠加，为画面赋予原本所不具有的寓意，达到词义聚合的叙事整体效果。

（二）视听节目的编辑理念

编辑理念指的是编辑在编创媒体、缔构文化时，根据自身的素养及对社会的政治、经济、意识形态等形势的总体把握，形成的关于媒体的主流活动与主导意识的思维灵智，是对编辑活动规律的理性认知与意识的升华。编辑理念体现的是媒体的编辑者们的主体意识和文化创新思维。编辑理念具有内在的爆发力，对于媒体的创造、更新、改革和发展具有普遍影响力和约束力。

1. 视听节目编辑的媒介意识

编辑理念在整个媒介文化缔构的过程中处于核心地位，起着"灵魂"作用。媒体文化的发展是编辑理念的生发、运作和开拓的体现。作为媒体文化缔构者的编辑的能力主要体现于其编辑理念的爆发力和再生力，以及在此基础上对媒体符号（图、文、声、色、光）的选择、操作、使用和制作时的创意，最终缔构出具有生命活力的媒体文化。"编辑是为了一定的文化理想而有意识进行媒体文化缔构活动的。"有什么样的编辑就有什么样的媒体，在媒体与受众之间起联通作用的编辑，其编辑理念的扩张与渗透，决定着媒体的生命与价值。没有正确、科学、先进的编辑理念指导的媒体是苍白的、无生命力的。在当今各种媒体竞争异常激烈的环境中，正确、科学、先进的编辑理念对媒体来说尤其重要。互联网的发展改变了以往的编辑活动和编辑方式，带来编辑理念的更新。[①]

2. 视听节目编辑的时空意识

作为一个视听节目编辑，需要清楚地知道编辑过程不是要去寻找生活真实的绝对感，相反恰恰是要去找到感官里的相对感，或者说要找到的恰恰是一种"相对的一致"而不是一种"绝对的相同"，在视听节目编辑过程中，往往"相

---

① 张祖乔. 关于编辑理念的定义及其内涵. http://www.chinavalue.net/Biz/Article/2007-3930/60840.html.

对"在某些时候比"绝对"重要。比如速度,同一主体在不同景别里的运动速度是不一致的,编辑要寻找的是镜头与镜头之间速度感的一致,而不是绝对速度的一致,这样的思考也适用于"时间"与"时间感","空间"与"空间感"等概念。

3. 视听节目编辑的影像意识

这种直观心理感受在视听节目编辑中是一种比较重要的影像感,因为观众只需获得节目中的屏幕时空与生活体验感一致就可以了,而作为视听节目编辑却需要清楚地了解生活真实与视听节目真实之间的关系与区别。首先编辑要能够感受到,然后在节目里把这种感受体现出来,之后才是让观众在观赏中感受到,因为观众只会去寻找那些与生活一致的感受。如果与生活中的体验感不一致,那么就可能出现观赏的心理障碍,严重的甚至会影响到收视效果。视听节目编辑需要设身处地地体会观众的这种感受,并将这种感受准确地运用到节目中,否则,编辑的节目就有可能只有编辑自己才能理解。①

(三) 视听节目的非线性编辑思维

非线性编辑系统背后所体现出的非线性思维方式,给视听节目编辑人员的节目创作理念、节目构思方式以及具体的操作方法等均提出了新的要求。编辑人员的思维方式及时实现由线性向非线性的转变,无疑将为视听节目推陈出新、赢得更多观众提供新的契机。

1. 非线性思维的特质

人类的实践方式决定着思维方式。随着非线性编辑系统在各个视频媒体的广泛应用,视听节目编辑的操作平台实现了数字化、信息化和网络化,与此相适应的是一种非线性的思维方式。因此,编辑人员的思维方式相应地实现由传统的线性思维向非线性思维的转变,就成为一种必然。

线性思维的特点是简单明了、逻辑性强、便于叙述,缺点是过于简化、创造性弱。而把思维客体作为非线性系统进行思考的方式,称为非线性思维。就是从思维客体运动过程中某一片断或因素联系到其他事物或因素,并思考两者或多者之间相互影响、相互制约关系的思维方式。非线性思维的特点是多元性、开放性、立体性、交互性、整合性、发散性等。实际上,非线性思维是更符合客观物质世界本质特征的一种思维方式。随着现代科技实践的进步和后现代哲学的发展,科学思维、管理思维、艺术思维(包括编辑思维)等都开始由线性向非线性转变。

视听节目编辑在视听节目制作过程中居于中心位置,而编辑的决定性因素则是编辑思维。编辑的思维方式直接影响着电视作品的最终质量。随着信

---

① 许行明. 电视节目编辑[M]. 北京:中国传媒大学出版社,2008,7.

息科技的不断发展,数字化设备不断被引入视频制作领域,为视听节目创作提供了新的技术性手段和广阔的创作空间。其中,非线性编辑系统可说是视听节目制作数字化和网络化的最新成果。非线性编辑系统的引入,给编辑思维提出了新的要求,对视听节目创新具有重要的启发意义。

2. 非线性思维在视听节目编辑中的重要作用

非线性编辑思维,从心理学的角度看,是指在视听节目制作过程中,节目编辑对来自各方面的视频、音频、文本等信息进行剪辑、组合、加工等处理时大脑所进行的高级意识活动。编辑思维的主要对象(思维客体)是视频、音频和文本信息,其主要方法和技术手段(思维工具)是剪辑、组合和加工等。非线性编辑系统的引入,给编辑思维提出了一些新的要求。

(1) 思维的灵活性、离散性

非线性思维突破了传统蒙太奇理论中镜头剪辑原则的限制,要求节目编辑采用更加灵活多样的方法与技巧实现视频、音频、文本等信息的重新组合,并能产生强烈的审美效果。在目前的技术条件下,非线性编辑系统一般由计算机主机、视音频处理卡、大容量高速素材硬盘及视音频编辑软件组成,非线性编辑系统所使用的记录介质是硬盘。与传统的线性编辑从磁带到磁带的操作方式不同,对于拷贝到硬盘上的素材,在编辑时不用考虑制作节目的顺序和长度,可对素材随意进行剪辑和编辑,并能够在硬盘中实时完成。其突出的优点在于:编辑时可以任意剪切素材的顺序和长度,而不影响最终的图像质量,视听节目编辑创作可以尽情自由发挥;集编辑台、字幕机、特技台、调音台等多种设备功能于一身,集成度高,成本节约,等等。

有研究认为,非线性编辑的整个工作流程趋向于体现一种微观的、分离的、独立的信息个体的确立,从而在技术上呈现出离散性特征。这种技术上的离散性加上当代社会审美心理的离散性,从根本上改变了传统编辑的思维理念,生发出了一种"无意义"的声画结构方式,这对主要基于镜头与镜头之间或镜头元素之间"意义关系"的蒙太奇理论在一定程度上提出了挑战。蒙太奇理论经历了复杂的演变过程。一般来说,"蒙太奇"这一概念可包括三层含义:一种独特的形象思维方法,即蒙太奇思维;作为电影的基本结构手段、叙述方式,包括分镜头和镜头、场面、段落的安排与组合的全部艺术技巧;作为电影剪辑的具体技巧的技法。电影大师爱森斯坦的理性蒙太奇主张在两个镜头的线性组合中产生矛盾碰撞来造成新的意义,强调前后镜头的意义联系与组合。可以说,传统的蒙太奇理论是建立在线性思维的基础上的,前后镜头、场面和段落之间的组合在意义上必须有一定联系。但是,非线性编辑呈现出的是一种非线性或离散性的特征,前后并不一定具有意义上的因果关系或时空上的顺承关系。此时,传统的蒙太奇理论已不能完全概括和解释非线性编辑的这种离散性。所以,新的蒙太奇理论的产生已经成为编辑实践的一种迫切需要。

(2) 编辑意识、编辑思维和编辑操作

编辑意识,指编辑主体所持有的一种对编辑客体的系统化了的、自觉的、伴随着情感体验且具有能动性的心理反映形式。可以从不同的角度来理解:一是对自身主体地位的认识,也就是编辑对自我角色定位的认识;二是对编辑客体的认识;三是对编辑活动过程的认识;四是对编辑所涉及的社会关系的认识。由于非线性思维具有去中心化、平面化和立体化的特点,要求编辑主体对客体的认识、对主体自身的认识和对主客体关系的认识都要随之变化。具体地讲,编辑主体要树立受众中心意识、服务意识、互动意识、平民意识和贴近意识,而不能高高在上。

编辑思维,是编辑工作者在编辑活动中借助语言或其他符号手段实现的对客观事物间接的概括的反映。编辑工作是一项创造性工作,创造性思维能力是编辑工作者孜孜以求的目标。毫无疑问,非线性思维方式的引入,将会大大提高编辑工作的创造力和表现力。非线性思维强调思维的发散性、开放性、多维性、灵活性,这些为编辑创新提供了新的途径。其中,发散性就是从一个目标中心把思路向四面扩散,进行一系列与主要目标相关的联想和想象,多方面寻求解决问题的方案。这里,既包括由表及里、由此及彼的联想,又包含创造性的想象。开放性是在思维过程中不设定框架与边界,可以加入与主题有关的各种元素,从而开扩思路,完成创作。观众在解读作品时,可以加入自己的想象,共同完成作品意义的解读。多维性是相对于封闭的直线式思维而言的,也就是在思维过程中,避免只用一个思维指向、一个思维角度、一个评价标准、一个逻辑线索去进行思考,从而打破思维的片面、封闭与保守。灵活性,也就是变通性,是指思考和解决问题时不固执成见和习惯思维,能够随机应变,及时提出各种不同的设想、方法和答案。这些非线性思维的特性如果能够很好地运用到视听节目编辑中,无疑会大大地提高视听节目的质量。

在编辑操作层面,由于非线性编辑系统集成了编辑机、特技台、调音台、字幕机等几乎所有后期制作设备的功能,所以它的引入改变了传统的视听节目制作环境,赋予了节目制作以更高的技术含量和灵活的创作空间,这样就需要编辑人员不仅要熟悉基本的影视制作理论,而且要了解非线性编辑系统的软硬件构成、系统环境、非线性编辑软件和相关的特技、字幕制作等软件。只有在充分掌握了相关编辑技术的基础上,才能充分挖掘技术提供的各种可能,进行高水平的艺术创造。[①]

---

① 陶书霞. 论非线性思维在视听节目编辑中的作用. 新闻界,2009.

二、视听节目的编辑技巧

音、视频节目制作由前期制作、后期制作两个部分构成。剪辑属于后期制作中必不可少的一个环节,对于节目而言属于二次创作。而在剪辑的过程中,剪辑思路或者说剪辑风格的建立尤为重要。

(一)剪辑与剪辑风格

剪辑(film editing),影片图像与声音素材的分解与组合。即将节目制作中所拍摄的大量素材,经过选择、取舍、分解与组接,最终完成一个连贯流畅、含义明确、主题鲜明并有艺术感染力的作品。它是对拍摄的一次再创造。剪辑与剪接不同,后者指对胶片的具体工艺处理。

1. 剪辑的界定

早期电影只是将拍摄到的自然景物、舞台表演原封不动地放映到银幕上。从美国导演 D. W. 格里菲斯开始,采用了分镜头拍摄的方法,然后再把这些镜头组接起来,因而产生了剪辑艺术。在很长一段时间里,剪辑是导演的工作。但随着有声电影的出现,声音和音乐素材的剪辑也进入了影片的制作过程,剪辑工艺越来越复杂,剪辑设备也越来越进步,于是出现了专门的电影剪辑师。剪辑师是导演重要的合作者,参加与导演有关的一切创作活动,如分镜头剧本的拟定、排戏、摄制、录音等。对剪辑的依赖程度,因导演的不同工作习惯而异,但剪辑师除了应完全地体现导演创作意图外,还可以提出新的剪辑构思,建议导演增删某些镜头,调整和补充原来的分镜头设计,改变原来的节奏,突出某些内容或使影片的某一段落含义更为深刻、明确。

2. 电影剪辑的过程和原则

电影剪辑往往需要经过初剪、复剪、精剪以至综合剪等步骤。初剪一般是根据分镜头剧本、依照镜头的顺序、人物的动作对话等将镜头连接起来。复剪一般是再进行细致的剪辑和修正,使人物的语言、动作,影片的结构、节奏接近定型。精剪则要在反复推敲的基础上再一次进行准确、细致的修正,精心处理,使语言双片定稿。综合剪是在全片所有场景都拍摄完毕,各片段都经过精剪之后对整体结构和节奏的调整。在整个剪辑过程中,既要保证镜头与镜头之间叙事的自然、流畅、连贯,又要突出镜头的内在表现,即达到叙事与表现双重功能的统一。这通常是导演和摄制组主创人员共同来完成的。

在电影开拍之前,电影剪辑人员通常要把材料凑成剪辑初稿,目的是要达到一种能为人所理解并比较流畅的分镜头剧本。所谓流畅的剪辑即是镜头之间的转换使观众看了后不产生明显的跳进,在看一段连接动作时思路不会被打断。剪辑中另一个重要原则是不能错乱。不能因镜头转换而造成视觉上的混乱。所谓"动接动""静接静"即是镜头转换达到协调的重要法则。能否延长或缩短一个事件在银幕上的停留时间,是剪辑者能否控制影片进度的一个重要要素,是导演和剪辑师控制影片节奏和时间安排的一个高度灵敏的手段。以上这些剪辑中的原则只是技术上的要求,真正要使电影的艺术创作达到高水平,必须使戏活起来。

3. 剪辑风格

所谓节目的剪辑风格,简而言之,就是剪辑师对节目后期剪辑的整体构思。它体现了剪辑师对编导者创作意图的理解,对节目内容、结构的把握。剪辑师所做的剪辑提纲是其具体的表现。

由于视听节目的种类繁多、形式各异,编导者的风格不同,这就决定了针对不同种类的节目应采用不同的剪辑方式。剪辑师在动手剪辑一部片子前,必须首先熟悉节目,把握住编导者的创作意图及艺术追求,根据节目的内容、形式、风格考虑所采用的剪辑手段,建立片子的剪辑风格。剪辑风格一旦确定,就应保持前后一致,使之贯穿于整个剪辑过程中。

需要注意的是,对于剪辑师来说,建立剪辑风格虽然重要,但表现是为内容服务的,因此必须服从而不能违背编导者的创作意图和艺术要求,要与节目的主题、内容、形式、结构达到有机的统一。

(二)视听节目的剪辑技巧

在后期剪辑中,无论是剪动作、剪情绪、剪节奏,剪接点的选择都必须遵循客观规律,符合事物发展的逻辑,符合人们的思维习惯。下面试列举几种选择剪接点的处理方法,以供参考。

1. 不同类型节目的剪辑

综艺晚会类节目,大多数以歌舞为主,其剪接点需按歌曲内容及音乐旋律、节奏、乐句、乐段来选择,并且在音乐节拍强点上切换镜头比较流畅。剧情类的节目,多数按剧情的发展及人物情绪的变化来选择剪接点。访谈节目,一般按访谈者的谈话内容及现场气氛来切换镜头。纪录片及纪实性专题片的剪辑力求真实可信,尤其是长镜头拍摄时,剪辑要尽量保证镜头完整,避免剪得过细过碎。竞技体育类节目,由于动感较强,应选择动感强烈的地方作为切换点。

2. 镜头长度的选择

一般说来,镜头景别、画面信息量的多少及画面构成复杂程度都会影响镜头长度的选择。就景别而言,全景镜头画面停留时间要长一些;中近景镜头要稍短一些,特写镜头还要短一些;就画面信息量而言,信息量大时,画面停留时间要稍长一些,信息量少的则要短一些;就画面构成复杂程度而言,画面构成复杂的,停留时间要稍长一些,反之则稍短一些。对于叙述性或描述性的镜头,镜头长度的选择应以观众完全看懂镜头内容所需的时间为准。对于刻画人物内心心理及反映情绪变化为主的镜头,镜头长度的选择不要按叙述的长度来处理,而应根据情绪长度的需要来选择,要适当地延长镜头长度,保持情绪的延续和完整,给观众留下感知和联想的空间。

3．镜头之间的组接

"动"接"动""静"接"静"是镜头组接的基本原则。所谓的"动"与"静"是指在剪接点上画面主体或摄像机是处于运动的还是静止的状态。遵循这一原则进行镜头组接可保持视觉的流畅及和谐。两个固定镜头组接时,画面主体都是静止的,其剪接点的选择要根据画面的内容来决定(静接静)。两个固定镜头组接时,其中一个镜头主体是运动的,另一个镜头主体是不动的,其一种组接方法是寻找主体动作的停顿处来切换;另一种方法是在运动主体被遮挡或处于不醒目的位置时切换(静接静),如果两个固定镜头主体都是运动的,其剪接点可选在主体运动的过程中。

除了"动"接"动""静"接"静"外,常见的还有"动"接"静"和"静"接"动"。在进行后两种画面组接时,要充分利用主体之间的因果关系、对应关系、呼应关系及画面内主体运动节奏的变化,做到由动到静,由静到动顺理成章的自然转换。

4．"跳轴"现象的处理

在前期拍摄时,由于摄像师未充分意识到轴线问题,或者即使前期拍摄时建立并遵守了轴线原则,但后期剪辑时需打乱原来的镜头顺序重新组合,就可能产生"跳轴"现象。如果这个问题不加以解决,会造成观众理解上的混乱。

(三) 控制剪辑节奏

视听节目的节奏是由画面主体或摄像机镜头的运动、镜头的长短、景别的变换、组接时的切换速度等多种因素构成的。它是片子中事件、情节或人物情绪变化的速度和强度,是影响片子好坏的一个重要因素。

在前期拍摄时,摄像师应根据编导者的意图及节目的形式、风格,控制摄像机的运动速度(例如轻松、欢快的节目,摄像机的运动速度可稍快一些;庄重、抒情的节目运动速度可缓慢一些),从而形成节目的节奏基调。在后期剪辑时,剪辑师总的说来要遵循这一节奏基调,再结合节目的内容及结构安排,根据事件及情节发展的"轻重缓急",形成有起有落、张弛有度的剪辑节奏。

在剪辑时,尤其要注意的,一是段落的剪辑节奏要与片子的总体节奏相吻合和匹配；二是段落与段落之间的节奏变化要适当，变化过快或过慢都会使观众心理上产生不适应的感觉。另外，后期剪辑时，在一个段落中采用一成不变的剪辑节奏，会使观众产生疲乏厌倦的感觉。如果适当变化剪辑节奏，采用剪接加速度的方法，使组接的镜头越来越短，利用镜头的积累效果，可使段落形成一个高潮。但在做这种节奏处理时，一定要注意张弛结合，每一个高潮点后都要留出一个缓冲释放的空间，给观众以回味和联想的余地。

1. 传统剪辑

传统剪辑也可是剪辑的基本功。其主要作用有两个：一是保证镜头转换的流畅，使观众感到整部影片是一气呵成的；二是使影片段落、脉络清晰，使观众不致把不同时间、地点的内容误认为是同一场面。

剪辑必须做到：第一，防止混乱。镜头衔接必须准确无误，不脱节不重叠，人物动作的方向、空间关系必须一致。第二，镜头转换协调。剪辑往往以动作形态、节奏为剪接点，即"动接动""静接静"，"动接动"指在镜头或人物的运动中切换镜头，如一个摇摄镜头接另一个摇摄镜头或一人奔逃的镜头接一人追逐的镜头等，"静接静"指从一个动作结束后（或静止场面）接一个动作开始前（或静止场面）。第三，省略实际过程。即省略不必要的、观众不看自明的过程，而仍能保持动作或情节的连贯，如一个飞机起飞镜头接一个飞机降落镜头可以省略旅行过程，一个桃花盛开的镜头接一个满地落叶的镜头可以省略时间的变化过程等。传统剪辑，基本上是按着正常的生活逻辑进行，但又不是自然主义地记录生活中的全部过程。

2. 创造性剪辑

习惯上称能提高影片艺术效果的剪辑方法为创造性剪辑，主要有以下几种。

（1）戏剧性效果剪辑：调整重点、关键性镜头出现的时机和顺序；选择最佳剪接点，使每一个镜头都在剧情展开的最恰当时间出现。

（2）表现性效果剪辑：是在保证叙事连贯流畅的同时，大胆简化或跳跃，有选择地集中类比镜头，突出某种情绪或意念。将一些对比和类似的镜头并列，取得揭示内在含义、渲染气氛的效果。

（3）节奏性效果剪辑：一般说来，镜头短、画面转换快，能引起急迫、紧张感；镜头长、画面转换慢，可导致迟缓或压抑感。因此长短镜头交替，画面转换快慢结合可造成观众心理情绪的起伏。利用这一点，在剪辑上控制画面的时间，掌握转换节奏，就可控制观众的情绪，达到预期的艺术效果。这种剪辑节奏也称剪辑调子。然而镜头的长短、转换快慢不能超越观众对内容含义理解的限度，否则就会造成混乱。剪辑调子常常也表示出影片情节或情绪的段落，使影片起伏张弛有致。影片中一个段落的剪辑调子是由镜头的数目来计算的,称剪接率。镜头数目多,称剪接率高或快调剪辑;镜头数目少,称剪接率低或慢调剪辑。①

3. 类型化剪辑

类型化剪辑即按照不同类型(或称样式)的规定要求制作影片。所谓类型是指由于不同题材或技巧而形成的影片范畴、种类或形式。它作为一种影片制作方式,20世纪三四十年代在美国好莱坞曾占据统治地位,其他资本主义国家的商业电影也都是以类型观念作为影片制作的基础观念的。

类型电影作为一种影片制作方式具有如下特点:影片创作者必须严格遵守制片人为他指定的影片类型的基本规定,即:① 公式化的情节,② 定型化的人物,③ 图解式的视觉形象。类型电影的制作根据观众的心理特点,在一定时期内以某一类型作为制作重点,即采取所谓"热潮更替"方式。在人们厌烦了西部片之后,便换上恐怖片,然后再继之以其他类型影片,如此周转不息,反复轮换。在诸多的影片类型中,最有典型性的是四个类型,即喜剧片、西部片、犯罪片和幻想片。

类型电影作为一种拍片方法,实质上是一种艺术产品标准化的规范。它的规定性和对影片创作者的强制力,只有在以制片人专权为特点的大制片厂制度下才有可能发生作用。因此,随着大制片厂制度在20世纪50年代以后的逐渐解体,类型电影也趋于衰落,各种类型之间的严格界线趋于模糊,愈来愈成为一般意义上的样式划分了。

三、两种画面叙事思维

视听节目有两种相互区别又互为补充的画面叙事语言体系,一种是长镜头,另一种是蒙太奇。长镜头强调客观记录,主要用于纪实类视听节目或视听节目中的过程化客观呈现;蒙太奇注重主观表达,主要用于视听节目的时空跨越和抽象叙事。

(一)长镜头

长镜头是在一个较长的不间断的镜头里通过综合运动摄影这种时空连续的场面调度,完整地记录一个事件段落全过程的影像叙事语言。

长镜头是再现的、客观的影像语言,是在镜头内部实现的场面调度,无剪辑的段落叙事,非强制、开放型的影像书写。

---

① 百度百科:《剪辑风格》,见 http://baike.baidu.com/view/5925010.htm.

1. 长镜头的分类

通过事件过程和行为动作的客观记录和完整呈现,长镜头不但可以用纪实的视角再现现实世界的事件发展,而且还可以通过场面的有机调度实现时空的有效延展,为镜头的组合和画面的叙事提供多样性的编辑选择。

(1) 纪实性长镜头

其主要特征是侧重于强调时间的连续性和空间的完整性,使一个镜头能够在一个与现实相一致的时空内完成一个动作或事件的完整过程。纪实性长镜头主要用来客观记录一个事件的主要片段或一个行为完成过程,拍摄的依据是画面主体的具体行为。

(2) 场面调度长镜头

通过导演精心设置的景别、场面、人物、构图以及光影色彩等造型因素的变化来体现创作者的意图。场面调度长镜头主要用来表现特定空间里的人物关系和人物状态,拍摄的依据是节目所表达的情节和人物特有的情绪。

2. 长镜头的功能

长镜头在本质上是符合现实的,可以逼真地反映现实,用以呈现真实。某些事件要求逼真地处理,用长镜头可以满足,用以完成叙事。长镜头还可以让人们在一个不加深察而又司空见惯的现实生活中感到震惊,用以揭示本质。

(二) 蒙太奇

蒙太奇本义源于法语(montage),是建筑学上的装配、组合的意思。引入视听节目以后,狭义指影视作品的组接技巧,广义包括画面组合、场景转换、作品结构以及叙事思维等。

相对于长镜头,蒙太奇是表现的、主观的影像语言,是剪辑的艺术、组合的叙事,是"强制"的表达、闭合式的叙述。

从影视艺术的发展史来看,蒙太奇的形式多种多样,但归纳起来,主要有两大类的蒙太奇样式:侧重故事表达的叙事蒙太奇和侧重意义创作的表现蒙太奇。

1. 叙事蒙太奇

叙事蒙太奇,就是通过镜头的组接,来简单地叙述一段故事。叙事蒙太奇也称"连续蒙太奇"或"连续构成",它是指按照情节发展的时间流程、逻辑顺序、因果关系来组接镜头、场面、段落,从戏剧角度和心理角度去推动叙事情节的发展,从而引导观众理解剧情。它着重于动作、形态及过程的连贯性,是影视剪辑中最常用的形式。一部影视作品绝大部分都是连续构成的。

从情节顺序上,叙事蒙太奇主要是根据时间、空间、因果进行组接;从画面句式上,叙事蒙太奇有前进、后退、环形叙事;按照不同的应用方式,又可以将叙事蒙太奇分为以下几种类型。

(1) 连续蒙太奇

连续蒙太奇是一种最简单、最直接的蒙太奇表现形式,即将一组连续构成的镜头按照事态发展的演进性、逻辑性、连续性、继承性结合在一起,以表现一个完整的事件。在连续蒙太奇中,除了特殊需要,一般情况下镜头的顺序是不能任意颠倒和删减的。连续蒙太奇一定要按照人们观察事物的正常思维方式和事件发展的逻辑性来安排镜头顺序。连续蒙太奇又可分为前进式蒙太奇和后退式蒙太奇两种。

前进式蒙太奇是一种由远及近的组接方式,视距由远而近,景物范围由大到小,把观众的视线从整体引向局部,一般按照全景—中景—近景—特写的顺序组接镜头。随着景物范围的缩小,所强调的重点也越来越突出,给观众的情绪感染,也逐渐从低沉向高昂的方向发展,它符合人们日常生活中观察事物的认知方式。

后退式蒙太奇,与前进式蒙太奇相反,是一种由近到远的组接方式,也就是按照特写—近景—中景—全景的顺序组接镜头,把观众的视觉注意力从对象的局部引向整体。利用后退式蒙太奇,可以制造悬念,以创造紧张的视觉效果。

如果用因果关系来区别前进式和后退式蒙太奇的话,前进式蒙太奇就好比先因后果,后退式蒙太奇则更接近于先果后因。虽然两者的效果不同,但都是按照一定的顺序和逻辑关系来叙述故事的,因此都属于叙事蒙太奇的范畴。

(2) 平行蒙太奇

在一个蒙太奇段落里,把不同时空或同时异地发生的两条或两条以上的情节线分头叙述,这样的剪辑形式称为平行蒙太奇。平行蒙太奇打破了单一情节线索的约束,几条线索并行表现,互相烘托,形成对比,易于产生强烈的艺术感染效果。

用平行蒙太奇连接在一起的不同情节线,在一种内在的逻辑关系制约下相辅相成,利用这种蒙太奇样式,可以自由灵活地展现更为广阔的时空范围,也可以从多层次、多侧面观察同一事件的不同形态。

视听节目剧因其情节线索复杂,故事扑朔迷离,矛盾多重交织,冲突纵横交错,成为观众喜闻乐见的一种视听节目样式。视听节目剧为了在一定的播放时间内展现不同的情节线索,通常采用平行蒙太奇的表现手法。同样,其他视听节目片种在使用多条线索的表现时,也会首选平行蒙太奇。

(3) 交叉蒙太奇

交叉蒙太奇又称同时蒙太奇,是在平行蒙太奇的基础上发展而来的,是将同一时间不同地域发生的两条或数条情节线索迅速而频繁地交替剪接,以造成紧张激烈的气氛,加强矛盾冲突的尖锐性,产生惊险的戏剧效果。

平行蒙太奇注重的情节统一、主题一致,而交叉蒙太奇并列表现的两条或数条情节线具有严格的同时性、密切的因果关系和迅速频繁的交替表现,其中一条线的发展必然影响或制约着其他情节线的发展。

(4) 集合蒙太奇

集合蒙太奇是一种在一个完整的事态性内容过程中选取几个主要的典型片段,把它们组接在一起,每个片段只是事件发展中的一个具有代表性和相关性的动作高潮,通过这些高潮段落组合,建立起完整的事件过程。

集合蒙太奇通过巧妙利用省略的手法,精选事件中最具典型代表性的情节点,具有叙述简练、概括性强、语意丰富、典型突出、高度省略的特点。

(5) 穿插式蒙太奇

这是一种打乱时间顺序的结构方式,先展示故事的或者事件的现在状态,然后再回去介绍故事的始末,表现为时间概念上过去与现在的重新组合。它常借助叠化、化变、画外音、旁白等转入倒叙。

运用穿插式蒙太奇,打乱的是时间顺序,但时空关系仍需交代清楚,叙事仍应符合逻辑关系。[①]

2. 表现蒙太奇

表现蒙太奇也叫"对列蒙太奇"或"对列构成",通过逻辑上具有一定内在联系的镜头对列组接,来暗示或者说创造一种寓意,抒发某种情绪,激发观众的联想。

(1) 对比式组接

对比式组接把两种内容相反的镜头组接在一起,形成一种新的寓意,以此来表现出作者的主观态度。

镜头或场景的组接是以内容上、情绪上、造型上的尖锐对立或强烈对比作为连接的依据。对比镜头的连接会产生互相衬托、互相比较、互相强化的作用。

(2) 积累式组接

积累式组接将一些主体形象和内容较为相近的镜头组接在一起,形成一种叠加的、积累的效果。通过这些镜头的积累,能突出地强调一种思想,明确地说明一个主题。创造一种特定的氛围、情绪的渲染,或从中可以归纳出某种带有普遍性的结论。

---

① 张晓锋. 电视编辑思维与创作[M]. 北京:中国广播视听节目出版社,2002,4.

(3)联想式组接

联想式组接通过不同视觉形象或听觉形象的镜头组接,使观众产生跨越事物间的联想,达到寓意、象征的效果。联想蒙太奇组接的依据是画面中所存在的形象的相似性和行为的接近性,表现的方式是不同主体情节段落之间的联想式组合和主观化表达。

(4)隐喻蒙太奇

隐喻蒙太奇又称类比蒙太奇,是通过镜头或场面的对列,将具有某种相似性特征的不同事物进行类比(一般是用一个形象的意义来说明另一个形象的意义),含蓄形象地表达创作者的某种寓意。这种蒙太奇是靠观众的想象来发挥作用的,是用暗示的手法来组接两个镜头,以达到用一个镜头的内容比喻、影射、引申另一个镜头的含义的目的。

(5)心理蒙太奇

心理蒙太奇通过画面组接或声画结合,形象生动地展示出人物的内心世界,常用于表现人物的梦境、回忆、闪念、幻觉、遐想、思索等精神活动。多用交叉穿插手法,特点是画面和声音形象的片断性,叙述的不连贯性和节奏的跳跃性,声画形象带有剧中人强烈的主观性。

(6)重复蒙太奇

重复蒙太奇使具有一定寓意的镜头、场面或类似的内容在关键时刻反复出现,以达到加深印象,强化记忆、刻画人物、深化主题的目的。重复蒙太奇所能利用的重复因素是多种多样的,如人物、景物、场面、道具、动作、细节、语言、音乐、音响音效、光影、色彩等。在一些知识类的视听节目中,编导也经常利用重复蒙太奇的手法(画面或解说的重复),目的是将抽象难懂且又非常重要的知识,借助必要的重复方法来阐释清楚。

(7)象征蒙太奇

象征蒙太奇是利用某种视觉形象来表达某种象征意义,它与隐喻蒙太奇的区别在于,它不是利用两个形象的相似性来表达意义,而是将某种视觉形象进行引申,赋予其新的意义,并隐去本身的含义。

(8)抒情蒙太奇

抒情蒙太奇是在保证叙事和描写的连贯性的同时,表现超越剧情之上的思想和情感的一种表现方法。抒情蒙太奇是创造影视诗意的重要手段之一,也是创作者抒发自己内心情感的有效方法。[①]

---

① 董从斌,于援东等.影视节目制作技术简明教程[M].北京:清华大学出版社,2010,3.

(三) 蒙太奇与长镜头的区别

1. 画面叙事的主体性

蒙太奇的叙事具有创作者的主观特性,强调的是画面叙事的个人化表达;而长镜头则具有客观性,强调的是对现实世界的真实记录和客观呈现。

2. 画面叙事的节奏

蒙太奇叙事内容紧凑凝练,强调通过快节奏多视角的画面组接来实现叙事主题的建构;而长镜头叙事内容丰富全面,强调通过具体完整地呈现事件过程或行为动作来反映客观世界的面貌。

3. 画面叙事的造型

蒙太奇在造型处理上有较多的人工手段,画面的组接有着主体意识影响下表意刻意性特征;而长镜头则相对自然,画面的组接主要遵循行为主体和画面空间本来存在的结构和状态。

4. 画面剪辑的技巧

蒙太奇叙事重于编辑的叙事,往往需要多个画面的有机组合来实现意义的表达;而长镜头的关键在于摄影,事件发生现场的镜头调度和人物调度至关重要,视听节目编辑的过程则主要是对影像素材的选择性聚合。

5. 画面叙事的风格

蒙太奇的叙事是强制性的封闭,画面之间的组合主要是为了通过多向意义的排除实现特定意义的具象式表现;而长镜头则是一种开放型的客观呈现,画面的记录主要是为了呈现事件或动作的具体典型的过程。

第二节 新媒体视听节目画面的组接

基于视觉化的影像叙事理念,非线性的编辑技术和长镜头与蒙太奇相结合画面叙事意识,新媒体视听节目的画面组接既继承了影视叙事的形象性、故事性和系统性等特性,又发展出了新媒体视听节目所特有的短小性、生动性和多元化特色。以下从视听节目的画面构成、视听节目的画面组接和视听节目的剪接点选择等三方面介绍视听节目的画面编辑理念。

一、视听节目的画面构成

基于视听节目叙事表现对象和叙事主旨的不同,视听节目主要有连续构成和对列构成两种不同的画面构成方式。

(一) 连续构成

连续构成是围绕同一主体的具体行为或动作,用两个或两个以上的系列镜头来直观呈现行为或动作的具体状态或过程。连续构成的主要特点是每一个镜头都分担着它所表现的主体动作的一部分,镜头与镜头之间在形体、动作、语言等方面都有一定的连续性和承接性。一般情况下,连续构成中的镜头顺序不能颠倒,也不能任意抽去一个镜头。

连续构成的组接方法是:运用正常的时间法则和逻辑关系,用镜头对拍摄对象进行解析,并利用视角、视距的变化,选择、突出和强调相关内容。

1. 连续构成中的画面组接

在符合影像叙事逻辑的前提下,使用一组不同造型的、连续记录主体动作或行为过程的画面段落来进行组合叙事。视听节目连续构成要求所拍摄的画面中的动作必须保持精确的连惯性,因此,连续构成中的画面组接必须遵循以下原则(根据动作的变化确定剪接点)。

(1) 主体位置固定的画面组接。如果两个画面中的主体位置相对固定,只有相对微小的行为或动作变化,作为连续构成的两个画面组接时,动作剪接点一般选在姿态(行为或动作)变化之后。

(2) 主体位置移动的画面组接。如果两个画面中的主体相对运动,为了表现运动的速度感和节奏感,剪接点应在动作方向或速度的变化之时,通过主体动作或行为的变化作为画面切换和组接的逻辑依据。

(3) 主体空间转换的画面组接。如果连续构成中记录了主体从一个空间转换到另一个空间的行为和过程,画面的组接就应该选择主体走出画面后或走入画面前,作为动作编辑点,通过消失和出现的视觉表现来实现画面的有机组合。

(4) 主体动静转换的画面组接。如果连续构成中反映了主体由静到动或由动到静的姿态变化,剪辑过程中就应该选择动作刚开始或停止后作为动作编辑点,具体而言,就是把姿态的变化放在前一个画面表现更符合受众观看习惯。

(5) 主体动作变化的景别搭配。在主体移动的镜头与主体固定的镜头互相连接转换时,一般要使动作的变化过程发生在远视距(大景别)的情况下;较远视距(大景别)转换较近视距(小景别)时,动作剪接点在画面主体刚刚停止移动或开始之后。较近视距转换较远视距时,动作剪接点应在主体停止移动或开始移动之前。

2. 连续构成中的画面选择

视听节目编辑中连续构成画面组接方式立足于通过一组画面的有机配合呈现画面主体一个具体的行为或动作,为了合理直观地表现画面主体的行为或动作的具体过程,需要画面之间的组合要符合影像叙事语言的规范和受众观看视听节目的欣赏习惯。这就要求连续构成画面组合的不同画面之间从视距、视角和一致性方面实现合理的组接。

(1) 视距

视听节目连续构成画面组要求镜头之间的转换要有明显的视距变化,景别上避免过于相近。同时,景别变化不宜过大,要遵循逐渐过渡规律的原则:远景→全景或中景→近景或特写;特写→中景或近景→全景或远景。

(2) 视角

视听节目连续构成画面组要求镜头之间的转换要有显著的视角变化,以此来弥补视距变化的不足。视角的变化,有助于增强画面本身的表现力和感染力;也符合人们的视觉、心理规律,客观上保证了镜头组接的连惯性;但视角的变化既有灵活性、多样性,同时也有一定的局限性。具体地说要受画面的方向性和空间关系的制约。

(3) 一致性

视听节目画面连续构成中,无论镜头之间如何转换,人物的视线和情绪、人物服装和所出现的道具、背景和自然环境、地理位置和方位、运动速度和画面造型都必须一致,围绕同一主体的行为或动作展开分镜头组接,实现不同镜头之间的和谐统一。

(二) 对列构成

视听节目画面对列构成由两个或两个以上的相近或相似镜头组合而成,一般表现的是不同主体的相似动作或相近行为。对列构成画面组合不存在动作的连惯性和镜头的顺序问题,不一定符合生活逻辑,而只符合思维逻辑。

视听节目对列构成通过不同主体之间的呼应、对比、隐喻、烘托和积累等系列冲突,利用事物之间的内在联系,创造性地提示某种含义,表达某种概念,激发人们的联想。

1. 对列构成的镜头组接

视听节目画面对列构成中不同主体的镜头相组接时,不一定要有视距的变化,同景别或不同景别的镜头都可以相接。不同主体的镜头的组接一般要遵循"动接动""静接静"原则,镜头转换才能流畅。"动接动"是指两个不同主体的镜头在视觉上有明显动感而相切换的组接方法,"静接静"是指两个不同主体的镜头在视觉上没有明显动感而相切换的组接方法,也包括运动镜头在落幅和起幅处的组接与场景段落转换处的组接。

2. 对列构成与连续构成的关系

连续构成常用来做叙述或叙事法,主要通过由几个画面组合形成的画面叙事段落来呈现同一主体的一个具体的行为或动作;对列构成常被用做表现法(表现蒙太奇),通过两个或多个有着不同主体的画面之间的组合叠加实现特定主观叙事意图的表达。许多场合,两者有机结合共同完成表达主题思想的目的,由连续构成完成同一个主体的形象塑造和行为呈现,由对列构成实现主体与主体叙事之间的转换和对照。

二、视听节目的画面组接

视听节目的影像叙事,除了作为基础叙事单位的镜头需要遵循同一主体串连下的连续构成和不同主体之间的对列构成,单个画面之间的组接也需要遵循一定的剪辑规律。以下从相似因素的镜头组接、固定镜头的组接、运动镜头与固定镜头的组接和运动镜头之间的组接等几方面展开叙述。

(一) 相似因素的镜头组接

相似因素的镜头组接是指视听节目编辑过程中前后两个镜头之间有着或多或少、各种各样的相似因素,这些相似因素让两个镜头组接变得流畅且易被受众接受。

1. 具体内容的相同或相似

具体内容的相同或相似是指画面剪辑过程中前后两个画面中占据主导地位的事物有着相同的属性或形貌,这些相同的属性或形貌使前后两个画面的组接具有了可以接受的自然逻辑。比如上一个镜头里有一框苹果被装上了一辆汽车,下一个镜头里是一个苹果被洗干净了放在桌上的盘子里,这样的组接一般都会自然且流畅。

2. 结构形态的相似

结构形态的相似是指视听节目画面剪辑过程中前后两个画面中占据主导地位的事物在结构形态有着相似性,基于这种画面结构形态的相似性,两个画面之间的组接变得更加自然。比如上一个镜头里是午夜里天上挂的圆月,下一个镜头里是早上煮饭盖在灶台上的锅盖,由于两个不同画面中圆形物体的结构形态的相似性,镜头之间的组接就顺畅了很多。

3. 动态内容的相似

视听节目画面剪辑过程中动态内容的相似性是指上下两个镜头中画面主体的具体行为和动作有较强的相似性,因为这个行为和动作的相似性,两个镜头之间的逻辑联系就自然加强了。比如上一个镜头是一个人从办公室推门出去,下一个镜头则是另一个人推门进来,推门这个动作就很好地串连了上下两个镜头之间的画面组接联系。

4. 构图位置相同或相似

视听节目画面剪辑过程中的构图位置相同或相似是指上下两个画面中主

体的位置有着较强的相似感,这个两个画面中的主体既可以是同一主体在不同时空之间的跨越对接,也可以是不同主体通过位置相似性的对列式呈现。只要是位置相同或相似,不同主体有着相似位置的画面的对列组接能够起到强烈的对比和累加式叙事效果。

5. 行为逻辑的相似

视听节目画面剪辑过程中行为逻辑的相似是指上下两个画面中主体之间的行为逻辑有相似性和关联性。这种行为逻辑的相似既可以是具体行为组接中的动作镜头与反映镜头的组合,也可以是动作镜头与主观镜头的组合。比如在篮球比赛中,剪辑一组反映比赛激烈气氛的画面,在一个运动员投出篮球的画面之后,既可以接球员和现场观众紧张观望进球与否的主观镜头,也可以直接接球进篮筐后球员和观众欢呼庆祝的反映镜头。

(二)固定镜头的组接

视听节目画面剪辑过程中固定镜头的组接是指上下两个画面都没有什么明显的镜头运动形式,在画面相对固定的情况下,根据画面中主体之间的动作、行为和结构关系进行画面的剪辑组接。

1. 前静后静——静接静

视听节目画面剪辑过程中"前静后静"的画面组接是指两个固定镜头组接时,画面内部的主体都没有明显的行为或动作,这里只根据画面造型因素(景别、方向、角度)的组合规律和内容需要(故事情节的发展)来选择组接方式。

2. 前动后静——静接静

视听节目画面剪辑过程中"前动后静"的画面组接是指两个固定镜头组接时,前一个画面中的主体有明显的动作或行为,后一个画面的主体没有具体的动作或行为,这就需要选择在前一画面中主体动作的完成后跟后一镜头相接。

3. 前静后动——动接动

视听节目画面剪辑过程中"前静后动"的画面组接是指两个固定镜头组接时,前一个画面中的主体没有明显的动作或行为,后一个画面的主体有动作或行为,这两个画面的组接就需要等前一镜头主体由静到动后再与后一行动镜头相组接,或者在后一个镜头中找到有由静到动的行为改变,在这个改变之前确定剪接点与前一个镜头组接。

4. 前动后动——动接动

视听节目画面剪辑过程中"前动后动"的画面组接是指两个固定镜头组接时,前后两个画面中的主体都有明显的动作或行为,这里只需要根据上下两个画面中的主体动作及造型因素进行组接。

（三）运动镜头与固定镜头的组接

视听节目画面剪辑过程中也经常会采取运动镜头与固定镜头相组接的画面组合方式,为了遵循视听节目画面剪辑中"动接动"和"静接静"的基本原则,画面剪辑中需要认真选择和细心设计画面主体的动作过程或行为方式,以便使画面的组接更符合影像叙事语言的规范和受众的观看习惯。

表 4-1 运动镜头与固定镜头的组接方式与技巧

序号	前一镜头	后一镜头	采用方法	技巧说明
01	运动镜头、主体动	固定镜头、主体动	动接动	注意主体运动方向
02	运动镜头、主体动	固定镜头、主体静	静接静	前一镜头主体有落幅
03	运动镜头、主体静	固定镜头、主体动	动接动	后一镜头主体有起幅
04	运动镜头、主体静	固定镜头、主体静	静接静	前一镜头有落幅
05	固定镜头、主体动	运动镜头、主体动	动接动	后一镜头有起幅
06	固定镜头、主体动	运动镜头、主体动	动接动	前一镜头主体有落幅
07	固定镜头、主体静	运动镜头、主体动	静接静	后一镜头及主体有起幅

基于"动接动""静接静"的基本原则,前后两个画面分别为固定镜头和运动镜头的动静组接主要参考画面主体的运动形式和状态。如果主体运动形式相同或相近,镜头的运动形式不需要有太多的要求;如果主体运动形式相差太大,那就需要运动形式转换为相近状态,或者有镜头运动形式的合理调度和使用来使画面的组接更合理。

在特殊情况下,运动镜头和固定镜头相接也可以在运动过程中相接,主要是行为/反应/主观镜头之间的组接。如球赛中插入观众的反应镜头;车厢内人往外看的固定镜头与车窗外景物的运动镜头相连。

（四）运动镜头之间的组接

视听节目运动镜头之间的组接是以画面主体动作的运动因素作为依据的,小景别的动作要少留一些,大景别的动作要多留一些。当两个镜头都是运动镜头,并且运动方向一致时,应去掉上一镜头的落幅及下一镜头的起幅进行组接（动接动）。如果两个运动镜头的运作方向不一致时,就需在镜头运动稳定下来后切换,即保留上一镜头的落幅和下一镜头的起幅进行组接（静接静）。

"动"接"动"的一种特殊用法是所谓"半截子"镜头组接。即不同运动主体或运动镜头在运动过程中进行切换,这样一系列的"半截子"镜头组接起来给人的动感更强,节奏更鲜明,在体育集锦类节目的剪辑中应用较多。需要注意的是,组接镜头时要考虑运动主体或运动镜头的方向性及动感的一致性。

1. "静接静"处理

两个运动镜头相接,上一个镜头的落幅与下一个镜头的起幅相接,这种方法适用于上下两个镜头中主体运动方向和速度不匹配的画面之间的组接。因为前一个镜头的落幅与后一个镜头的起幅都是较为稳定包容的画面形态,即使前后两个镜头中主体状态差别较大,也可以使画面的组接平稳流畅。

2. "动接动"处理

两个运动镜头相接,运动方向相似或一致时,可以去掉落幅和起幅,给人一种动作连贯流畅的感觉。因为运动镜头追求速度感和节奏感,两个主体运动状态较为接近的镜头动态相接可以增强画面的节律感和流畅感。运动方向相反的时候,则不宜采用这样的方法,因为相反方向的运动镜头直接组合,会产生强烈的对冲感,容易给人一种不流畅的感觉。

三、剪接点

视听节目的剪接点就是两个镜头之间的连接点,通过镜头中剪接点的设置,可以把不同内容的画面相连接,构成一个完整的动作或概念。

剪接点与镜头长度密切相关,镜头长度的确定必须满足观众的收视需求和思维习惯。确定画面时间长度往往根据三个因素:内容、情绪和节奏,也就是常说的叙述长度、情绪长度和节奏长。根据内容、情绪和节奏三个决定画面长度的关键要素,视听节目编辑的剪接点可分为叙事剪接点、动作剪接点、节奏剪接点和声音剪接点等几种。

(一) 叙事剪接点

视听节目中最基础的剪接依据,以观众看清画面内容,或者解说词叙事,或者情节发展所需的时间长度为依据。决定叙事剪接点的一个最主要的因素就是镜头的内容长度。内容长度是指把画面主体内容展示清楚的镜头时间长度。而画面的构图因素影响了观众了解内容的时间,内容长度的参考因素有以下几种。

1. 景别

画面景别不同,包含在画面中的内容也不同。远景、全景等景别画面包含的内容多,观众要看清这些内容,需要的时间就长,画面就要相对长一些;近景、特写等小景别画面包含的内容少,所以镜头画面短一些。

表 4-2　内容长度与画面景别的关系

景别	视听节目时间长度	电影时间长度
远	8～10 秒	7 秒
全	5～7 秒	6 秒
中	4～6 秒	5 秒
近	3～5 秒	3 秒
特	2～3 秒	2 秒

2. 主体的位置

空间上,前面的景物比后面的醒目,所以主体置于画面的前端,镜头可短些,反之则长;照度上,亮处的景物比暗处的景物更容易引起观众的注意,所以,主体在画面的亮处,镜头可短些,反之则长。

3. 动静因素

从画面内容而言,运动的物体比静止的物体更容易引起观众视线。所以,如果主体是运动的,镜头长度可以短一些;如果主体是相对静止的,镜头的长度可以稍微长一些。

从画面造型而言,由于动态镜头比静态镜头更有意思,更能吸引观众,所以动态镜头长度可长一些;静态镜头因为画框相对固定,画面的内容也更容易在较快时间看明白,所以镜头长度可以稍微短一些。

4. 其他因素

观众的熟悉程度:如果画面中的人或者事物观众相对熟悉一些,镜头的长度可以适当短一些;如果画面中的人或事物观众相对陌生一些,镜头的长度就可以稍微长一些。

采访时反应镜头:在进行新闻采访的时候,由于观众对记者相对比较熟悉,而且新闻报道的主要内容来自于被采访人的同期声,所以剪辑画面的时候就应该把记者的反应镜头剪得相对短一些,而被采访人的镜头可以留得相对长一点。

画面形式:从视听节目镜头拍摄的画面形式而言,超常规的视角、构图、运动方式等画面形式由于观众相对见识得较少,理解和接受的时间也相对较长,所以镜头的长度要比常规镜头的长度要稍微长一些。

声音内容:视听节目镜头长度很多时候是由声音内容决定的,一个画面由于主体说话的声音相对较长,镜头的长度自然就相对长一些。

字幕:有字幕的比没有字幕的要长一些。

（二）动作剪接点

视听节目的动作剪接点是指以画面的运动过程为依据，结合实际生活规律的发展来连接画面，目的是使内容和主体动作的衔接转换自然流畅。动作剪接点着眼于画面外部运动的连贯，以画面的运动过程（包括人物或摄像机）为依据，结合实际生活规律的发展来连接画面。动作剪接点往往要求非常准确，甚至精确到帧。

1. 消失剪辑

在一个视听节目的镜头中，当人物或物体从画面中消失时，观众的观看兴趣点也随之消失，这时切换镜头，顺应了观众的心理要求。

2. 挡黑镜头

当人物或物体在运动中挡住了镜头，观众在屏幕上什么也看不到，就宣告了一个行为或动作段落的结束，这时切换镜头，使观众在不知不觉中接受镜头的转换。

3. 出画入画

当人物或物体走出画框，一般都是上一个镜头内容的结束；当一个人物或物体走入画框，一般都是一个镜头的开始。画面中人物的出画入画，是镜头剪辑和转换的重要参考因素，画面主体可以从画框的任何一边或一角走入或走出。

4. 呼应关系

视听节目画面中同一场景的人物与环境有互相依存的关系，可以直接对切；画面中不同场景的人物，如有呼应关系也可直接对切。

5. 动作瞬间

使镜头的切换点选择与动作转换的瞬间保持一致，这样观众就不容易觉察出剪接的存在，只会在乎主体人物的动作。画面上主体的动作转换可以在第一个镜头的尾部，也可以在第二个镜头的首部。

6. 方向变化

跟视听节目编辑中的动作点转换一样，画面中运动物体方向变化的瞬间也是剪接的契机点，方向的变化往往都是一个行为或动作段落的结束，在这时进行镜头切换一般都能契合受众的接受心理。

7. 动静转换

视听节目画面中主体从静止转为运动，剪接点选择在主体表现出运动倾向、刚刚启动的瞬间；如果画面中主体从运动转为静止，剪接点选择在主体显示静止倾向、刚刚减速趋向静止的瞬间。

8. 找点切换

如果视听节目画面中的主体没有明显的消失、遮挡、出入画、呼应以及动作和方向的变化,画面的编辑就寻找运动物体或人物的行为动作静止点或动作完成点,来进行画面的剪辑和镜头的切换。

9. 主观镜头

主观镜头是代表着片中人物的视点和所思所想的镜头,由片中人物进行观看的主体行为和这个人物所看到或想到的内容这两种镜头之间的组接而成,当这两种镜头组接时,通常要在人物主观镜头之后保持短暂的停留。

(三) 节奏剪接点

根据运动、情绪、事物发展过程的节奏为依据,结合镜头造型特征,用比较的方式来处理镜头的长度和衔接位置,它重视的是画面内部行为和外部运动形态的吻合。节奏长度是根据节目的整体节奏需要来确定其长度。组成视听节目外部节奏的最主要因素还是在单位时间里视听节目镜头切换的次数,也就是通常说的剪辑率。

以心理活动和内在的情绪起伏为基础,结合造型因素来组接画面,造成一种情绪的感染和感情的生发。情绪剪接点的选择确定不同于行为动作的剪接点,它在画面长度的取舍上余地很大,不受画面内人物外部动作的局限,而以人物内心活动渲染情绪,制造气氛为主,"宁长勿短"。

1. 情绪长度决定情绪剪接点

视听节目的情绪长度是镜头所表现的主体情绪发展所需要的时间长度,剪辑时以充分表达情感、情绪为依据来决定镜头的长度。表现紧张时就需要加强镜头剪辑的节奏,表现悲伤时就要放慢镜头剪辑的节奏,表现欢快时就要采取快慢结合的节奏。

2. 延长镜头长度

当需要营造特定的如悲伤、沉重、思索、庄严等氛围或情绪时,画面的剪辑要引导观众进入特定情感层面,就需要通过延长镜头的技术手段来表达情感、气氛、情绪,以打动观众和感染观众。

3. 镜头延续释放观众情感

在画面动作结束的地方,情节的感染作用未必同时消失,这就需要在某些高潮前后或段落结尾加上动作停顿或抒情的空画面,以充分表达叙述长度未尽的情绪,使画面的情节含义完整地表现出来。

4. 心灵沟通构建节目情节

情绪剪接点的设定决定于编辑对节目内容含义的理解和对人物内心活动的心灵沟通与感知。因此,视听节目的画面剪接点的选择和设置需要深入体会画面主体的心理感受和目标受众的接受习惯,在心灵沟通和对话的基础上编辑视听节目。

(四)声音剪接点

视听节目的声音剪接点是以声音因素为基础,根据内容的要求和声音与画面的有机关系来处理镜头的衔接,也就是指上下镜头中声音的连接点。语言(解说词旁白、采访同期、现场人声)、音乐、音响是影视声音的三元素,因此声音剪接点也被分为语言剪接点、音乐剪接点和音响剪接点。在视听节目的编辑过程中要注意声音的完整性和连贯性——声音的剪接点多选择在完全无声处、乐句或乐段的转换处。

1. 对话剪接点

对话剪接点指的是视听节目中语言剪辑中的人物对话的剪辑技巧,对话特指剧情类视听节目中的人物之间有故事情节和叙事内容的语言交流,对话剪辑有平剪和串剪两种剪辑方法。

(1) 平剪

视听节目对话的平剪是指人物对话中声音与画面的同步切换,通过声音和画面之间的同步稳定组接直观表现稳重、端庄和严肃的叙事氛围和情绪(见图4-1)。根据对话中画面长度和留白空间的不同,视听节目的对话平剪可以表现出不同人物之间不同的性格、情绪和关系。

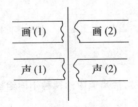

图4-1 对话平剪中的声画对照

视听节目对话平剪有三种不同的剪接方式,不同的剪接方式有不同的叙事效果。第一种剪接方式是前后两个画面分别为对话双方的不同主体,两个主体对话过程中的节奏相对一致并彼此留有足够的反应空间,主要用来表现心平气和的交谈氛围;第二种剪接方式是前面主体说话后留有足够的空间,后面主体说明相对急促,主要表现后者在对话中更为冲动;第三种剪接方式是前后两个画面主体的对话之间都基本没有留下反应的空间,主要表现两者之间发生了争吵、辩论等激烈的交谈。

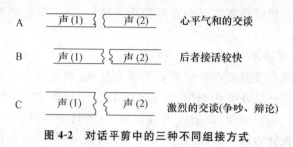

图 4-2　对话平剪中的三种不同组接方式

（2）串剪

视听节目对话的串剪是指前后两个画面中不同主体之间对话剪辑中声音与画面不同步切换，主要为了表现对话过程中前后两个主体之间在性格和交流状态上的鲜明对比。对话串剪主要有两种组接方式（见图 4-3），一是前面的主体画面的进行中插入了后面主体的声音，后者声音的提前进入反映出他急切的心情和强势的性格；二是前面的主体的说话声音中提前进入后一个画面主体的图像，后者图像的提前进入反映出投入的倾听和认真积极的交流状态。

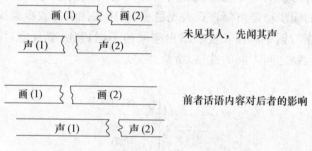

图 4-3　对话串剪中的两种不同组接方式

2. 音乐剪接点

视听节目编辑的音乐剪接点大多选择在乐句、乐段的转换处。音乐的情绪点转换要与画面情绪点相配合，剪辑的原则是声音为画面服务，音乐剪接点的选择主要是以画面内容为基础，围绕画面的内容做到声画同步。

第三节　新媒体视听节目的空间构成

跟文字、图片等新媒体媒介形态不同，视听节目是一个时空结合的叙事文本形态。新媒体视听节目是在数字化音视频节目制作技术的基础上，通过网络传播平台发布的经过时空重构的在时间的流动中塑造空间结构的影像叙事文本。

对于视听节目而言,空间本身就包含了时间:一个固定画面需要3秒钟左右才能让观众看清楚,一个运动画面需要5秒钟以上的运动过程,视听节目的空间由时间的长度构成。与此同时,视听节目的时间又是由空间的转换来呈现:有信息量的固定镜头里总有明显时间流动的行为和痕迹,有着充分运动价值的运动镜头往往都是在空间的有效拓展中来表现对象。

视听节目的空间叙事由一个一个的"场"来形成,"场"是视听节目的基本叙事单元。在一个固定、完整、信息量充足的"场"里,视听节目围绕特定的人物和事件,叙述一个特定的故事。在"场"这个叙事空间中,摄像必须遵循一定的空间原则,最基本和最重要的原则是轴线原则。在完成一个场景的叙事情节段落后,需要从一个场景转换到另一个场景,这种场景转换的技巧和规则就叫"转场"。

一、轴与轴线

视听节目的轴线(Imaginary Line),指根据被摄对象的视线方向、运动方向和主体位置的空间关系所形成的一条假定的、无形的线。视听节目主要有方向轴线、运动轴线、关系轴线等几种轴线划分方式。所谓的轴线原则是指摄像机的机位和方向的变化只在轴线一侧进行拍摄,在轴线一侧180°之内拍摄的镜头称为同轴镜头,个别在轴线的另一侧所拍摄的镜头称离轴镜头,没有合理过渡的离轴镜头之间的组接就是越轴。一般情况下,视听节目的剪辑只能使用轴线一侧拍摄的同轴镜头,来保证不越轴;如果要使用轴线另一侧的离轴镜头,需要使用骑轴镜头、主观镜头和运动镜头等合理的越轴技术手段。

(一)轴线类别

根据不同画面主体的不同行为态势和情节关系,视听节目主要有方向轴线、运动轴线、关系轴线等几种常见常用的轴线,由被摄对象运动方向改变形成变轴和多个主体之间复杂关系形成的多轴也偶有出现。作为拍摄现场摄像机位设置参考的想象性空间划分线索,轴线设置的关键不是空间位置,而是画面叙事的情节。

1. 主体运动轴线

主体运动轴线是指视听节目画面中主体展开运动的一条轨迹线。视听节目的拍摄和编辑中,以被拍摄对象的运动轨迹为空间分界线,所有的拍摄机位都位于这条空间分界线的一侧,节目编辑时也主要选择这运动轴线一侧的画面进行组合编辑。

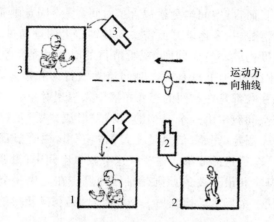

图 4-4　主体运动轴线的拍摄机位和画面组接

从图 4-4 中的主体运动轴线的拍摄机位中可以看到,1 号机和 2 号机位于主体运动线路的左侧,它们所拍摄的画面中呈现的都是主体从右往左行进的行为动作,在两个画面有较大景别级差的前提下进行组接就能形成流畅的影像叙事效果;如果是图中的 3 号机跟 1 号和 2 号机中的任何一台摄像机拍的画面组接,都会形成前后两个画面主体相反方向运动的叙事效果,会让人产生情节错乱的错觉。

2. 人物关系轴线

视听节目拍摄和剪辑中的人物关系轴线是人与人或人与物或物与物之间的一条假想的连接线。有了这条有着情节联系的空间连线,摄像机可以在其中一侧的任意角度和位置进行拍摄。关系轴线一侧任何摄像机位拍摄的画面之间都可以合理组接,形成流畅的叙事表现。如果人物关系轴线两侧的画面进行组接,就容易产生人物进行 180 度水平旋转的混乱视觉效果。

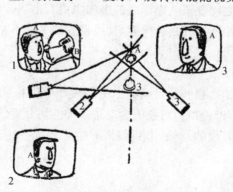

图 4-5　主体关系轴线的拍摄机位和画面组接

从图 4-5 的的人物关系轴线中可以看到,如果是 1 号机和 2 号机拍摄的画面进行组接,就能够通过不同景别的配合表现两个人在交流中的真实状态;如果是 3 号机拍摄的画面跨越人物关系轴线跟 1 号机或 2 号机所拍摄的画面进行组接,就会产生画面主体方向颠倒和错乱的视觉效果。

3. 视线方向轴线

视听节目视线方向轴线是根据人或动物的眼睛所看的方向设置的轴线。视线方向轴是在画面主体没有明显的运动幅度和轨迹、画面主体之间也没有明确的情节关系的情况下,围绕画面主体的摄像机机位设置的空间划分方式。确定画面的主体的视线方向作为轴线以后,所有的摄像机机位都只能在画面主体视线方向轴线的一侧展开拍摄,如果跨越轴线进行拍摄,轴线两边的画面一旦组接就会产生方向错乱的视觉效果。

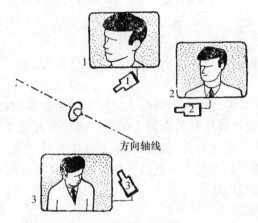

图 4-6　主体视线方向轴线的拍摄机位和画面组接

从图 4-6 可以看出,如果是主体视线方向轴线一侧的 1 号机和 2 号机所拍摄的画面进行组接,就可以通过不同景别之间的配合形成主体形象和情绪的合理呈现;如果是轴线另一侧的 3 号机所拍摄的画面与 1 号机或 2 号机所拍摄的画面进行组接,就会形成前后两个画面方向对立、人物方向颠倒的空间结构。

4. 变轴与多轴

视听节目的变轴是指画面主体运动方向有较大改变的轴线设置方式,在这样的主体运动行为中,无论画面主体如何改变运动轨迹,摄像机都只能在主体的一侧进行拍摄,否则会导致前后画面运动方向对立的画面组接效果;视听节目的多轴是指画面中的多个主体同时出现、在画面中形成相对复杂的情节关系的轴线划分方式,在这样的主体关系空间下,一般都选择最能推动叙事发展的两个人之间的空间连线作为拍摄和剪辑的人物关系轴线,摄像机需要在这最有情节推动力的两个之间形成的连线的一侧展开拍摄,围绕这两个人之间的情节关系拍摄和剪辑画面。

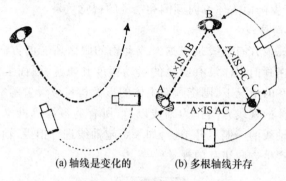

(a) 轴线是变化的　　(b) 多根轴线并存

图 4-7　变轴和多轴

根据轴线规律,在任何一个空间里,摄像机只能在被轴线分割开来的一半空间里进行拍摄。如果空间里有三个及以上的被摄主体,就必须明确推动事件发展的所谓情节驱动力是由哪两个人之间的关系带来的,这两个有着特定情节关连、能够推动事件发展的人物之间的空间连线就是现场空间划分的轴线。在确定人群中作为两个人之间的关系连线作为轴线之后,所有的镜头都应该在这两个人之间的连线的一侧进行拍摄,以便让受众能够有清晰的空间位置和情节关系视觉认知。

(二) 轴线规律

视听节目的轴线规律是指摄像机拍摄方向限制在轴线的同一侧,画面剪辑的时候也只能选择轴线一侧摄像机所拍摄的画面进行组接。轴线一侧拍摄的同轴镜头可以直接组接,轴线两边拍摄的离轴镜头一般情况不能直接组接,否则容易产生前后镜头方向上的混乱。如果轴线两侧拍摄的离轴镜头之间要进行组接,必须采取骑轴镜头、运动镜头、特写镜头和主观镜头等必要的补救办法或措施进行过渡。

按照轴线调度原理,我们通常在关系轴线的一侧设定机位,这些机位的连线又通常可以构成一个底边与关系轴线平行的等腰三角形,这就是镜头调度中的三角形原理,又可称作机位的三角形布局方法。

1. 外反拍三角形布局

外反拍三角形布局(见图 4-8)就是在人物关系轴线的任一侧架设三台能够同时呈现两个人物的摄像机位的拍摄和剪辑方法。在这样的摄像机位设置中,作为画面前景和陪体的人物在画面的次要部位出现,烘托和衬托处在画面主要位置的主体人物进行叙事,这样的拍摄方法又叫"过肩镜头"。使用外反拍三角形布局拍摄的画面有以下两个特点:一是镜头中的两个人物互为前后景,使画面具有很强的空间透视效果;二是靠近镜头的人物在画面上表现为背面,距镜头较远的表现为正面,能够很好呈现交流过程中陪体的呼应。

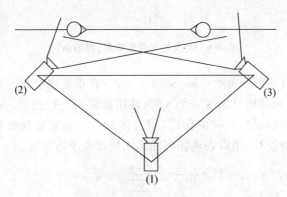

图 4-8　外反拍三角形布局

外反拍三角形布局拍摄的画面就是所谓的"反打"过肩镜头,除了中间拍摄大景别、作为过渡镜头的摄像机,两边的摄像机都采取相同的景别、方向和角度用相对应的方式分别拍摄有着情节联系并进行互动沟通的两个主体人物。两台摄像机都采取对方人物作为画面前景的构图方式交叉呈现两个被摄主体的神态和表情,用过肩来表现互动交流中对方的参与和反馈,强调第三人称视角下的旁观和呈现。

2. 内反拍三角形布局

内反拍三角形布局就是在人物关系轴线的任一侧架设三台摄像机位的拍摄和剪辑方法,与外反拍三角形布局最大的不同在于作为画面主体的人物之间不互为前后景。内反拍三角形布局有两种不同摄像机架设方式:一种是采取斜前侧不过肩的方式拍摄被摄主体,另一种是骑在关系轴线上采取正面拍摄被摄主体。

(1) 斜前侧内反拍三角形布局(见图 4-9)。从内反拍三角形布局拍摄的画面来看,两个人物分别出现在画面中,视线方向各自朝向画面的一侧。这样的拍摄方式能够更为直观地呈现被摄主体的神情姿态和心理状态,一般用在故事类视听节目中的情感交流段落中。

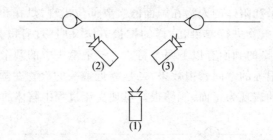

图 4-9　内反拍三角形布局(斜前侧)

(2) 正面内反拍三角形布局(见图 4-10)。在正面内反拍三角形布局拍摄的画面中,每个画面里只出现一个人物,常用近景别进行拍摄。这样的画面能够起到突出情绪和强化氛围的作用,用直接面对被摄对象视线和面部表情的方式引导受众的视线,用以表现强烈的个人情绪和矛盾冲突。

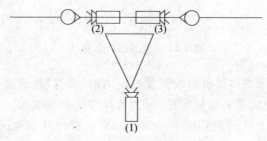

图 4-10　内反拍三角形布局(正面)

3. 平行三角形布局

在平行三角形布局(见图 4-11)中,三台摄像机的光轴与人物关系轴线垂直,摄像机之间的光轴形成三条平行线。这种布局常用于并列表现同等地位的不同对象,被摄人物画面结构相似,画面就能给人带来公平看待、等量认同的心理感觉。

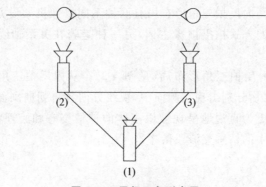

图 4-11　平行三角形布局

平行三角形布局一般用来表现两个被摄主体之间对立的关系态势,通过摄像机在被摄主体正侧面垂直角度的拍摄方式,用绝对旁观的第三人称视角呈现被摄主体之间激烈对峙的关系和态势。在三角形布局的画面拍摄和编辑中,一般都选择两个有着情节推动力的被摄主体之间的关系连线作为轴线,所有的画面都在这条关系轴线的一侧拍摄而成。摄像机与关系轴线的角度随被摄主体之间的情感卷入度的增加而变小:如果是双方处于对立的无沟通状态,就采取最大的摄像角度(垂直于轴线);如果要表现双方有一定的交流,就把拍摄角度变小为45°以下且过肩;如果要表现两个人的情感沟通很好,就把拍摄角度缩小到30°以下不过肩;如果两个的情感沟通达到忘掉一切的状态,用骑轴的零角度的方式正面呈现双方的面部表情。

(三)越轴

越轴指背离原有镜头时间、空间的排序关系,背离原有镜头内容表达关系,而越过轴线拍摄镜头。在进行视听节目的拍摄或编辑时,如果两个镜头分别是在轴线的两侧所拍,则这两个镜头互为越轴镜头,在视听节目编辑中越轴要组接在一起,必须有特定的技术手段才能实现合理组接。

1. 借助运动镜头来越轴

在进行视听节目的拍摄或编辑时,如果有轴线另一侧拍摄的镜头要编辑进视听节目,就需要直观交代镜头越过轴线的过程,让受众能够理解和接受镜头跨越轴线这一事实。如图4-12所示轴线一侧的1、2、3号机拍摄的镜头合理组接之后,如果要与轴线另一侧的6号机组接,可以采取移动拍摄的方式交代拍摄机位从轴线一侧向另一侧转换的过程。

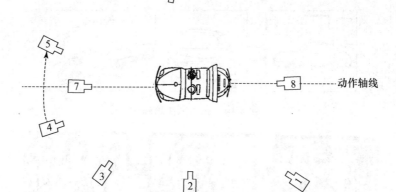

图4-12 运动镜头越轴

2. 借助主体动作线路的改变进行越轴

在进行视听节目的拍摄或编辑时,如果需要把轴线另一侧拍摄的镜头剪辑进节目,可以利用主体运动过程中的方向改变,通过直观呈现画面主体转向的过程来交代主体运动轴线在画面中的转换,让受众能够理解和接受轴线方向改变的事实(如图4-13)。

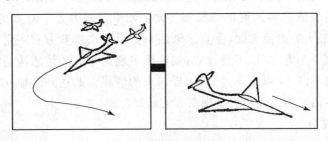

图 4-13　主体转向越轴

3. 借助中性镜头(骑轴镜头)越轴

在进行视听节目的拍摄或编辑时,如果需要把轴线另一侧拍摄的镜头剪辑进节目,可以使用骑轴镜头作为过渡,通过轴线上主体正面形态的直观呈现表现上一空间结构的终结,让受众能够理解和接受下一空间结构轴线方向改变的事实(如图4-14)。

4. 借助特写镜头、主观镜头或空镜头越轴

在进行视听节目的拍摄或编辑时,如果需要把轴线另一侧拍摄的镜头剪辑进节目,可以利用特写镜头、主观镜头或空镜头等过渡性镜头,通过画面叙事空间场景的抽离来实现拍摄方向的改变,让受众能够理解和接受轴线方向改变的事实(如图4-15)。

图 4-14　骑轴镜头越轴

图 4-15　过渡性镜头越轴

二、转场

在物理学中,"场"指物质在空间中的分布情况,比如引力场、磁场。在戏剧影视学中,"场"是戏剧作品和戏剧演出中的段落和单位,作为比幕小的叙事单元,"场"表现为时、空一体的属性,由围绕人物及其事件的叙述行为来构建。视听节目的"场"主要由声音和画面组成,主要是指在特定的叙事空间里叙述一个故事段落,转场就是通过对影像语言的合理使用,让画面组接具有逻辑的和视觉心理的连续性。

(一)划分场景的依据

划分场景的依据主要有时间标准、空间标准和情节标准。时间标准是以时间划分场景,视听节目中不同的场景段落根据时间的流动进行区分,场景内容在不同的时间段具有明显不同的特征;空间标准是以空间划分场景,视听节目中不同的场景段落根据空间的转换来进行区分,场景内容在不同的空间里具有明显不同的特征;三是以情节段落划分场景,视听节目中不同的场景段落根据情节的发展进行区分,场景内容在不同的情节发展阶段有明显不同的特征,场景按照故事自然形成的情节段落,如开始、发展、转折、高潮、结束等来进行构建和转换。

(二)特技转场

特技转场是用电子特技的方式来实现上下两段内容的连接和过渡,一般使用在上下两段内容的画面叙事没有能够设计和拍摄好足够合理的段落转换镜头的视听节目编辑中。在前期策划和拍摄足够充分的情况下,视听节目编辑一般不提倡使用特技转场,因为特技转场一般都会强化节目制作的主观感受和人为因素。

1. 特技转场的类别

(1)淡入淡出转场

淡出是指上一段落最后一个镜头的画面逐渐隐去直至黑场,一般用来表现一个叙事段落的结束和叙事场景的抽离;淡入是指下一段落第一个镜头的画面逐渐显现直至正常的亮度,一般用来表现一个叙事段落的开始和叙事场景的进入。

(2)淡变转场(叠化转场)

叠化指前一个镜头的画面与后一个镜头的画面相叠加,前一个镜头的画面逐渐隐去,后一个镜头的画面逐渐显现的过程。叠化转场塑造出的同一个画面中上一场景逐渐退出、下一场景逐渐进入的过程,这种转场过渡方式一般用在上下两个场景有较大联系的场景转换中。

(3) 其他常用的转场特技

其他常用的转场特技有闪白、定格、翻转、划变等,它们共同的特点是用明显的电子技术手段实现上一个段落的结束和下一个段落的进入,都有着明显的人为技术痕迹。

2. 转场特技使用步骤

特技转场的使用主要有素材准备、特技选择和效果控制等三个步骤。第一步是素材准备,把两段素材放置在视频轨道上,在这里应注意的是两段素材之间应有一定距离的叠加;第二步是特技选择,点开特技功能箱,选择转场特技标识,将其拖动到 Video 2 轨道上之上;第三步是效果控制,将鼠标移到转场特技标识的边缘调整转场特效的时间长度,控制剪辑节奏。

(三) 无特技转场

视听节目制作的无特技转场是指用镜头的自然过渡来连接上下两段内容,主要适用于蒙太奇镜头段落之间的转换和镜头之间的转换。根据节目编辑中的主体运动形式、镜头运动方式和视听效果的不同,视听节目制作中的无特技转场主要分为主体引领转场、镜头调度转场和声音转场等几种技巧。

1. 主体引领

主体引领转场是指通过视听节目画面主体的行为特征和运动方式设计的无特技转场技巧,使用的主要场景转换的依据是上下两个段落中画面主体的动作和行为的有机联系。

(1) 出画与入画

出入画的转场方式指视听节目中的被摄主体用离开画面的方式宣告上一个场景段落的结束,用进入场景的方式宣告下一个场景段落的开始。出入画的转场方式要求被摄主体出画和入画的方向要一致,也就是说上一个场景段落结束时如果被摄主体是从画框的右边出画的话,下一个场景被摄主体就应该从画框的左边出来,否则就会产生被摄主体离场后又回到同一个场景的错觉。

(2) 遮挡转场

遮挡转场是指视听节目上下两个场景之间的转换用遮挡来实现,一般在被摄主体在画面中有相对较强的动态感的情况下使用。遮挡的转场方式要求上下两个场景的被摄主体的运动幅度和态势要有相似性和连贯性,也就是说上一个场景段落中的被摄主体在中景画面中从画面左边往右边行进的话,下一个场景中的被摄主体遮挡后出现的景别、方向和速度都要接近于上一个场景结束时被摄主体的运动态势。

(3) 行为逻辑

行为逻辑转场是指上下两个场景之间通过被摄主体有着逻辑联系的行为

来实现转换,上一个场景结束时被摄主体的行为通过心理逻辑能够与下一个场景开始时被摄主体的行为产生非常紧密的联系。也就是说上一个场景结束时被摄主体的一个具体行为,往往是下一个场景开始时被摄主体所采取行为的必要前提,比如上一个场景被摄主体开门离开,下一个场景就用被摄主体进门然后关门来表现入场。

(4) 相似体转场

视听节目的相似体转场是指上下两个场景通过相似物体的有效对接来实现转场,上一个场景使用一个有着鲜明特点的物体作为场景的结束,下一个场景就使用与上一个场景的画面主体有着很大相似性的物体来作为场景的开端。相似体转场要求上下两个场景的画面主体从形态、位置到运动状态都要有极大的相似性,这样才能让场景的过渡有较强的视觉合理性。比如上一个场景是用一辆从左往右行驶的汽车来结束,那下一个场景就应该用同样方向、速度行驶的汽车来开始。

2. 镜头调度

镜头调度转场是指通过视听节目的画面主体的行为、动作和形貌没有较强的转场逻辑的时候,只能用摄像机镜头调度来进行场景转换的画面组接方式。镜头调度的转场方式主要遵循的是影像叙事语言的转换规范来进行,一般都采取上下两个场景之间镜头差异极大化的组接方式来实现。

(1) 两极景别镜头转场

视听节目的两极景别镜头转场是指上下两个场景用差别较大的画面框架来实现转换,通过景别形成的视觉反差塑造场景氛围的区隔。也就是说如果上一个场景用全景退出,下一个场景就用特写进入;如果上一个场景用特写退出,下一个场景就用全景进入。在两极景别的场景转换中,景别的差异越大,场景之间的区隔感就越强。

(2) 空镜头转场

视听节目的空镜头转场是指上一个场景的结束和下一个场景的开始都使用没有明确画面主体的空镜头,用空镜头来整理情绪、引导思维,实现情节和场景的过渡。在场景的结尾使用空镜头能够给人以叙事完结、场景退出的结束感,在场景的开头使用空镜头能够给人以情绪预热、准备进入的开端感。

(3) 主观镜头转场

视听节目的主观镜头转场是指上一个场景使用主观镜头来退出,下一个场景则使用主观镜头来进入,主观镜头之间的组接能够表现思想活动场域与现实活动空间的差异。上一个场景结束时使用主观镜头能够把人从叙事的情节空间抽离到思绪的想象空间,下一个场景的主观镜头则可以把人从抽象的意识领域拉回故事情节的现实空间中来。

（4）运动镜头转场

视听节目的运动镜头转场是指上下两个场景之间用运动镜头来实现空间转换，上一个场景用运动镜头离开叙事空间，下一个场景用运动镜头进入叙事空间。运动镜头有很强的主观叙事色彩，运动镜头能够实现直接推动空间转换、实现场景过渡的功能。

3. 声音转场

视听节目的转场除了根据画面的被摄主体和镜头的人为调度之外，还可以通过音乐、音响、人声的合理使用来实现，声音可以提前进入上一个画面，来达到铺垫氛围、激发联想的效果。声音转场要求画面中提前进入的声音与下一个场景有着密切的联系，而且必须是下一个场景最有代表性的声音。

第四节　新媒体视听节目的声音剪辑

声音剪辑是视听节目编辑中难度最大、最能体现出水平差距的技术类型。好的声音剪辑既能配合好画面进行叙事，又不会喧宾夺主、影响画面的叙事表达。基于新媒体的移动性和碎片化等收看特点，声音在新媒体视听节目的编辑中有着比传统广播电视更为重要的地位。

一、声音的分类

视听节目声音分为人声、音乐、音响三种类型，人声表意、音响表真、音乐表情。三者之间既有区别，又互相配合，视听节目的声音剪辑就是通过不同声音之间的顺畅连贯、互为呼应，来表现人物感情、环境气氛和故事情节的渲染，构成完整统一的艺术化的听觉世界。

（一）人声

人声是指在视听节目中由人发出的并具有一定的表意作用的声音类别。在剧情类视听节目中人声有对白、旁白和独白等三种类型，在纪实类视听节目中人声有同期声、解说词和出镜报道等三种类型。人声最大的特点是要具有一定的表意作用，它可以叙述客观事实、交流思想、抒发感情、发表议论、推动情节的发展，也可以表达画面很难说清楚的一些抽象概念，比如一些哲学思想、数字、指数，等等。

（二）音乐

视听节目中的音乐有两种音乐：一种是声源来自画面中的客观音乐，即画面中的人物直接唱出的歌曲，或是画面中乐器直接奏出的声音；另一种是声来自画面之外,为烘托画面内容而配制的主观音乐,主要作用在于表达画面内容的情绪,渲染特定的环境气氛,刻画人物内心世界等。

(三) 音响

音响包括环境音响和背景人声,环境音响是人之外的其他事物发出的声响,背景人声是由人类发出的、没有明确叙事意义的声音。音响是人类重要的信息源,是我们在视听节目中感知存在、发展变化并得出结论的依据。视听节目的音响具有逼真性,因此在视听节目中的地位是不可替代的。

(四) 声音的功能

由人声、音乐和音响构成的视听节目的声音,在视听节目的影像叙事中起着至关重要的作用,它不但配合视听节目的画面进行叙事,而且还能增加视听节目的表意层次,增强视听节目的真实感和生动感。

1. 声音加强现场感

声音能使画面活起来,使观众看见了也听见了现场,犹如身临其境。视听节目画面在声音的配合下,能使画面形象更加立体、形象。

2. 声音是多层次、多色彩的表现因素

在视听节目的声音中同时出现语言、音乐和音响,这三个声音层次有远的,有近的,有强的,有弱的,与画面共同构成了非常丰富多彩的视听世界。

3. 声音是使画面立体化的因素

声音的传播,在不同的环境中产生不同的效果。在开阔的地方,声音会自然扩散,当遇到反射物会产生回声,在四面八方都形成反射的室内空间则会产生混响。

4. 声音是增加信息量的主要因素

荧屏画框是框不住声音的,声音可以是画内的,也可以是画外的,可以是左边的、右边的、天上的、地下的,也可以是脑子里想的或从前发生过的。通过声音增加节目的信息量,主要是声音的密集化、声音在时空中的压缩和画外音对时空的扩展。

5. 声音是画面组接多样化的因素

由于声音的听觉特征,如强弱、高低、音色以及全方向性,使声音具备了许多表现特性。声音的全方向性就产生了声音空间和画面空间的不同,这使画面的组接方法有了多样性的可能和多种选择的机会。声音也可用做转场过渡。比如门铃、敲门声、电话铃、风雨声、门窗声或呼叫声的出现,都可以预示下面事情的转折、发展,从而使画面组接的方法多样化。

二、声音的编辑

视听节目的声音剪辑包括人声剪辑、音乐剪辑和音响剪辑,不同类型的声音有着不同的剪辑技巧,人声剪辑要求强化叙事意义、音乐剪辑要求增强情绪表达、音响剪辑追求的是叙事场景的逼真性。

(一)旁白(解说词)的剪辑

因为视听节目的旁白或解说词往往都与画面没有直观的对应关系,所以旁白的剪辑是人声剪辑中难度最大、技巧要求最高的一个部分。旁白(解说词)是在视听节目中反映社会生活、表明创作意图、阐明创作思想,并最终作用于观众听觉的一种重要语言形态。

1. 旁白(解说词)剪辑要处理好的关系

作为视听节目叙事人声的一种,旁白与独白、对白等人声一起,配合画面来承担影像叙事故事的工作;与此同时,它也需要与音乐和音响密切配合,来实现视听节目情感和情绪的渲染和表达。因此,旁白的剪辑需要处理好以下三方面的关系:一是与画面的关系,旁白的功能是配合画面进行叙事,不能喧宾夺主;二是与对白的关系,旁白主要交代抽象的背景,与对白的事实性直观陈述相呼应;三是与音乐音响的关系,旁白主要进行叙述性的语言表达,一般在音乐和音响相对低调的时候出现。

2. 旁白(解说词)的剪辑方法

旁白或解说词最重要的功能是配合画面进行叙事,因此需要从以下三方面与视听节目的画面配合。① 与画面并行发展,解说词随着画面的出现,同步进行解释,补充画面的具体内容;② 放在一组镜头画面的开始,这种解说词往往是起提示的作用;③ 放在一组镜头的结束阶段,这种解说词是在对画面进行概括与总结。

(二)视听节目的音乐剪辑

视听节目音乐的主要功能是渲染情感、烘托叙事,内容的表达和内在节奏的创造是音乐的选择和编辑最主要的依据。视听节目的音乐剪辑分为客观音乐的剪辑和主观音乐的剪辑,客观音乐要求与视听节目画面主体的行为密切相关;主观音乐要求音乐的旋律和情绪与视听节目的情感节奏同步。

1. 视听节目音乐的配制方式

视听节目的客观音乐主要用来表现画面主体与音乐的关系,主观音乐主要是使用音乐来表现特殊的情绪和情感。按照音乐的配制方式,在视听节目中音乐有以下几种出现形态和编制方式。

(1) 整体式

整体式音乐编制是指在视听节目片中从头到尾配上音乐。解说等人声一出现,音乐就突然低下去;人声一结束,音乐就立即高上去。整体式音乐编制方式要求音乐要为视听节目的人声叙事服务,并根据人声的节奏和情绪的变化调整音乐的节奏和情绪。

(2) 分段式

分段式音乐编制是指在视听节目的某一段落或几段里配上音乐,在视听节目的特定段落出现特定的音乐片段。分段式音乐编制要求音乐的选择和出现与视听节目的内容一致,并且要有合理的过渡和退出设计。

(3) 零星式

零星式音乐编制是指在某几个镜头上,或一个镜头的某一画面上配点音乐,对画面起强调、烘托作用。有时在镜头或段落之间配点音乐,对画面起衔接作用;有时在片头片尾的画面上配点音乐,表示全片的开始或结束,引起观众的注意。[1]

(4) 综合式

综合式音乐编制是指一部视听节目配不配音乐、怎么个配法,没有具体的原则规定,主要依据节目样式和主题内容来确立。根据表达的需要,可以不配,可以分段式地配置,也可以零星式地配置,加以点缀。

2. 音乐选配需注意的问题

视听节目制作中音乐的作用是为了通过与叙事人声的配合,提升叙事的情感层次和情绪感染力。因此音乐的使用必须与人声叙事的主题和主旨相符,以更好地配合和烘托叙事人声为基本原则。音乐选配时需注意以下问题。

(1) 音乐选配的贴合性。克服音乐选配的随意性,尽力追求音乐与全片主题、风格的和谐统一,达到锦上添花的音乐选配效果。

(2) 音乐选配的指向性。选配无主题音乐,要注意不要过多地选用中性音乐,以避免音乐的平淡乏味,尽量与画面节奏、情绪的表达相匹配。

(3) 音乐选配的融合性。视听节目制作中音乐的选配要注意客观音乐与主观音乐的配合与融合,在主客观音乐交叉使用的过程中要过渡自然。

(4) 音乐选配的主次关系。在音乐与人声、音响之间关系的处理上,要主次分明,互相让路,力求达到三者之间的最佳配合。

(5) 音乐选配的节奏感。在音乐长度上,不应将音乐从头至尾灌得太满,应该是时而突出,时而间歇,不要连续出现。

---

[1] 张晓锋.电视编辑思维与创作[M].北京:中国广播电视出版社,2002,3.

（6）音乐选配的真实感。视听节目制作中，为了强化音乐选配的真实感，宁可多用写实的效果音响，不可滥用写意的音乐。

（三）视听节目音响的剪辑

视听节目的音响包括自然界的声响、机器的音响和人的非语言音响等。音响效果声能增加画面形象的真实感，揭示客观事物的本质，帮助观众认识客观事物的规律，扩大与加深画面的表现力；音响效果声还能起烘托环境气氛的作用；音响效果既可以与画面同步出现，也可以在画外运用。

音响的运用可以分为写实运用和写意运用两种，即声画合一和声画对位。音响的写实运用，主要指现场效果音响，包括画面中一切发声体所发出的音响。新闻节目和纪录片中大量运用实况录音效果，但在其他片种中，还需要从音响资料效果库中挑选。

1. 音响的选配原则

基于视听节目中音响的真实感塑造这一特殊功能，在选取和运用音响素材时应力求做到与画面配合来塑造影像叙事的真实感。音响的选配原则有以下几条。

（1）音响质感的一致性。视听节目制作中音响的选配过程中，音响素材的发声体与画面的发声体一致或相近，让受众能够认可音响的属性和质感。

（2）音响数量的一致性。视听节目制作中音响的选配过程中，音响素材的发声数量与画面发声数量一致，让受众能够认可音响的量度。

（3）音响环境的一致性。视听节目制作中音响的选配过程中，音响素材的发声环境与画面的发声体一致或相近，让受众能够认可音响的环境和范围。

（4）音响距离的一致性。视听节目制作中音响的选配过程中，音响素材的发声距离与画面的发声体一致或相近，让受众能够认可音响的距离和空间。

（5）音响氛围的一致性。视听节目制作中音响选配的过程中，音响素材的发声氛围与画面的发声体一致或相近，让受众能够认可音响的的内容、情绪和气氛。

（6）音响时空的一致性。视听节目制作中音响的选配过程中，音响素材的发声时空与画面的发声体一致或相近，让受众能够认可音响体现的地区、季节和时间。

2. 音响选配的技巧

音响的功能就是通过与画面的配合来实现真实感的塑造，因此，音响的写意运用，即声画对位，是音响选配的基本原则。

（1）延伸法

将前一镜头的效果向后一镜头延长，可以保证效果声的尾音完整，使前一镜头画面所表现的情绪或气氛不致因镜头转换而中断,并能连贯充分地发挥出来。

(2) 交替法

如果相连两个镜头中的形象都发出声音,而每个镜头所配合的声音又都比画面长,这时可以利用多声道交替混合,一方面将前一个镜头的效果延续到后一个镜头,另一方面在后一镜头中同时开始该镜头本身的效果声。运用交替法,不仅可保证每次效果声的尾音完整,并且这尾音的画外运用与另一个画面效果声重叠在一起,可以丰富声音的内容,加强效果的力量。

(3) 预示法

未见其事,先闻其声。这种方法使后一镜头的效果声在前一镜头画面中开始,可以给观众带来对后一镜头画面内容的预感,引起观众对将要出现在画面形象的注意。

(4) 渲染法

有时候在一系列画面上,其主体本身不发声,或者即使主体发出声音,也是无足轻重的,不能强加主题的表现。这时,音响的运用不必局限于画面所呈现的形象,而可以根据内容、情节的发展配以某些与画面有机结合的效果声,既可以加强画面本身的表现力,也能使画面产生创造性的含义。

(四) 视听节目声音的综合剪辑技巧

各种声音混合时,要把它们交错开来,同一时间只能突出一种声音;解说词较多时,不必用音乐,让观众专心听解说;在效果声较多的地方也不应该用音乐,因音响效果声本身就有渲染烘托的作用;解说、音乐、音响要协调统一,在任何情况下解说属于首要地位,解说应精练、简明,必要时应发挥其他两种声音的作用。

第五章　新媒体视听节目的编辑技术

如今，随着人们日益增长的文化、信息的需求，对音视频节目的多彩性和丰富性也在不断地提出新的要求。音视频节目制作人员要面对的是一个又一个技术领域的挑战——由线性到非线性，由磁带到磁盘编辑，由模拟到数字……随着电视数字化的发展，非线性编辑就被应用到了节目制作中。那么什么是非线性编辑呢？它又是怎么构成的？又有哪些优势呢？

第一节　视听节目编辑技术的演进

"线性"与"非线性"是英语中 Linear 和 Non-Linear 的直接意译。线性（Linear）是指连续存储视、音频信号的方式，即信息存储的物理位置与接受信息的顺序是完全一致的。而非线性的概念是与"数字化"的概念紧密联系的，非线性（Non-Linear）是指用硬盘、磁带、光盘等存储数字化视、音频信息的方式，非线性表现出数字化信息存储的特点——信息存储的位置是并列平行的，与接受信息的先后顺序无关。①

一、线性编辑技术

线性编辑技术是出现较早的影视编辑技术，在最早的胶片时代，一张张连接在一起的电影胶片在摄影机中记录影像，然后在剪辑室显影并通过手工剪切拼贴而编辑成为电影。线性剪辑思维是视听节目编辑最原始和本真的理念，由此所生发的蒙太奇和长镜头理念发展和丰富了视听节目的拍摄和编辑思维。

（一）线性编辑技术的界定

线性编辑指的是一种需要按时间顺序从头至尾进行编辑的节目制作方式，它所依托的是以一维时间轴为基础的线性记录载体，如磁带编辑系统，线性编辑一般是指多台录放机之间拷贝视频的过程（可能还包括特效处理机等进行中间处理的过程）。素材在磁带上按时间顺序排列，这种编辑方式要求编

---

① 胡纲. 视频编辑软件[J]. 个人电脑，2002(3).

辑人员首先编辑素材的第一个镜头,结尾的镜头最后编,它意味着编辑人员必须对一系列镜头的组接做出确切的判断,事先做好构思,因为一旦编辑完成,就不能轻易改变这些镜头的组接顺序。因为对编辑带的任何改动,都会直接影响到记录在磁带上的信号的真实地址的重新安排,从改动点以后直至结尾的所有部分都将受到影响,需要重新编一次或者进行复制。[①]

线性编辑方式的线性特点主要体现在素材的存储和操作方式上。这种编辑方式以磁带为载体,将音视频信号按拍摄的时间顺序依次记录在磁带上。这要求编辑人员在编辑之前,对节目镜头的选取、排列有明确的计划,制作出详细的编辑方案。按照节目要求的镜头顺序,反复播放素材带,在素材带中依次查找需要的镜头,确定编辑点和镜头长度,将其录制在完成带上。

(二)线性编辑的优点

1. 素材的无限复制

线性编辑使用同一盘素材带,可以复制出无数盘编辑带,这样的编辑技术可以很好地保护原来的素材,能多次使用。

2. 磁带的重复使用

线性编辑所采取的磁带复制的方式,只要正确使用,不会损伤磁带,能发挥磁带随意录、随意抹去的特点,降低制作成本。

3. 信息稳定

线性编辑能保持同步与控制信号的连续性,组接平稳,不会出现信号不连续、图像跳闪的感觉。

4. 快速剪辑

线性编辑可以迅速而准确地找到最适当的编辑点,正式编辑前可预先检查,编辑后可立刻观看编辑效果,发现不妥可马上修改。

5. 声画同步

线性编辑中,磁带同步记录了声音和画面,声音与图像可以做到完全吻合,还可各自分别进行修改。

(三)线性编辑的缺点

1. 素材不可能做到随机存取

线性编辑系统是以磁带为记录载体,节目信号按时间线性排列,在寻找素材时录像机需要进行卷带搜索,只能在一维的时间轴上按照镜头的顺序一段一段地搜索,不能跳跃进行,因此素材的选择很费时间,影响了编辑效率。另外大量的搜索操作对录像机的磨损也较大。

---

① 百度百科:《线性编辑》,见 http://baike.baidu.com/view/189708.htm。

2. 重复使用难以保证信号质量

模拟信号经多次复制,信号严重衰减,声画质量降低:节目制作中一个重要的问题就是母带的翻版磨损。传统的编辑方式的实质是复制,是将源素材复制到另一盘磁带上的过程。而模拟视频信号在复制时存在着衰减,当我们在进行编辑及多代复制时,特别是在一个复杂系统中进行时,信号在传输和编辑过程中容易受到外部干扰,造成信号的损失,使图像的劣化更为明显。

3. 线性编辑难以对半成品完成随意的插入或删除等操作

因为线性编辑方式是以磁带的线性记录为基础的,一般只能按编辑顺序记录,虽然插入编辑方式允许替换已录磁带上的声音或图像,但是这种替换实际上只能是替掉旧的,它要求要替换的片断和磁带上被替换的片断时间一致,而不能进行增删,就是说,不能改变节目的长度,这样对节目的修改就非常不方便。

4. 所需设备较多,安装调试较为复杂

线性编辑系统连线复杂,有视频线、音频线、控制线、同步机,构成复杂,可靠性相对降低,经常出现不匹配的现象。另外设备种类繁多,录像机(被用作录像机/放像机)、编辑控制器、特技发生器、时基校正器、字幕机和其他设备一起工作,由于这些设备各自起着特定的作用,各种设备性能参差不齐,指标各异,当它们连接在一起时,会对视频信号造成较大的衰减。另外,大量的设备同时使用,使得操作人员众多,操作过程复杂。

二、非线性编辑系统的技术特征

非线性编辑是指节目制作过程中可实现镜头的任意组接。无需严格按照脚本要求从第一个镜头开始依次编到结尾的影视节目编辑方式。它依托于盘基记录介质,编辑人员可以任意选取素材,并且可以按照自己的情况对素材进行编辑。对已编部分的修改不会影响其余部分,无需将其后面的所有部分进行重编或者再次转录。非线性编辑将传统设备同计算机技术相结合,利用计算机数字化记录所有视频片段并将其存储在硬盘或光盘上,运用多种视频编辑软件进行加工。人们可以对存储的数字化文件反复更新;可以随机访问任何素材;可以对任意一个画面进行多重渲染。因此,现代广义上的非线性编辑不但指编辑过程的"非线性",更突出了编辑画面特技等艺术效果的制作。[①]

(一)非线性编辑系统的技术特点

非线性编辑这一概念从电影剪辑中借来的,它的技术特点从狭义上讲,是

[①] 左明章,刘震. 非线性编辑原理与技术[M]. 北京:清华大学出版社,2008,9.

指剪切、复制和粘贴素材无须在存储介质上重新安排它们。从广义上讲,非线性编辑是指在用计算机编辑视频的同时,还能实现诸多的处理效果,例如特技等。非线性编辑在稳定性、画面质量、编辑和特技功能等方面显示出明显的优势。非线性编辑和传统的线性编辑方式相比,具有信号数字化不易损失,编辑网络化资源共享,特效多样化功能强大,设备经济、维护简单等特点。

1. 信号质量高

使用传统的录像带编辑节目,素材磁带要磨损多次,而机械磨损也是不可弥补的。另外,为了制作特技效果,还必须"翻版",每"翻版"一次,就会造成一次信号损失。最终,为了质量的考虑,人们往往不得不忍痛割爱,放弃一些很好的艺术构思和处理手法。在非线性编辑系统中,这些缺陷是不存在的,无论人们如何处理或者编辑,拷贝多少次,信号质量将是始终如一。当然,由于信号的压缩与解压缩编码,多少存在一些质量损失,但与"翻版"相比,损失大大减小。由于系统只需要一次采集和一次输出,非线性编辑系统能保证相当于模拟视频第二版的节目质量,使用线性编辑系统,绝不可能有这么高的信号质量。

2. 制作水平高

使用传统的编辑方法,为制作一个十来分钟的节目,往往要面对长达四五十分钟的素材带,反复进行审阅比较,然后将所选择的镜头编辑组接,并进行必要的转场、特技处理。这其中包含大量的机械重复劳动。而在非线性编辑系统中,大量的素材都存储在硬盘上,可以随时调用,不必费时费力地逐帧寻找。素材的搜索极其容易,不用像传统的编辑机那样来回倒带。用鼠标拖动一个滑块,能在瞬间找到需要的那一帧画面,搜索、打点易如反掌。整个编辑过程就像文字处理一样,既灵活又方便。同时,多种多样、花样翻新、可自由组合的特技方式,使制作的节目丰富多彩,将制作水平提高到了一个新的层次。

3. 寿命长

非线性编辑系统对传统设备的高度集成,使后期制作所需的设备降至最少,有效地节约了投资。而且由于是非线性编辑,编辑人员只需要一台录像机,在整个编辑过程中,录像机只需要启动两次,一次输入素材,一次录制节目带。这样就避免了磁鼓的大量磨损,使得录像机的寿命大大延长。

4. 便于升级

影视制作水平的提高,总是对设备不断地提出新的要求,这一矛盾在传统编辑系统中很难解决,因为这需要不断投资。而使用非线性编辑系统,则能较好地解决这一矛盾。非线性编辑系统所采用的,是易于升级的开放式结构,支持许多第三方的硬件、软件。通常,功能的增加只需要通过软件的升级就能实现。

5. 网络化

网络化是计算机的一大发展趋势,非线性编辑系统可充分利用网络方便地传输数码视频,实现资源共享,还可利用网络上的计算机协同创作,对于数码视频资源的管理、查询,更是易如反掌。目前在一些电视台中,非线性编辑系统都在利用网络发挥着更大的作用。

(二) 非线性编辑系统的文本形态

非线性编辑(简称非编)系统是计算机技术和电视数字化技术的结晶。它使电视制作的设备由分散到简约,制作速度和画面效果均有很大提高。由于非线性编辑系统特别适合蒙太奇影视编辑的手法和意识流的思维方式,它赋予了电视编导和制作人员以极大的创作自由度。从非线性编辑系统的作用来看,它能集录像机、切换台、数字特技机、编辑机、多轨录音机、调音台、MIDI创作、时基等设备于一身,几乎包括了所有的传统后期制作设备。这种高度的集成性,使得非线性编辑系统的优势更为明显。因此它能在广播电视界占据越来越重要的地位,一点也不令人奇怪。

1. 文件

在非线性编辑系统中,所有素材都以文件的形式存储在记录媒体(硬盘、光盘和软盘)中,并以树状目录的结构进行管理。每个文件被分成标准大小的数据块,通过链表进行快速访问。在这一基础上,非线性编辑系统的快速定位编辑点的功能才能充分发挥。编辑工作中主要用到两种文件——素材文件和工作文件。工作文件包括用来记录编辑状态的项目(工程)文件和管理素材的库文件等;素材文件可粗略分为静态图像、音频、视频、字幕和图形文件等几大类。素材文件中除了可记录画面和声音数据以外,还能够保存素材的名称、类别、大小、长度及存储位置等信息,极大地方便了节目的制作和素材的管理。

2. 图像

通常可以用多种格式保存数字化的彩色静态图像文件,而且不同格式的图像可互相转换。图像文件资源极其丰富,兼容性也比较好,一般可在不同的非线性编辑系统之间交换。编辑中较常用的是录制三维动画的TARGA格式、平面图像处理用的TIFF格式和彩色位图图像BITMAP格式的文件。

3. 图形

字幕文件是计算机内部生成的矢量图形文件,它与图像文件的主要区别在于,任何时候都可以对文字和图形对象进行修改,调整其大小、位置、色彩和层间覆盖关系。图形文件不像图像文件一样,记录屏幕上每个像素点的色彩信息,而是记录关键点的坐标、颜色和填充属性等参数,因此在磁盘上占用的空间比较小。

4. 音频

录入非线性编辑系统中的声音多数以不压缩的采样波形文件的形式保存。在音频数字化时,模数转换的采样频率和采样深度影响系统中存储的声音信号的质量和音频素材所占用的磁盘空间。采样频率越高,采样深度越大,录制的声音质量就越好,相应占用的存储空间也越大。目前多数电视台播出时采用单声道的电视伴音信号,一般采样频率22KHz以上,采样深度16比特即可满足要求。随着对伴音质量要求的提高,部分电视台已过渡到使用立体声音频信号进行部分节目的播出,相应地需要选择CD质量的声音处理方式,即以44.1KHz的频率采样,记录成16比特的立体声信号。

5. 视频

一般用分辨率、帧速率和色彩数等参数作为描述数字视频信号的指标。分辨率反映画面的清晰度。分辨率为 384×288 的电视图像与分辨率 384×576 的电视图像的画面质量有明显的区别。电视节目后期制作中,要求图像分辨率为 720×576 或 768×576(PAL 制)。PAL 制电视节目的帧速率为 25fps(帧每秒);制作多媒体光盘出版物(CDTITLES)时一般选 15fps 的帧速率。电影和 NTSC 制式电视的帧速率分别为 24fps 和 30/29.97fps。描述每一像素的字节数决定了最多可同屏显示多少种颜色,一般为 256 色、65536 色和 16777216 色(即真彩色)。色彩数越多,能表现的彩色层次越丰富。

(三) 非线性编辑的系统功能

非线性的概念是与"数字化"的概念紧密联系的,非线性是指用硬盘、磁带、光盘等存储数字化视、音频信息的方式,非线性表现出数字化信息存储的特点——信息存储的位置是并列平行的,与接受信息的先后顺序无关。[①]

1. 采集/捕捉(Capture)

视频采集这个说法是从模拟视频时代延续下来的。使用模拟视频设备的时候,计算机要想得到视频内容需要使用一个名为视频采集卡的高速模拟/数字转换设备来完成这个工作。现在随着 DV 的普及,采集数字视频的工作就简单多了,因为不需要进行模拟/数字转换,DV 输出的数字信号可以通过 IEEE 1394(FireWire)接口直接保存到计算机中。现在的计算机硬盘速度都足够快,已经不用紧张地"捕捉"了,实际上它们只是在简单地进行拷贝。

---

① 胡纲. 视频编辑软件[J]. 个人电脑,2002(3).

2. 场景/镜头(Scene)

一个场景也可以称为一个镜头,它是视频作品的基本元素。大多数情况下它是指摄像机一次拍摄的一小段内容。对专业摄像人员来说,一个场景大多不会超过十几秒,但是业余用户往往按下拍摄按钮就会停不下来,连续拍摄十几分钟也很常见。在编辑过程中经常需要对拍摄的冗长场景进行剪切。视频软件在采集过程中可以通过识别磁带上的时间码来判断独立的场景并进行切分,有的软件在捕捉过程中还可以自动根据镜头内容来分割场景,如果不能的话你也可以手动分割。分割完的场景在编辑的时候可以方便地安排其出现的时间和顺序,而且也有利于插入转场过渡。

3. 字幕/标题(Title)

这两个术语都来自一个英文名称——Title,广义来说,它可以泛指在影像中人工加入的所有标识性元素。它可以是文字,也可以是图形、照片、标记等,当然最常见的用处应该是字幕。字幕可以像台标一样静止在屏幕一角,也可以做出各种让人眼花缭乱的效果。

4. 转场过渡/切换(Transition)

两个场景之间如果直接连起来,有时会让人感觉有些突兀。这时使用一个转场效果在两个场景进行过渡就会显得自然很多。最简单的转场过渡就是淡入淡出效果:前一个场景慢慢暗下去,后一个场景逐渐显示出来。花哨一点的则可以把后一个场景用各种几何分割方式展示出来,再专业一点还能让后面的画面以 3D 方式飞进来等。转场过渡是视频编辑中相当常用的一个技巧。

5. 特效/滤镜(Effect/Filter)

熟悉数字图像处理的朋友肯定对这两个词汇不会陌生。其实动态视频处理中的特效/滤镜和静态图像处理基本相似。这两个名词在视频编辑软件中基本上可以看做同义语,如果非要区分这两个词的含义,或许滤镜更特指亮度、色彩、对比度等方面的调整,而特效更侧重于对影像进行的各种变形和动作效果处理。多数软件将这些都统称为特效(Effect),它们被统一在一个菜单项下,然后又细分为数十种不同类型的特效。

三、非线性编辑的操作技术

非线性编辑使用数字化的视频存储方式,能够融合各种数字信号,编辑过程中文字、图片和音视频的融合处理快速而且准确。

(一)非线性编辑系统的物理构成

影视非线性编辑系统包括各种电脑主机及其各种外部设备,分 SGI 工作站与 PC 系统等多种类型。PC 系统的核心部件当然是电脑主机，其中硬盘、显卡、显示器和 CPU 是影视非线性编辑系统中的最为重要的四个部件。但要特别注意一个特殊的部件——非线性编辑卡。

1. 硬盘

在影片的编辑过程中要处理大量的图像和声音文件，这些文件对硬盘的占用可以说是"贪得无厌"。如果从摄像机中采集最高质量的影片素材，一般来说 45~50 秒的素材就要占用 1GB。一部影片 90 分钟，要多少硬盘空间可想而知。当然我们采集素材一般都是经过压缩的。同时读出和写入的量都很大，总的说来，对硬盘的要求是容量越大越好，速度越快越好。当然价格也就越高。目前市面上的大容量硬盘如迈拓、希捷、日立（IBM）都不错，价格也适中。

2. 显卡

非线性编辑系统对显卡的要求并不像专业图形设计那样高，不用特别专业。当然太低端的显卡也达不到良好的效果。用一般的中偏高端显卡也就行了。在图形图像设计领域 A 卡要比 N 卡性能好，N 卡主要在游戏领域方面比较出色。像 A 卡中的 HD6770、HD6850 都不错，也不贵。

3. 显示器和监视器

显示器是使用者直接观看编辑效果好坏的"眼睛"，一台高分辨率、大尺寸的显示器是十分必要的。同时使用者还必须有一个监视器，用来观看编辑的效果。推荐使用 CRT 显示器，而不使用液晶显示器。在显示的效果上，CRT 显示器明显要比液晶显示器好得多。出于价格的考虑，买一台 19 英寸纯平显示器和一台 17 英寸纯平监视器也就是个人非线性编辑系统中的顶级配置了。

4. CPU

CPU 是整套系统中最重要的部件，好的 CPU 当然要配好的主板和大内存才可能发挥它的最大功效。推荐使用 I7 级别以上或同等的 AMD CPU，以提高处理的速度。同时配置 4GB 以上的大内存。目前 I7 875K 的价格在 1470 元左右。

5. 声卡

声卡在非线性编辑系统中也是一个值得考虑的部件。最好另外买一块几百元的声卡，而不要用主板上的集成声卡。

6. PC 系统中其他设备

PC 系统中其他设备可以不要求太好，超出一般的水平即可。不过，用一个刻录机是很有必要的。因为编辑好节目后一般输出为 VCD 格式，有一个刻录光驱就显得非常方便。

7. 非线性编辑卡

它是决定影片质量好坏的重要因素。一般影片的质量是指达到某种播放要求，也就是说影片的清晰度高低。用一个专业术语来表示就是指分辨率。如 VCD 格式为 320×240，美国电视 NTSC 制式为 640×480，中国 PAL 制式为 720×576 等。我们还可以把它分为一般播放要求、广播级播放要求和电影胶片级播放要求。

8. 软件

一套完整的 PC 非线性编辑系统还应该有编辑软件。有些软件是与硬件配套使用的，也就是说，没有这个硬件就不可能运行这个软件。Adobe 公司的 Premiere 是一个不错的非线性编辑软件，配合 Adobe 公司的 After Effect 后期制作软件使用，可以创造出不凡的效果。

9. 其他相关配件

如果经济允许的话，配置一部中低端 DV，一台扫描仪，一部家庭打印机，就可以打造个人多媒体工作站了。

在买个人非线性编辑系统时，要特别注意它在配置上并不等同于用来做电脑动画的配置。用于做非线性编辑的 PC 系统不一定适合用来做动画或图形设计，反之，用来做动画或图形设计的 PC 系统不一定适合用来做非线性编辑。

（二）非线性编辑系统操作步骤

任何非线性编辑的工作流程，都可以简单地看成输入、编辑、输出这样三个步骤。当然由于不同软件功能的差异，其使用流程还可以进一步细化。以 Premiere Pro 为例，其使用流程主要分成如下五个步骤。

1. 素材采集与输入

采集就是利用 Premiere Pro，将模拟视频、音频信号转换成数字信号存储到计算机中，或者将外部的数字视频存储到计算机中，成为可以处理的素材。输入主要是把其他软件处理过的图像、声音等，导入到 Premiere Pro 中。

2. 素材编辑

素材编辑就是设置素材的入点与出点，以选择最合适的部分，然后按时间顺序组接不同素材的过程。

3. 特技处理

对于视频素材，特技处理包括转场、特效、合成叠加。对于音频素材，特技处理包括转场、特效。令人震撼的画面效果，就是在这一过程中产生的。而非线性编辑软件功能的强弱，往往也是体现在这方面。配合某些硬件，Premiere Pro 还能够实现特技播放。

4. 字幕制作

字幕是节目中非常重要的部分,它包括文字和图形两个方面。Premiere Pro 中制作字幕很方便,几乎没有无法实现的效果,并且还有大量的模板可以选择。

5. 输出与生成

节目编辑完成后,就可以输出回录到录像带上;也可以生成视频文件,发布到网上、刻录 VCD 和 DVD 等。

(三)非线性编辑系统的节目制作过程

根据视听节目制作的流程,非线性编辑包括了素材准备、节目制作和节目输出等技术过程,根据不同类型的视听节目,不同的流程有不同的侧重。

1. 素材准备

在使用非线性编辑系统编辑节目之前,一般需要向系统中输入素材。大多数非线性编辑系统是实时地把磁带上的视音频信号转录到磁盘上的,这比传统编辑增加了额外的操作时间。某些非线性编辑系统,例如 BETACAMSX 和 DVCAM、DVCPRO 可以通过 QSDI 等数字接口实现素材的四倍速上载,这在一定程度上提高了编辑效率。在输入素材时,应该根据不同系统的特点和不同的编辑要求,决定使用的接口方式和压缩比,一般要遵循以下原则。

(1)应尽量使用数字接口例如 QSDI 接口、CSDI 接口、SDI 接口和 DV 接口。如果用作放机的磁带录像机或非线性编辑系统没有数字接口,可使用分量信号接口、S-Video 接口或复合信号接口。

(2)对同一种压缩方法来说,压缩比越小,图像质量越高,相应地占用的存储空间越大。

(3)采用不同压缩方式的非线性编辑系统,录制视频素材时的压缩比可能不同,但也可能获得同样的图像质量。例如,BETACAM-SX 系统的压缩比是 10∶1,但由于采用的是 MPEG24∶2∶2P@ML 的压缩方法,其图像质量要好于采用 3∶1M-JPEG 方法压缩的 AVIDMC1000 系统。

2. 节目制作

节目制作是非线性编辑的核心环节,在这个环节中,需要对采集到的音视频素材进行剪切拼贴,围绕节目叙事的情节进行时空的重构。

(1)素材浏览

在查看存储在磁盘上的素材时,非线性编辑系统具有极大的灵活性。可以用正常速度播放,也可以快速重放、慢放和单帧播放,播放速度可无级调节,也可以反向播放。

(2) 编辑点定位

在确定编辑点时，非线性编辑系统的最大优点是可以实时定位，既可以手动操作进行粗略定位，也可以使用时码精确定位编辑点。不需要像磁带编辑系统那样花费大量时间卷带搜索，这大大地提高了编辑效率。

(3) 素材长度调整

在调整素材长度时，非线性编辑系统通过时码编辑实现精确到帧的编辑，同时吸取了电影剪辑简便直观的优点，可以参考编辑点前后的画面进行直接手工剪辑。

(4) 素材的组接

非线性编辑系统中各段素材的相互位置可以随意调整。编辑过程中，可以在任何时候删除节目中的一个或多个镜头，或向节目中的任一位置插入一段素材，也可以实现磁带编辑中常用的插入和组合编辑。

(5) 素材的复制和重复使用

非线性编辑系统中使用的素材全都以数字格式存储，因此在拷贝一段素材时，不会像磁带复制那样引起画面质量的下降。当然，在编辑过程中，一般没有必要复制素材，因为同一段素材可以在一个节目中反复使用，而且无论使用多少次，都不会增加占用的存储空间。

(6) 软切换

在剪辑多机拍摄的素材或同一场景多次拍摄的素材时，可以在非线性编辑系统中采用软切换的方法模拟切换台的功能。首先保证多轨视频精确同步，然后选择其中的一路画面输出，切点可根据节目要求任意设定。

(7) 联机编辑和脱机编辑

大多数非线性编辑系统采用联机编辑方式工作，这种编辑方式可充分发挥非线性编辑的特点，提高编辑效率，但同时也受到素材硬盘存储容量的限制。如果使用的非线性编辑系统支持时码信号采集和 EDL（编辑决策表）输出，则可以采用脱机方式处理素材量较大的节目。非线性编辑系统中有三种脱机编辑的方法：第一种方法是先以较低的分辨率和较高的压缩比录制尽可能多的原始素材，使用这些素材编好节目后将 EDL 表输出，在高档磁带编辑系统中进行合成；第二种方法根据草编得到的 EDL 表，重新以全分辨率和小压缩比对节目中实际使用的素材进行数字化，然后让系统自动制作成片；第三种脱机编辑的方法在输入素材的阶段首先以最高质量进行录制，然后在系统内部以低分辨率和高压缩比复制所有素材，复制的素材占用存储空间较小，处理速度也比较快，在它的基础上进行编辑可以缩短特技的处理时间。草编完成后，用高质量的素材替换对应的低质量素材，然后再对节目进行正式合成。

(8) 特技

在非线性编辑系统中制作特技时,一般可以在调整特技参数的同时观察特技对画面的影响,尤其是软件特技,还可以根据需要扩充和升级,只需拷入相应的软件升级模块就能增加新的特技功能。

(9) 字幕

字幕与视频画面的合成方式有软件和硬件两种。软件字幕实际上使用了特技抠像的方法进行处理,生成的时间较长,一般不适合制作字幕较多的节目。但它与视频编辑环境的集成性好,便于升级和扩充字库;硬件字幕实现的速度快,能够实时查看字幕与画面的叠加效果,但一般需要支持双通道的视频硬件来实现。较高档的非线性编辑系统多带有硬件字幕,可实现中英文字幕与画面的实时混合叠加,其使用方法与字幕机类似。

(10) 声音编辑

大多数基于 PC 的非线性编辑系统能直接从 CD 唱盘、MIDI 文件中录制波形声音文件,波形声音文件可以非常直接地在屏幕上显示音量的变化,使用编辑软件进行多轨声音的合成时,一般也不受总的音轨数量的限制。

(11) 动画制作与合成

由于非线性编辑系统的出现,动画的逐帧录制设备已基本被淘汰。非线性编辑系统除了可以实时录制动画以外,还能通过抠像实现动画与实拍画面的合成,极大地丰富了节目制作的手段。

3. 非线性编辑节目输出

视听节目的输出是非线性编辑节目制作的最后一个关键环节,节目的输出质量是影响和制约节目叙事效果的关键要素,非线性编辑系统可以用三种方法输出制作完成的节目。

(1) 输出到录像带上

这是联机非线性编辑最常用的输出方式,对连接非线性编辑系统的录像机和信号接口的要求与输入时的要求相同。为保证图像质量,应优先考虑使用数字接口,其次是分量接口、S-Video 接口和复合接口。

(2) 输出 EDL 表

如果对画面质量要求很高,即使以非线性编辑系统的最小压缩比处理仍不能满足要求,可以考虑在非线性编辑系统上进行草编,输出 EDL 表至 DVW 或 BVW 编辑台进行精编。这时需要注意 EDL 表格式的兼容性,一般非线性编辑系统都可以选择多种 EDL 表的格式输出。

(3) 直接用硬盘播出

这种输出方法可减少中间环节,降低视频信号的损失。但必须保证系统的稳定性或准备备用设备,同时对系统的锁相功能也有较高的要求。

第二节 Adobe Premiere 与 Avid Xpress Pro

一、Adobe Premiere 非线性编辑系统

Adobe 公司推出的基于非线性编辑设备的音视频编辑软件 Premiere 现在被广泛地应用于电视台、广告制作、电影剪辑等领域,成为 PC 和 MAC 平台上应用最为广泛的视频编辑软件之一。

(一)主要功能

Premiere 可以作为应用非线性编辑首选需要学习和掌握的编辑软件,具有易于上手、应用领域宽等优点。主要包含以下六方面的功能。

1. 素材采集捕捉功能

Premiere 软件控制 DV 设备采集的操作方法比较简单。利用主程序窗口的 file 菜单打开 Movie Capture 采集对话框,通过 IEEE1394 接口正确连接并开启电源(处于录像机状态),按下红色的采集按钮,同时播放磁带,采集工作马上开始。按下停止键,在名称对话框中输入素材的文件名,一段视频音频素材的采集就完成了。在 Movie Capture 对话框中可以进行精确的打点采集,还可以把打点数据传入批捕捉列表中以实现高效率的自动控制批捕捉。如果使用具有压缩功能的视频采集卡,一般也可以控制视频采集卡完成视频音频信号的采集工作,只是通常不能由电脑控制外部音视频设备进行自动化的打点采集,而是由人工控制外部视频音频源和采集卡来完成信号的采集工作。如果使用专门的视频采集卡,则采集时的连接方式也要做相应的调整。专门的视频采集卡通常支持复合、分量以及 Y/C 等连接方式。用户可以根据信号源所能提供的连接方式选择一种信号损失最小的连接方式进行连接,即数字连接方式优于模拟方式。

2. 强大的编辑功能

编辑是非线性编辑软件的根本任务,软件的编辑功能是最能体现软件工作能力的标志。Premiere 软件具有的视频编辑手法有:切换编辑、过渡、过滤、叠加、运动等,其中切换编辑可以完成最基本的视频音频节目的剪辑工作。过渡则提供不同的信号转换模式,丰富了视频画面的过渡效果。过滤效果则以过滤器的方式对画面进行修饰和处理,可以提供较多的过滤效果,丰富了画面的表现力。叠加通过改变素材的透明度使得多层素材画面组合到一起来满足表现节目内容的需要。在传统的电视制作中叫做抠像,键控效果在英文中

通常使用 Transparency(透明)一词,键控效果使得不同的素材以部分透明的方式组合在一起,也是十分常用和有效的画面组合方式。在 Premiere Pro 软件中最能体现软件特色的编辑功能就是运动(Motion)效果制作。因为软件的这项功能为使用者提供了进行动态画面处理的一个开放的工具,运动效果是由使用者根据自己的想象力运用软件提供的工具创作出来的,创作出来的运动效果可以方便地保存和调用。Premiere 软件的编辑功能主要体现在以上的五个方面,综合运用这五个方面的编辑功能可以完成专业水准的视频节目制作。

3. 实时预览功能

Premiere Pro 最显著的进步是增加了对实时预览的支持。在没有硬卡的情况下,Premiere Pro 能根据计算机系统功能的强弱,自动调节预演质量的高低,在功能不太强大的机器上实行降低质量和帧速率的预览,这样凭借桌面视频的非线性编辑系统,在较低配置的计算机中也能完成实时预览任务。该软件也能方便制作人员在便携电脑上预览自己的构思和创意,并能立即观看制作的视觉效果,包括转场、特技效果和字幕等,而不需要长时间生成等待,在以往这些都是需要由 Premiere Pro 提供生成最后成品的渲染转换,将编辑处理效果融入全部 DV、AVI 和 MPEG 等最终成品中。

实时预览的具体实现步骤是:启动 Premiere Pro,在弹出窗口的项目设置(Rload Project Setting)中设置可选框内选择制式(DV-PAL),在实时预览(Real-time Preview)中选择任意设置(Any Setting),确定后就可以进入 Premiere Pro 的操作界面了。接着任意导入两个视频文件分别放入编辑轨道上,然后在右边浮动面板特技选项卡内任意选一种转场特技并将其拖入时间线(Timeline)特技轨道的重合处,在单击"确定"键就能进行实时预览。

4. 音频处理功能

在 Windows 中,Premiere Pro 包括三个音频和音效:Tc-Reverb(混响)、Tc-EQ(均衡)、Tc-Dynamics(动态),它们提供了边界直观的控制面板界面,可以对正在演奏的音频剪辑做编辑处理,获得实时的动态音频效果,可以使用 Tc-Dynamics 命令来挤压或拉伸音频来改变音质效果,从而获得最好的音频效果,使用音频均衡器的混响作用还可以模拟出不同环境中逼真的环境音效。在 Macintosh 上,由于把 Tc-work 的 Spark 也包括在内,Premiere Pro 中的声音有所改善,它提供了双音轨处理功能,能播放和具有高分辨率的各种流行格式的音频文件,允许使用 WAV、AIF、SDI 和 QuickTime 音频格式,还可以用它对 MP3 进行音频解码。Premiere Pro 还可以对音频素材进行实时的音量控制,这一新的特性对加强编辑软件的音频处理能力十分有利,特别是在后期编辑时控制不同音响成分之间的音量平衡非常有用。

5. 高级字幕功能

Premiere Pro 新增加了字幕设计器，它是一个更加复杂的能提供广播级质量的字幕创作工具，字幕设计器包括高质量的字幕和图形风格转换工具以及画面管理等。Premiere Pro 带有简单的能够慢速移动和上下滚动的文本和图形编辑方式。它增加了文字排版的控制功能，只要有基线移动、倾斜和旋转等。可以对字幕进行各种修饰，如轮廓、压纹、斜角、透明度调整和坡度阴影等。甚至可以制作材质图案到文字上。Premiere Pro 提供了数百个预定义风格和风格对象，可创建自己的对象风格并放入需要保存的方案中。样本控制面板提供每种字幕风格外貌的预览。制作好需要的字幕后，可以设置字幕的动画效果，字幕设计器提供内置垂直滚动和水平移动动态效果，并且对动态效果的持续时间和速度进行控制。也可以在时间线中通过更复杂的关键帧设置来生成精致的字幕动态效果。为了提高工作效率，字幕设计器提供了170多个专业设计模版，可以在预览后挑选一个合适的项目模版，然后修改成动态效果。

6. 特技效果生成功能

在制作视频作品时如能对虚拟素材进行使用和处理，可以进一步丰富影片作品的编辑手段。用户可以反复使用同一个虚拟素材进行不同的加工处理，来对各种编辑方式进行嵌套、叠加和合成。虚拟素材是在时间线窗口中，沿着时间标尺下的一个素材片段累积形成的虚拟存在的新素材，虚拟素材只存在于时间线窗口中，可以同时包括一段时间范围内的几条轨道或者时间线窗所有轨道上的多个素材信息。在用户磁盘中或者项目文件窗中实际上并不存在这样一个素材文件。但是在影片加工过程中，用户可以把它当成一段实际的素材进行各种操作。通过时间线窗中的块选择工具按钮可以快速生成一个虚拟素材。

（二）使用特点

Premiere 软件结构紧凑，操作界面友好，编辑功能强大完善，具有易于上手、应用领域宽、对视频卡的兼容性好等优点，可以作为应用非线性编辑首先需要学习和掌握的编辑软件。

1. Premiere 软件结构紧凑，操作界面友好

Premiere Pro 更加合理地分配了各常见窗口的位置，单击 windows 菜单，选择子菜单 Workspace 后，可以看到四个常见的工具模式：Editing（编辑）、Effects（特效）、Audio（音频）和 Color Correction（色彩校对）。Premiere Pro 的界面可分为三个主要的编辑区，左上角是项目窗口，所有的项目素材、视频/音

频特效和转场都可以在这里访问。屏幕上方右侧的监视器可提供所选项目元素的编辑窗口和整个项目的预览窗口,占据屏幕下方的仍然是整个软件的核心——时间线,作为一款高端视频工具,它能够在时间线上添加任意数量的视音频轨道。

这四种模式都各自有其自身的特点,每种模式都很有针对性,对用户特定的要求都配合得很完美,可以说是 Adobe 最具有亲和力的界面。

2. 强大的专业级编辑工具,有较好的易用性

在 Premiere Pro 中一个明显的变化就是 Adobe 公司彻底放弃了原有的 A/B 轨编辑模式,而采用了单一轨道的编辑模式。Premiere Pro 把各种特效和转场用可伸缩的树形菜单的方式进行了组织,并且允许用户把常用的特效放入自定义的文件夹中。

Premiere Pro 的每个视频元素都带有两个固定的特效属性可供用户修改,其中的运动特效操作允许对画面的位置、比例、旋转角度进行控制,而透明度特效操作则可以控制画面的透明度,这两个特效不仅可以应用于整个视频元素,还可以使用关键帧的概念对视频片段中的不同时点进行精细的控制。使用这两个特效操作可以很容易地利用多个轨道来实现各种各样的画中画功能,而利用对关键帧的设置可进一步设定影响的运动轨迹。对于音频元素来说,音量调节则是固定的一个特效属性,它包括三个级别的音量调节,首先可以通过调音板调节各个音频轨道的整体音量,其次可以通过引入关键帧的方式调节音轨中某个节点或片段的音量,甚至还可以引入关键帧来调节左右声道之间的平衡,这种灵活性正是终极视频编辑软件所不具备的。Premiere Pro 集成了更多的音频特效。其中不仅包括针对单声道和立体声的特效,还包括针对 5.1 环绕声的特效。每一个特效操作都允许进行详细的参数设置。

3. 能够与 Adobe 的其他软件紧密合作,共享数据

Premiere Pro 还拥有一项竞争对手们所没有的优势:它能够与 Adobe 的其他软件紧密协作,共享数据。比如 Premiere Pro 1.5 可以导入 Photoshop 的 psd 文件,它既可以把图层合并导入,也可以将每一个图层独立作为一个视频轨导入;它甚至可以直接打开 Photoshop 中正在编辑的图像文件,但在 Photoshop 中选择保存后就能在 Premiere Pro 1.5 中马上看到修改后的效果。这些集成的特性有助于创建一个完整而灵活的工作流程,可以节省制作时间,提高效率。

4. 输出输入支持更多的格式

Premiere Pro 比 Premiere 6.5 版本还增加了一些文件的支持,如支持 Windows Media Player 文件(WMA、WMV 和 ASF)等。另外对于视频文件编

辑完成之后的输出主要是由 Adobe Media Encoder 这个模块来完成的,它可以将视频内容编码为各种文件格式,其中不仅包括 MPEG-1 和 MPEG-2 格式,还支持输出 RealMedia、QuickTime 和 Windows Media 这三种主要的流媒体格式。用户除了可以对压缩率等参数进行详细的设置外,还可以选用逐行化、过滤视频噪音、缩放、裁切等滤镜对视频内容进行预处理。此外,只要有 DVD 刻录机,加上内置的 5.1 声道系统,无需第三方 DVD 刻录软件的支持就可以轻松刻录自己制作的 DVD 影片。

二、Avid Xpress Pro 非线性编辑系统

Avid Xpress Pro 软件系统提供对 24p 数字化视频工程的支持,采用了自动化专家及色彩修正技术,另外还可以通过标准 FireWire 电缆连接、发送未压缩视频媒体资源。

Avid Xpress Pro 软件系统可以全面兼容 Avid 编辑制作系统和网络互联系统,可同时应用在 Windows XP 和 Mac OSX 操作系统中。

(一) 主要功能

1. 强大的编辑和特效功能

Avid Xpress Pro 是建立在 Avid Xpress DV 软件基础上开发出来的,它功能齐全,支持带有无限分层的 24 位音频和视频轨道;使用基于二维和三维的 OpenGL 的视频特效;使用 JKL 编辑和修饰控制;进行扩展和替换编辑;对剪辑片断进行分组和归类等。Avid Xpress Pro 系统为用户提供了更多可由用户自定义的视频、音频特效、标题处理、功能键以及媒体转换功能,这些都是其他软件产品不可比拟的;Avid Mojo 数字化非线性加速设备的应用使该系统可以处理从 DV 到未压缩 SD 视频等多种格式媒体,使系统可以为用户在一个标准 FireWire 连接中提供真正的实时 DV、模拟视频和特效输出。

2. Avid Xpress Pro 拥有内置的软件专家功能

Avid Xpress Pro 拥有内置的软件专家功能,比如自动授权(Patent-pending Auto Correct)和色彩校正(Natural Match)、场景抽离(DV Scence Extraction)和专业渲染(Exper Render)。让用户和有经验的用户都专注于创造的过程而不是技术。基于专用的计算能力和实时性能能够实现精良的节目制作和实时"数字剪裁";使用标准的 Fire Wire 连接,轻型的 Avid Mojo DNA 加速器提供了实时 DV 和模拟输入、输出端口,所有这些都装在磨砂的镀铝箱中。

3. Avid Xpress Pro 媒体资源管理的功能

Avid Xpress Pro 媒体资源管理功能强大,自动标识哪些镜头已经采用、重命名片段并自动更新片段在每个容器与序列中的样本等。Avid 媒体管理

拥有自定义元数据与自定义筛选功能能进行整合的媒体跟踪。Avid Xpress Pro 能跟踪更多的元数据。可以按需新增自定义字段。只需单击容器列标题，键入相关的信息即可。使用这些随带的或自定义的字段作为整个项目或磁盘卷的基于媒体的搜索的基础，方便搜寻信息。

4. Avid Xpress Pro 强大的 24p 与影片功能

Avid Xpress Pro 借助 Avid Film Composer 工具，可以在采用业界标准离线清晰度进行编辑的同时观看影片元数据。首先，通过 IEEE1394 将 24p 媒体直接捕获到磁盘上，通过 1394 实况捕获常规下的变换。一旦在磁盘上存放了影片，就可以进行任意的编辑处理，无需转码，节省了时间与磁盘空间，不会由于具备破坏性的渲染器而造成时间码与元数据丢失。其次，Avid Xpress Pro 还具有基于脚本的编辑，可以通过修改脚本字句来安排段落，从而安排场景、修剪片段。此外，它还有更好的 PAL 支持，通过提高或降低图片声音或两者的速度，便捷地在 25pPAL 媒体与 24p 媒体之间转换。

5. 功能强大的电影支持

Avid Xpress Pro 支持的影片格式很多，包括 DVCPRO HD、HDV，以及 Avid DNxHD 等。将不同的 HD、SD、DV 与影片格式和清晰度拖放到单条时间线上，实时地工作，每个片段均将保持其原有的格式。适时地在同一条时间线上混合纯正的长 GOP HDV、纯正的 DVCPRO HD 以及 Avid DNxHD，无需渲染或转码，就会自动处理输出。

（二）主要特点

Avid Xpress Pro 作为一个后发的非线性编辑软件系统，具有强大的色彩修正功能、软件兼容能力和高品质的节目制作输出性能。

1. 自动化色彩修正

Avid Xpress Pro 软件系统为用户提供 OneStep AutoCorrect 色彩修正方案，使用该修正方案用户只要简单地点击鼠标就可以自动完成对整个媒体序列的色彩修正。Avid Xpress Pro 软件通过为用户提供上一个、当前、下一个帧窗口以及分割屏幕前和分割屏幕后的比较、采用 NatualMatch 技术，极大地增强了 Avid Symphony 系统功能强大的实时色彩修正功能。

2. 先进的软件系统

Avid Xpress Pro 软件系统包括一系列功能强大的特性，例如 DV Scence-Extraction、OneStep DynamicStotyboards、Quick Transition。它们使编辑人员可以把精力投入到创造过程中而不用去关注技术本身。

3. 高质量的输出

Avid Xpress Pro 软件系统支持 23.916 项目类型以及具有 35∶1、28∶1 和 14∶1 脱机电影清晰度。还支持 Panasonic AG-DVX100 24p 录像机并且具有一个 15∶1s Avid 脱机清晰度，当和 Avid Mojo 系统一起使用时，Avid Xpress Pro 软件系统可以进行从 DV 格式到未压缩 SD 格式的所有转化，这使编辑人员可以在 DV25 媒体上创建更高质量的未压缩图形和标题效果。

第三节　Media Studio Pro 与 EDIUS Pro

一、Media Studio Pro 非线性编辑系统

Media Studio Pro 是由台湾友立资讯公司（Ulead Systems）开发的一套专业桌面数字视频编辑软件，最初于 1994 年作为完整的多媒体工具箱发布的 MediaStudio，是一套提供图像和视频的捕捉、编辑、转换以及特效制作的艺术性一体化解决方案。

（一）Media Studio Pro 软件概述及当前主要版本

1998 年发布的 Media Studio Pro 2.0 功能提高到一个新的层次，而接下来的 Media Studio Pro 2.5 为用户提供了 Microsoft Windows 95 和 Windows NT 环境下的全 32 位视频捕捉和编辑软件。1998 年发布的 Media Studio Pro 5.0 则把数字视频的应用提高了一大步。它利用第五代渲染引擎，使编辑和特技生成速度大为提高。在对数字视频的处理上能以 256 级的子像素去渲染，提高输出质量。精确的设备控制、色彩校正和完善的关键帧支持功能为新一代的视频绘画和标题制作程序提供了更为广阔的创作空间。

新发布的 Media Studio Pro 7.0 是一套完整的专业级非线性编辑软件，包括了视频捕获、编辑、动态视频绘图、向量形式的绘图、音频编辑和许多转场与滤镜。除了可以用 Ulead DVD、Plug-in 创建 VCD、SVCD 和 MiniDVD 标题外，还可以创建 DV、MPEG-2 和用于网页视频输出的因特网流视频。

（二）Media Studio Pro 的主要功能

Media Studio Pro 7.0 是 Ulead 公司推出的面向高端客户的视频编辑软件。Media Studio Pro 众多的内部功能，以及无限的可扩展性，可以让用户迅速完成出色的创意。

1. 素材采集、捕捉功能

Media Studio Pro 利用专门的捕捉模块控制 DV 设备进行素材的捕捉操作，由专门的捕捉程序窗口进行素材的采集工作。Media Studio Pro 在 Video

Capture 中提供了一项独特的功能,能够快速扫描磁带,通过快速扫描,Video Capture 会生成一个磁带内容的缩略图列表。这样就能比较方便地从这个列表中选择用户想要采集的内容,让 Video Capture 自动进行批量采集就行了。Video Capture 提供了无缝采集的功能,即便是在最大文件长度不能超过 4GB 的 FAT32 文件系统中也能不间断地采集超过 4GB 的视频片段。

如果使用具有压缩功能的视频采集卡,Media Studio Pro 软件一般也都可以控制视频采集卡完成视频音频信号的采集工作,由人工控制外部视频音频源和采集卡来完成信号。如果使用专门的视频采集卡,则采集时的连接方式也要做相应的调整。专门的视频采集卡通常支持复合、分量以及 Y/C 等连接方式。

2. 强大的视频模块处理功能

Video Editor 是 Media Studio Pro 中最强大的视频处理模块,在这里,用户可以为视频片段加上视频滤镜、音频滤镜,设计转场方式,可以用路径工具使画面或字幕动起来;可以把多重片段进行各种叠加;可以制作漂亮的字幕等。Video Editor 为时间轴提供了胶片、略图和文件名三种视图方式,右击项目元素就能对它的各种元素进行设置,如色彩校正、路径指引等。在时间轴的上方有一行工具条,里面包含了一系列工具按钮,允许在时间轴上快速插入视频文件、音频文件、静态图片、标题素材。Media Studio Pro 软件中也提供了较多的滤镜处理手段,过滤效果图标放在产品库窗口中,而且以动画的方式演示出来,这样也比较便于用户了解不同过滤选项的大致效果,进而合理地选择使用。使用滤镜效果也比较方便,用鼠标抓住图标把其拖放到素材上边就可以对素材加入过滤效果。

Media Studio Pro 软件还有强大的运动路径(Moving Path)控制功能。它同过滤效果图标一样被放在产品库窗口中,在产品库窗口可以看到和预览大致效果。使用时,把图标拖放到素材上就可以增加运动效果,完成运动设置之后也可以把结果保存为用户自定义的设置,以备再次使用。该软件的运动效果制作具有独特的操作界面和可以控制的参数,它还提供了较多的分类保存的预置效果,用户可以在其基础上选择使用或者进一步发挥创作。

3. 标题生成(CG Infinity)功能

Media Studio Pro 利用专门的模块 CG Infinity 进行文字处理,因此具有更好的文字处理功能。该处理模块不仅可以制作字幕,还能进行一些图形标版的制作。CG Infinity 是为生成高质量的动画字幕而设计的矢量绘图模块,其功能有些类似 Adobe After Effects。在该程序下,用户能够用多个视图同时处理多个字幕素材,它还能为设计动画对象提供矢量绘图工具。在输入标题/字幕文字时,如果输入中文,可以对字体、颜色、透明度、位置进行设置,还可以从数十种预置的动画和字型效果模板中选择自己喜爱的效果。可以控制多个对象的移动和属性,对它们进行排列、旋转、加速、引导及移动。CG Infinity 提供了大量的实物、风格、移动路径的模板。利用 CG Infinity 模块本身就能完成一些动态文字编播效果的制作,还可以在窗口中预演动态字幕的播出效果。

4. 视频画板(Video Paint)功能

在 Media Studio Pro 软件中 Video Paint 是一个独立的功能模块,实际上就是一个功能非常强大的绘图应用程序。Video Paint 是为在视频或图像文件中编辑单独的帧而设计的,其绘图和图像修改的功能比较强大。利用各个模块窗口中的切换按钮就可以方便地在不同功能模块中切换使用。Video Paint 能够在一系列帧之间进行工作。例如,使用宏命令创建动画效果,应用自定义滤镜或者使用许多预定义的滤镜或效果。Video Paint 的工作方式采用了浮动图层的概念,这种非破坏性的编辑特性能让用户安全地进行绘图、润色、仿制和应用滤镜而不会改变源内容。可以允许用户直接在视频序列上的每一帧上面进行绘制,Video Paint 可以非常容易地做出闪电、激光速、虚拟装置和遮罩等特殊效果。此外,用户还可以将 Video Paint 作为一个一般的绘图程序使用,利用其中大量的绘图工具来绘制单帧图像。

5. 音频编辑器(Audio Editor)功能

Audio Edito 7.0 可以单独对音频进行编辑,由于 Media Studio Pro 7.0 使用了新的 OpenDML AVI 文件格式,以及新改进的渲染技术,如果视频文件中音频文件的设置与项目的设置相同,程序就可以直接读取视频文件中的音频部分,而不进行渲染。

Media Studio Pro 7.0 加入了音频混合器控制面板,用于对音频素材进行实时的音量控制。这一新的特性在对加强编辑软件的音频处理能力方面十分有利,特别是在后期编辑时控制不同音响成分之间的相对的音量平衡非常有用。Media Studio Pro 软件是利用时间线中的音频轨道进行声音的编辑处理工作。通过调整音量以及施加音频滤镜,实现对声音的控制和加入特殊效果。在 Media Studio Pro 软件中设置有 Audio Editor 功能模块,这是一个独立的音频处理软件,可以利用这个软件来实施音频信号独立的采集和基本的编辑工作。

(三) Media Studio Pro 的使用特点

1. 转场特效和滤镜的参数设置功能强大

在默认设置下,Video Editor 提供了 5 个视频轨、5 个音频轨和一个 Fx 转场轨，项目设置中覆盖轨的数量可以增加到最多 99 个。用户可以采用 A/B 轨交错的方式来处理转场。聚宝库中集合了 Video Editor 的主要工具，它提供了 113 种转场特效和 12 种音频滤镜，并且提供了转场特效和视频滤镜的动画缩略图，便于用户进行选择，而在这些转场特效和滤镜的参数设置窗口，还可以实时预览它们的效果。

2. 增加了键控效果

Media Studio Pro 软件中键控效果被称之为 Overlay，在 V1 以上轨道上放置并选择素材之后，在 clip 菜单中单击 Overlay 即可以打开键控设置对话框。该软件提供了十余种的键控类型供用户选择。在过渡、过滤、运动路径、键控四种特殊效果中，在设置对话框中均可以进行关键帧的控制，增加了对特技效果的控制手段，这应当说是该软件独具特色的所在。在视频音频编辑中，需要对不同视频帧采用不同的特技设置时，使用 Media Studio Pro 软件编辑将会更加方便。

3. 支持多种格式输出

Media Studio Pro 支持以 MPEG-1 和 MPEG-2 格式输出，还支持输出 RealMedia、QuickTime 和 Windows Media 这三种主要的流媒体格式，每种输出格式都带有视频和音频编码的具体参数，它还可以利用系统中里外安装的其他编码方式进行编码。DVD MovieFactory 则是 Media Studio Pro 提供的向导式的 DVD 制作模块，它的工作过程与 Media Studio Pro 8 的 DVD 制作向导十分类似，但提供的预制模版似乎不如 VideoStudio 丰富。

二、EDIUS Pro 非线性编辑系统

EDIUS Pro 是 Canopus 所推出的强大的非线性视频编辑软件。EDIUS Pro 3.0 提供给编辑人员 HD/SD 混合格式编辑（包括 HD、SD、DV、MPEG-2、无损和无压缩视频），依靠实时视频转码技术，EDIUS Pro 3.0 可以实时地在不同的 HD 和 SD 清晰度、长宽比和帧速率兼执行转换。

(一) EDIUS Pro 软件概述

EDIUS Pro 3.0 具有实时、多轨道、HD/SD 混合模式编辑、合成、生成、色度调节、字幕编辑和时间线输出功能，为所有的视频获得格式提供了无缝的实时工作流程。EDIUS Pro 3.0 还具有实时回放和输出所有的特效、键特效、转场和字幕等功能，并且可以将工程输出到格式和媒介上（包括 DVD 视频）。EDIUS 提供了 27 种实时视频滤镜，包括白平衡/黑平衡、颜色校正、高质量虚化和区域滤镜。此外，还具有实时色度键和亮度键功能，用于复合效果。

EDIUS Pro 可以将已有的标准清晰度视频转移到 HD 世界中。EDIUS Pro 可以在 HD 清晰度下编辑 DV 内容,标准清晰度能自动并实时匹配转换到高清晰度视频,所有的工程字幕、图形和特效都是可以在 HD 清晰度下执行。为确保毫不费力地转移到 HD 环境中,编辑人员可以编辑和输出 HDV 内容到硬盘或 DVD-R 驱动器,无需 HDV 摄像机和录像机。

(二) EDIUS Pro 的主要功能

1. 快速批量采集素材功能

EDIUS Pro 可以采集和编辑.m2t 和.avi 两种格式的 HDV 文件。它采集的 AVI 文件称为 Canopus HQ AVI,文件大小可自定义,大约为原始大小的 3 到 4 倍。EDIUS Pro 的采集模式不仅包括业界标准的批采集和场景检测选项,还允许编辑人员从外部 VTR 执行三点和四点素材编辑并将其直接放入时间线。除了广泛的视频格式的支持,EDIUS Pro 也可以输出许多流行的数字媒体格式,如 32 位的 QuickTime 影片、Windows Media 素材、Mp3 和 AC-3 音频文件和 Adobe Photoshop 图形。EDIUS Pro 还允许用户用静图序列输入器快速输入由第三方三维模块或动画包制作的素材。这些图形序列也可以转换成 Canopus HQ 视频文件,完整的包含 Alpha 通道信息,方便在时间线上的合成和分层。

2. 多格式混合编辑功能

EDIUS Pro 可以实时无缝编辑混合的 HD、HDV、DV 无压缩、MPEG-2 和 MPEG-1 视频,并保持所有视频素材的原始格式、分辨率和色彩质量。灵活的用户界面提供多个嵌套时间线,可应用无线的视频、音频、字幕和图像轨道。可以直接在时间线上进行编辑,调整新增轨道设置中的轨高高度(Track Height),可对轨道素材的高度进行增大或缩小,可将素材进行更为精确的编辑。

EDIUS Pro 编辑模式包括:波纹、滑过、视/音分离、卷轴和旋转或这些模块的组合。多机位模式支持同时编辑最多八个不同的素材,对素材的分辨率、帧速率或长宽比都没有限制。使用 EDIUS Pro,编辑人员可以适时调整视频素材的缩放、裁剪和定位。轻松地加速和减慢甚至方向回放任何素材并得到即时、高质量的实时回放和输出。不管它是原始的 720/24p HDV、1080/30p Quick Time H.264 或是标清的 NTSC DV AVI 或是 PAL DV AVI 素材,EDIUS Pro 都可运用任何其他系统所无法比拟的实时性和混合格式编辑性能,将编辑效率提高到了一个全新的水平。

3. 专业级的视频特技功能

目前,Canopus 已经实现了包括二维和三维转场特技、二维和三维视频滤镜、键特技等所有实时特技对 HDV 的支持。EDIUS Pro 还包括 Xplode for EDIUS 和 EDIUS FX 等 Canopus 先进的实时二维和三维视频效果引擎，有可供选择的 40 多种特技组，每种都具有用户化的选择和多种预置功能。EDIUS Pro 可以保持所有素材的原始质量和清晰度，支持强大的 Xplode 特技，可制作丰富的 3D 特级转场，并可进行特技关键帧的调节和更多的选项设置。

4. 功能强大的二维、三维字幕功能

EDIUS Pro 能够处理无限的实时字幕和图文层。EDIUS 的动态和透明度控制允许用户叠放多个字幕层。EDIUS Pro 的字幕运动滤镜效果包括虚化、淡入淡出、飞像、划像和激光。EDIUS Pro 还包括快速便捷的创造精美的高质量的视频字幕。编辑者可以从 170 多种预置字幕模板中选择，然后只需在文本中进行简单的输入。除了模板之外，编辑者还可以随意创造他们自己的字幕效果。在二维和三维的空间上提供了关键帧动画能力是其主要特点。视频字幕制作软件 Title Motion Pro 仅需几分钟就可以制作出最终发布的、广播级的字幕。Title Motion Pro 还可以在素材窗口中创建并保存字幕，也可以直接从编辑时间线上创建。

5. 丰富多样的输出格式

EDIUS Pro 通过采用以 ProCoder 转换软件包持有的技术，提供快速、高质量、多格式的输出功能。EDIUS Pro 不仅提供实时的混合编辑性能，而且可以通过电缆线实时输出到 DV 设备。当与 Canopus 事实编辑硬件相连接时，EDIUS Pro 可以实时输出到模拟设备、HD component displays 甚至是 SD-SDI 和 HD-SDI VTRs。每个 EDIUS Pro 里都包含的 EDIUS Speed Encoder for HDV 时间线输出器，利用具有双核技术的 CPU，生成全 HDV 匹配的 MPEG-2、Windows Media、QuickTime 等，通过软件包自带的 Pro Coder Express for EDIUS 可以输出更多的格式。

（三）EDIUS Pro 的使用特点

EDIUS Pro 操作界面由预览窗、时间线、特技窗、信息窗、标志窗以及素材库几个主要单元构成，各个单元的布局可任意调整。EDIUS 支持 Canopus 备受称赞的 DVRaptor RT2、DVStorm 和 DVRex RT 产品线，拥有无限视频和音频轨、无限字幕和图形层多轨过渡特技设置、同步配音录制、更加灵活的三点和四点编辑、多种格式转换输出等特点。

1. 操作界面合理简便

EDIUS Pro 通过用户界面外观和功能提供了强大的用户定制控制。其特点包括可调整预设未知的浮动窗口设计，选择在每个窗口中添加或删除 EDIUS Pro 3 的功能键，映射键盘快捷工具提供给用户改变键盘命令以适应他们的工作流程。参照其他流行的非线性编辑软件,EDIUS Pro附送光盘里带有预先编排的快捷键预设支持单屏和双屏显示。每个界面组件均支持自定义功能。

2. 兼容性强

EDIUS Pro具有无与伦比的实时视频编码技术,支持HQ、SD、DV编码格式的素材并可以对其进行混编,可在不同的HD和SD分辨率、高宽比和帧速率间进行实时转换。可直接导入VOB文件并在时间线上进行编辑。在4∶3标清时间线上编辑,还支持NTSC和PAL制式的混编。EDIUS Pro也可以实时回放和DV输出所有特技、键特技、转场及字幕,并且能输出项目到任意格式或者媒介。

3. 媒体管理方便

EDIUS Pro通过"监视"文件夹、媒体输入、搜索工具等先进的窗口进行媒体管理,具有搜索素材、管理素材、分析素材的功能。可以搜索时间线上的素材在素材窗口中的位置,也可直接采集光盘上的m2p视频文件,采集WAV格式音频文件,在轨道上对音频进行立体声和单声道调节。设置增加视频、音频素材,可以把一个素材的视频或音频单独输入。用简单的鼠标图示表示素材的修剪、滑动和回放,并且实时示波器和波形监视器可以在采集和编辑时提供详细的影片分析,改进了时间线窗口素材波形图的显示精度。

4. 效果技术强大

EDIUS Pro集成了Canopus强大的效果技术,为编辑者提供了高水平的艺术创造工具。EDIUS Pro提供了27种实时视频滤镜。包括白平衡/黑平衡、颜色校正、高质量虚化和区域滤镜。此外,还具有实时色度件和亮度键功能,用于复合效果设计。EDIUS Pro具有二维和三维画中画效果,EDIUS中的所有效果是容易调整的,还可以组合起来产生成百上千种不同的效果。

5. 较好的图像质量和性能

EDIUS Pro平台中拥有Canopus HQ编、解码器。依托Canopus可升级技术,创新的编解码器提供时下任何HD编辑质量的图像质量和性能。Canopus HQ编解码不仅提供出众的HD视频亮度和色度取样,而且当用高性能系统采集和编码的时候,可以调节比特率来提高视频质量。[1]

---

[1] 左明章,刘震. 非线性编辑原理与技术[M]. 北京:清华大学出版社,2008,9.

第四节 其他常用编辑软件及制作技术

一、其他的非线性编辑软件

除了以上几种常用的非线性编辑软件,其他还有 Vegas Video、Final Cut Pro 和 D3-Edit 等几种经常被使用的非线性编辑系统。

(一) Vegas Video 4.0

Vegas Video 4.0 是 PC 平台上用于视频编辑,音频制作、合成,字幕设置和编码的专业产品。它具有漂亮直观的界面和功能强大的音视频制作工具,为 DV 视频、音频录制、编辑和混合,流媒体内容作品和环绕声制作提供完整的集成的解决方法。Vegas Video 4.0 为专业的多媒体制作树立一个新的标准,应用高质量切换、过滤器、片头字幕滚动和文本动画;创建复杂的合成,关键帧轨迹运动和动态全景/局部裁剪,具有不受限制的音轨和非常卓越的灵活性。利用高效计算机和大的内存,Vegas Video 4.0 从时间线提供特技和切换的实时预览,而不必渲染。使用 3 轮原色和合成色校正滤波器完成先进的颜色校正和场景匹配。使用新的视频示波器精确观看图像信号电平,包括波形、矢量显示、视频 RGB 值(RGB Parade)。

Vegas Video 4.0 在设置音频灵活性方面提供终极的功能,包括不受限制的轨迹,对 24bit/96kHz 声音支持、记录输入信号监视、特技自动控制、时间压缩/扩展等。Vegas 4.0 具有超过 30 个摄影室品质的实时 DirectX 特技,包括 EQ、混响、噪声门限制、时间压缩/扩展和延迟。Vegas Video 4.0 充分结合特效、合成、滤波器、剪裁和动态控制等多项工具,为 DV 视频编辑、多媒体制作和广播等提供较好的解决方案。

(二) Final Cut Pro 4

这个视频剪辑软件由 Premiere 创始人兰迪·尤比诺(Randy Ubillos)设计,充分利用了 PowerPC G4 处理器中的"极速引擎"(Velocity Engine)处理核心,提供全新功能,例如不需要加装 PCI 卡,就可以实时预览过渡与视频特技编辑、合成和特技设计,拥有标准的项目窗口及大小可变的双监视器窗口,它运用 Avid 系统中含有的三点编辑功能,在 preferences 菜单中进行所有的 DV 预置之后,可高效率地采集视频,用软件控制摄像机,可批量采集。时间线简洁且容易浏览,程序的设计者选择邻接的编辑方式,剪辑是首尾相连放置的,切换(例如淡入淡出或划变)是通过在编辑点上双击指定的,并使用控制句柄来控制效果的长度以及输入和输出。特技调色板具有很多切换,虽然大部分是时髦的飞行运动、卷页模式,然而,这些切换是可自定义的,它使 Final Cut Pro 优于只有提供少许平凡运行特技的其他的套装软件。在 Final Cut Pro 中有许多项目都可以通过具体的参数来设定,这样就可以实现精细的调整。Final Cut Pro 支持 DV 标准和所有的 Quick Time 格式,凡是 Quick Time 支持的媒体格式在 Final Cut Pro 都可以使用,这样就可以充分利用以前制作的各种格式的视频文件、Flash 动画文件。

(三)大洋公司的 D3-Edit HD 非线性编辑系统

大洋公司典型的非线性编辑系统是基于 Matrox DSX 平台开发设计的 D3-Edit HD 高清编辑系统和 D3-Edit SD 标清编辑系统。D3-Edit 是大洋公司新推出的主力桌面产品系列,它融合了尖端的软硬件技术、双核处理器、视觉处理单元和 DSP 加速芯片联合构建了 D3-Edit 的硬件加速渲染平台(CDV),借助此平台,D3-Edit 软件在结构上采用了松散耦合模式,这种低关联性的模块化设计不但最大限度地调用了硬件资源,并且很好地提升了系统的稳定性。

D3-Edit 高清系列产品主要有 D3-Edit HD Pro 9 和 D3-Edit HD Pro 8。D3-Edit HD Pro 可以实现高清视频的多层多特技剪辑包装、压缩/非压缩视频的处理,以及最高 24 位的高质量音频处理,它集剪辑、合成和 DVD 编著于一身,为正向高清过度的用户提供了一套高性能的多功能复杂编辑解决方案。D3-Edit 标清系列产品有 D3-Edit Extra、D3-Edit 9000、D3-Edit 7000、D3-Edit 3000、D3-Edit 2000 和 D3-Edit 1000。

二、图形图像处理技术

(一)图形与图像

1. 图形与图像的区别

图形是用一个指令集合来描述的。这些指令描述构成一幅图的所有直线、圆、圆弧、矩形、曲线等的位置、维数、大小、形状和颜色。产生图形的程序通常称为绘图(Draw)程序,它可以分别产生和操作矢量图形和各个片断,并可任意移动、缩小、放大、旋转和扭曲各个部分,也依然保持各自的特性。图形与分辨率无关。

图像是由描述图像中各个像素点的亮度与颜色的数位集合组成。它适合表现层次细致、色彩丰富、包含大量细节的图像。生成图像的软件工具通常称为绘画(Paint)程序,可以用指定颜色画出每个像素点来生成一幅画。它所需空间比矢量图形大得多,因为图像必须指明屏幕上显示的每个像素点的信息。图像与分辨率有关。

2. 图形处理的内容

图形处理研究的是如何通过计算机生成、处理和显示图形，其广泛用于计算机辅助设计与制造、计算机艺术、计算机模拟、计算机动画和虚拟现实等领域。

（1）图形的输入

图形的输入研究的是如何开发利用图形输入设备及软件将图形输入到计算机中，以便进行各种处理。

（2）图形的变换处理

图形的变换处理包括对图形进行变换（如几何变换、投影变换、建模、造型）和运算（如图形的并、交、差运算）处理。

（3）图形的生成与输出

图形的生成与输出研究的是如何将图形特定的表示形式转换成图形输出系统便于接受的表示形式，并将图形在显示屏或打印机等输出设备上显示输出。

3. 图像处理的内容

图像处理是研究如何通过有关技术修改和解释现有图像。图像处理的研究对象是数字图像，其研究的主要内容包括以下方面。

（1）图像的数字化

图像的数字化是指将一幅图像通过采样、量化、编码转变成计算机能够接受的数字图像。

（2）图像编码压缩

数字化后的图像数据量大，需采用编码技术来压缩信息，以便节省图像传输和处理的时间，减少存储容量。常见的压缩编码包括预测编码、变换编码、分形编码、小波变换等。

（3）图像变换

图像的变换是将空间域的处理转换为变换域的处理，不仅可以减少计算量，而且可获得更有效的处理。图像变换还包括传统的几何变换，例如图像的缩放、旋转、平移、投影等。

（4）图像恢复技术

图像恢复是采用某种滤波方法，如去除噪声、干扰和模糊等，恢复或重建原来的图像。

（二）图像处理的基本概念与术语

1. 色彩的亮度、色调和饱和度

（1）亮度。亮度也称为明度，是指彩色所引起的人眼对明暗程度的感觉。

它与被观察物体的发光强度有关。对于色调、饱和度固定的光而言,当其全部能量增强时,亮度增加,因此亮度与光功率有关。

(2) 色调。色调也称为色相,指颜色的基本面貌,即人们称呼某种颜色的名称,如红、绿、蓝等。色调与光波的波长有关,不同的波长反映不同的颜色感。色调是人们看到一种或多种波长的光时所产生的综合效果。它反映颜色的种类,是决定颜色的基本特性。

(3) 饱和度。饱和度也称为纯度,指颜色的深浅程度。对于同一色调的彩色光,饱和度越高则颜色越纯。凡是经过混合后所产生的颜色,它的色彩饱和度比未混合的原来的颜色低。饱和度的增减还会影响到颜色的亮度。

2. 色彩模型

色彩模型是指已经建立好的用于描述和重现色彩的各种模型。各个应用领域一般使用不同的色彩模型。常用的色彩模型有 HSB、RGB、CMYK 以及 Lab 色彩模型。

(1) HSB 模型

HSB 指的是色调(Hue)、饱和度(Saturation)和亮度(Brightness)。该模型是用色彩的三要素来描述颜色,适合于色彩设计,绝大部分的设计软件都提供了这种色彩模型,包括 Windows 的系统调色板也是采用这种色彩模型。

(2) RGB 模型

RGB 是指红(Red)、绿(Green)和蓝(Blue)三种色光。该模式采用加色法混合方式。

(3) CMYK 模型

CMYK 是指青色(Cyan)、品红(Magenta)、黄色(Yellow)、黑色(blacK)四种油墨色。该模式采用减色法混合方式。

(4) Lab 模型

Lab 色彩模型用以下三组数值表示色彩。

L:Lightness 亮度数值,从 0 到 100;

a:红色和绿色两种原色之间的变化区域,数值从 −120 到 +120;

b:黄色到蓝色两种原色之间的变化区域,数值从 −120 到 +120。

3. 分辨率

分辨率是影响图像质量的重要因素,分为屏幕分辨率、图像分辨率、显示器分辨率和像素分辨率。

(1) 屏幕分辨率

屏幕分辨率是指某一种显示方式下,计算机屏幕上最大的显示区域,以水平和垂直的像素表示。

(2) 图像分辨率

图像分辨率指数字化图像的大小,以水平和垂直的像素点表示。

(3) 显示器分辨率

显示器分辨率指显示器本身所能支持各种显示方式下最大的屏幕分辨率,通常它用像素之间的距离来表示,即点距。

(4) 像素分辨率

像素分辨率指一个像素的宽和长的比例(也称为像素的长宽比),在像素分辨率不同的机器间传输图像时会产生意想不到的畸变。

4. 颜色深度

位图图像中像素的颜色(或亮度)信息是用若干二进制数据位来表示的,这些数据位的个数称为图像颜色的深度。

颜色深度取决于组成该图像的所有位平面中像素的位数之和,即位图中每个像素所占的位数,它反映图像可能出现不同颜色的最大数目。

5. 图像文件格式

(1) PCX 格式

PCX 格式最初由 Z-Soft 公司为其图像处理软件——PC Paintbrush 设计的文件格式。该格式使用游程长编码(RLE)方法进行压缩,压缩比适中,适合于一般软件的使用,压缩和解压缩的速度都比较快。另外,各种扫描仪扫描得到的图像一般都能存成 PCX 格式。

(2) DIB 和 BMP 格式

DIB 是 Windows 所使用的与设备无关的点位图文件存储格式。BMP 是标准的 Windows 和 OS/2 的图像格式的基本位图格式。BMP 文件格式存储的图像数据都不能压缩,因此图像文件的大小较大。

(3) GIF 格式

GIF(Graphics Interchange Format)格式,译为图形交换格式,用于在不同的平台上进行图像交流和传输。GIF 是使用 LZW 压缩方法的主要图形文件格式,因此,文件压缩比较高,文件较小。

(4) TIFF 格式

TIFF(Tag Image File Format)格式称为标记图像文件格式,支持所有的图形类型,同时被许多图形应用软件(如 CorelDraw、PhotoShop 等)所支持。TIFF 格式文件分为压缩和非压缩两类,非压缩的 TIF 文件独立于软硬件,但压缩文件要复杂多了,图形文件压缩后,格式改为 TIFF 格式。

(5) JPEG 格式

JPEG 格式采用的是有损压缩编码格式,文件非常小,而且可以调整压缩比。JPEG 文件的显示比较慢，仔细观察图像的边缘可以看出不太明显的失真。适用于要处理大量图像的场合，一般不适合用来存储原始图像。

（6）PCD 格式

PCD 格式是 Kodak 公司开发的电子照片文件存储格式，是 Photo-CD 的专用格式，一般都存储在 CD-ROM 上，读取 PCD 文件要用 Kodak 公司出的专门软件。

（三）图像数据的压缩

从信息论观点来看，图像作为一个信源，描述信源的数据是信息量（信源熵）和信息冗余量之和。信息冗余有许多种，如空间冗余、时间冗余、结构冗余、知识冗余、视觉冗余等，数据压缩实质上是减少这些冗余量。从数学上讲，图像可以看做一个多维函数，压缩描述这个函数的数据量实质是减少其相关性。另外在一些情况下，允许图像有一定的失真，而并不妨碍图像的实际应用。

1. 数字图像的相关性

在图像的同一行相邻像素之间、活动图像的相邻帧的对应像素之间往往存在很强的相关性，去除或减少这些相关性，也就去除或减少图像信息中的冗余度，即实现了对数字图像的压缩。

2. 人的视觉心理特征

人的视觉对于边缘急剧变化不敏感（视觉掩盖效应），对颜色分辨力弱，利用这些特征可以在相应部分适当降低编码精度，而使人从视觉上并不感觉到图像质量的下降，从而达到对数字图像压缩的目的。

（四）图像素材的获取

1. 直接从素材库获取或网站下载

（1）利用图像光盘资源

市场上出售各种不同类别的图像素材光盘，如动物、花卉、底纹、按钮、背景等，使用时根据需要选择相关的素材，并进行适当处理即可。

（2）网上查找

网络是一个巨大的资源库，充分利用网络能查找到大量的图片素材。找到图片后用保存网页的方法可以保存图片，若网页设置为不能保存，可以用复制粘贴的方法保存图片。

2. 从显示屏幕捕获

（1）利用 Print Screen 键

如果想从当前屏幕上捕获图像，可以通过使用屏幕捕获程序从当前屏幕上捕获图像。如果图像所在的软件运行在 Windows 环境下，则只要按下

Print Screen 键,全屏幕图像便被拷贝到剪贴板上。如果只想将当前活动窗口捕获则需要按下 Alt+Print Screen 键。

(2) 利用抓图软件 SnagIt 捕获图像

SnagIt 是 Windows 应用程序,可以捕捉、编辑、共享计算机屏幕上的一切。SnagIt 具有将显示在 Windows 桌面上的文本块直接转换为机器可读文本的独特能力,有点类似某些 OCR 软件,这一功能甚至无需剪切和粘贴。程序支持 DDE,所以其他程序可以控制和自动捕获屏幕。还能嵌入 Word、Power Point 和 IE 浏览器中。

(3) 从 VCD/DVD 中截取画面

步骤 1:启动超级解霸应用程序,选择【文件】|【打开媒体文件】命令,开始播放文件;

步骤 2:确定需要截取图像的位置,截取图像;

步骤 3:保存文件。

(4) 利用扫描仪获取

图像扫描仪可将照片、图片等素材通过光电转换变成数字图像输入到计算机中,生成单色、灰度或彩色等多种格式的图像文件。

(5) 利用数码照相机拍摄

数码照相机具有将依赖空间、时间的图像转化成数字图像,暂存到相机的存储卡中,再通过计算机的 USB 接口输入计算机中。这种方法输入图像速度快,且图像的清晰度高、色彩逼真。

(五) 图像的编辑处理

1. 图像的增强

图像增强是将图像中感兴趣的特征有选择地突出,调整图像的对比度,突出图像中的重要细节,而衰减不需要的特征,其目的主要是提高图像的视觉效果。

2. 图像的恢复

图像的恢复就是对退化或劣化的图像进行校正处理、滤去退化痕迹、恢复图像的本来面目。其原则是尽可能复现或逼近无退化的真实图像。

3. 图像的平滑

图像平滑主要是为了消除噪声。噪声并不限于人眼所能得见的失真和变形,有些噪声只有在进行图像处理时才可以发现。图像中的噪声往往和信号交织在一起,如果平滑不当,就会使图像本身的细节如边界轮廓、线条变得模糊不清,因此,既要平滑掉噪声,又要尽量保持图像细节,是图像平滑主要研究的任务。

4. 图像的锐化

图像边缘锐化处理主要是加强图像中的轮廓边缘和细节,形成完整的物体边界,将物体从图像中分离出来或将表示同一物体表面的区域检测出来。

5. 图像的分割

图像分割是将图像分成若干部分,每一部分对应于某一物体表面,在进行分割时,每一部分的灰度或纹理符合某一种均匀测度度量。其本质是将像素进行分类。

6. 图像的校正

图像校正是为改善图像质量而提出的一种处理方法。通过图像校正可使画面中较暗的部分层次分明、细节清晰可辨,色彩还原自然,轮廓线平滑。

第六章　新媒体视听节目的压缩编码

作为新媒体平台传输的视听节目形态，新媒体视听节目在拍摄、编辑和制作之后，必须生成符合新媒体平台传输要求、能够快速高质量传输和播放的网络音视频节目文件。因此，视听节目制作技术支撑下的新媒体视听节目的压缩编码显得至关重要。

第一节　新媒体视听节目压缩编码原理与技术

本节主要介绍新媒体视听节目压缩编码的原理、方式和流程，系统分析和阐述新媒体视听节目压缩编码的技术背景、文件格式和操作流程，为新媒体视听节目的制作和传输提供充分的技术保障和经验借鉴。

一、视听节目的压缩编码原理

如果要在新媒体网络平台上传输视听节目，需要考虑的一个重要因素是文件大小，因为视听节目文件往往会很大，这将占用大量硬盘空间。解决这些问题的方法是压缩，即让文件变小。

使用文本文件，大小问题就显得不那么重要了，因为这样的文件充满了"空格"，可以大幅度压缩——一个文本文件至少可以压缩 90%，压缩率是相当高的(压缩率是指已压缩数据与未压缩数据之比值)。其他类型的文件，如 MPEG 视频或 JPEG 照片几乎无法压缩，因为它们是用非常紧密的压缩格式制成的。

(一) 视听节目的的压缩编码需求

视听节目之所以需要压缩，是因为它原来的形式占用的空间大得惊人。视频经过压缩后，存储时会更方便。

数字视频的数据量极大。以 VCD 为例，每帧画面由 76800(320×240)个像素组成，每秒显示 25 帧，如果每个像素用 16 位表示，每秒的数据量会有 30Mb。如果不考虑声音信号，存储 1 小时节目将需要 13.8GB 的储存空间，传输数据视频信号的宽带需要超过 30Mbps。迄今为止，国内大多数用户使用 ADSL 方式接入互联网的宽带不超过 1Mbps。

因此，要使视频通信的理想变为现实，必须在宽带网络和数据压缩等关键技术上取得重要突破，其中数据压缩技术则是视频通信得以普及和发展的重要基础。一方面，由于视频信息的数据量巨大，如果不进行压缩，则难以储存和传输，即使宽带网络能够提供所需的宽带，其传输也是非常不经济的；另一方面，通过使用数据压缩技术，可以极大地降低数据量和所要求的传输宽带及储存容量，提高传输效率和降低成本。因此，数据压缩技术不仅是视频通信的需要，也是高效利用网络资源和降低用户通信费用的有效途径，还是数字视频走向实用化的关键技术之一。

（二）数字视频的压缩编码原理

视频图像之间存在着一定的冗余（冗余并不是多余），因而使视频压缩成为可能。信息论的创始人香农提出，数据是由实际信息和冗余信息构成的。冗余信息是传输消息所用数据位与消息中实际包含的信息的数据位差值。由于视频图像的各项度之间及各帧之间存在着很大的相关性，因而有着很大的冗余，可利用一些编码方法删去它们，达到减少冗余而压缩数据的目的。视频图像之间的冗余有空间冗余、时间冗余、信息熵冗余、结构冗余、知识冗余和视觉冗余。

1. 空间冗余

空间冗余是视频图像中经常存在的一种冗余。视频图像中规则物体和规则背景的表面物理特性都具有相关性，更具体地说，图像内的任何一个物体是由若干像素点构成的，而一个像素通常和它周围的一些像素在色度和亮度上相同或者非常相近，存在一定的相关性。这些相关性的光成像结果在数字化图像中就表现为数据的空间冗余。

2. 时间冗余

时间冗余是指活动图像连续的帧之间的冗余。在图像序列的两幅相邻图像中后一幅图像与前一幅图像之间有较大的相关性。由于视频图像的帧速率高达 25 帧/秒，而通常情况下所拍摄对象的运动速度不会太快，因此相邻两幅图像的内容差别不大，往往背景相同，只不过移动物体所在的空间位置略微不同，即后一帧数据和前一帧数据有诸多相同之处，这就表现为时间冗余。同理，在语言中，由于人在说话的过程中发出的声音是一连续的渐变过程，而不是在时间上完全独立的过程，因此也存在着时间冗余。

3. 信息熵冗余

信息熵冗余又称为编码冗余。信息熵是指一组数据所携带的信息量及其出现的概率。从理论上来说，要表示图像数据的一个像素点，只要求按其信息熵的大小来分配相应的比特数即可。而对于实际图像的每个像素点，很难得到它的信息熵,因此一般是对于每个像素采用相同的相比特数来表示,这样就必然存在冗余,即信息熵冗余。

4. 结构冗余

许多图像存在着较强的纹理结构。在图像纹理区,图像的像素值存在着明显的分布模式,如瓦片构成的屋顶、方格状的地板砖图案等,如果对相似的对称的结构都加以记录,就会出现结构冗余。

5. 知识冗余

很多图像的理解和很多先验知识有相当的相关性。例如,认脸的图像有相同的结构:嘴的上方是鼻子、鼻子上方是眼睛,鼻子在中线上等。这些规律的结构可由先验知识和背景知识得到,这类冗余称为知识冗余。知识冗余是模型编码主要利用的特性。

6. 视觉冗余

通常情况下,人类视觉对亮度产生敏感,而对色度变化相对不敏感。在高亮区,人眼对亮度变化敏感度下降,致使对内容细节相对不敏感,而对整体轮廓敏感。因此,人类视觉并不是对图像的任何变化都能感知出来,表现为视觉冗余。

总之,利用数字视频图像的空域相关、时域相关和人眼观看视频图像的视觉特性,可以利用相关的压缩算法去除冗余信息,提高网络视频的传输效率。

(三) 视听节目的编码压缩标准

视听节目广泛应用于计算机通信及互联网等领域。人们对视频的要求永无止境,对压缩编码标准液要求不断改进,从而促使了许多视频编码标准的产生。国际上有两个负责数字视频编码标准化的组织。一个是 ISO(International Standard Organization,国际标准组织)下属的 MPEG(Motion Picture Expert Group,运动图像专家组),包括已成为正式国际标准、用于 VCD 压缩的 MPEG-1 标准和用于广播电视的 MPEG92 标准,到基于对象进行编码、主要用于交互多媒体环境下应用的 MPEG-4 标准,再到支持多媒体信息基于内容检索的 MPPEG-7,以及正在制定的智能化的定名为"多媒体框架"的 MPEG-21 标准;另一个是 ITU-T(国际电联)下属的 VCEG(Video Code Expert Group,视频编码专家组)提出的 H 系列,主要包括用于视频会议的视频压缩标准 H.261、H.263 和 H.263 的加强版 H.263+、H.263++标准。

两个组织也共同制定了一些标准,例如 H2.62 和 H2.64。H2.62 等同于 MPEG-2 标准。2003 年 5 月 ITU-T 与 ISO 的 JVT(Joint Video Team,联合视频组)发布了 H2.64(ISO 将其纳为 MPEG-4 的第 10 部分),业界称其为 AVC(Advanced Video Code,先进视频编解码)。H2.6x 和 MPEG 两大阵营

在 H2.64 上实现了统一。

二、视听节目压缩编码方式

压缩编码的方法有多种,从不同的角度出发有不同的分类方法。通常,从信息论的角度出发,可以分为有损压缩和无损压缩两大类。

无损压缩是利用数据的统计特征对图像进行压缩,即解压缩后的图像和原图像相一致而不存在任何失真,但压缩率受到数据统计冗余度的限制,一般为 2∶1~5∶1。这类方法广泛用于文本数据、程序和特殊应用场合的图像数据(如指纹图像和医学图像)的压缩。由于压缩比(压缩后的数据量和压缩前的数据量之比)的限制,仅使用无损压缩不可能解决网络视频存储和传输中的所有问题。

衡量一个压缩编码方法优劣的指标有:(1)压缩比要高,有几倍、几十倍、也有几百乃至几千倍;(2)压缩与解压缩要快,算法要简单,硬件实现容易;(3)解压缩后的图像质量要好。①

(一)无损压缩编码

常用的无损压缩方法有香农—范诺(Shannon-Fano)编码、哈夫曼(Huffman)编码、行程编码(Run-Length Encoding,RLE)、LZW(Lempel-Ziv-Welch)编码和算术编码。

1. 香农—范诺编码

1948 年香农在提出信息熵理论的同时,也给出了一种简单的编码方法,即香农编码。1952 年,范诺在此基础上提出了范诺编码,通过熵符号进行有效编码从而实现数据压缩。因此,人们称之为香农—范诺编码。

(1)基本概念

熵是度量信息量的一种方法,它通常表示某一信息量出现的越多,事件发生的可能性就越小,即概率越小。事件的信息量用 $I_i = -\log_2 P_i$ 表示,其中 P_i 为第 i 个事件的概率,$0 < P_i' \leqslant 1$。

(2)算法步骤

步骤一:按照符号出现的概率减少的顺序将待编码的符号排成序列。

步骤二:将符号分成两组,使这两组符号的概率之和相等或者机会相等。

步骤三:将第一组赋值为 0,第二组赋值为 1。

步骤四:对每一组重复步骤二的操作。

---

① 选用编码方法时,一定要考虑:图像信息源本身的统计特征;多媒体系统(硬件和软件产品)的适用能力;应用环境以及使用标准。

2. 哈夫曼编码

哈夫曼编码是依据香农和范诺阐述的编码思想提出的一种不定长的编码方法，其编码完全依据字符出现的概率来构造异字头的平均长度最短的码字，有时称之为最佳编码。

(1) 基本方法

先对图像数据扫描一遍，计算出各种像素出现的概率，按照概率的分大小制定不同长度的唯一码字，由此得到一张该图像的哈夫曼码表。编码后的图像数据记录的是每个像素的码字，而码字与实际像素值的对应关系记录在码表中。

(2) 算法步骤

步骤一：初始化，根据符号概率的大小按由大到小的顺序对符号进行排列。

步骤二：把概率最小的两个符号组成一个新符号（节点），即新符号的概率等于这两个符号概率之和。

步骤三：重复第二步，直到形成一个符号为止，其概率最后等于1。

步骤四：从编码树的根开始回溯到原始的符号，并将每一下分支赋值为1，上分支赋值为0。

哈夫曼码的码长虽然是可变的，却不需要另外附加同步码，例如，码串中的第一位为0，那么肯定是符号B，因为表示其他符号的代码没有一个是以0开始的，因此下一位就表示下一个符号代码的第1位。同样，如果出现"110"，那么它就表示符号E。如果事先编写出一本解释各种代码意义的"词典"，即码簿，那就可以依据码簿一个个地进行译码。

与香农—范诺编码相比，该方法自含同步码，在编码之后的码串中不需要另外添加标记符号，即在译码是分割符号的特殊代码。此外，哈夫曼编码效率比香农—范诺编码的效率高。

采用哈夫曼编码时要注意以下两个问题。

第一，哈夫曼编码没有错误保护功能，在译码时，如果码串中没有错误，那么就能一个接一个地正确译出代码。但如果码串中有错误，哪怕仅是1位出现错误，不但这个码本身译错，更糟糕的是一错一大串，全乱了套，这种现象称为错误传播（error propagation）。计算机对这种错误也无能为力，说不出错在哪，更谈不上去纠正它。

第二，哈夫曼码是可变长度码，一次很难查找或者调用压缩文件中间的内容，然后再译码，这就需要在存储代码之前加以考虑。尽管如此，哈夫曼码还是得到了广泛应用。

3. 算术编码

算术编码在图像数据压缩标准,如 JPEG 和 JBIG 中起重要作用。算术编码采用的解决方法是,不用二进制代码来表示符号,而改用[0,1]中的一个宽度的等于其出现概率的实数区间来表示一个符号,符号表中的所有符号刚好布满整个[0,1]区间(概率之和为 1,不重不漏)。把输入符号串(数据流)映射成[0,1]区间中的一个实数值。

算术编码可以是静态的或者自适应的。在静态算术编码中,信源符号的概率是固定的。在自使用算术编码中,信源符号的概率会根据编码时符号出现的频繁程度动态地进行修改。这种编码期间估算心愿符号的过程称之为建模。建模是确定编码器压缩效率的关键,这一方面是因为事先很难知道精确的信源概率,最有效的方法是在编码过程中估算概率;另一方面是仅有一个计算编码器并不能获得最大效率。算术编码具有以下特点。

特点一:要预先定义概率模型。

特点二:信源符号概率接近时,建议使用算术编码,这种情况下其效率高于哈夫曼编码。

特点三:实现方法相对复杂,但其编码效率比哈夫曼编码高 5% 左右,因此在 JPEG 扩展系统中用算术编码取代哈夫曼编码。

4. RLE

一幅图像通常具有很多颜色相同的图块。在这些图块中,许多行上都具有相同的颜色,或者在一行上具有很多相同的颜色值。在这种情况下,就不需要存储每一个像素的颜色值,而仅仅存储一个像素的颜色值,以及有相同颜色的像素数目即可;或者存储一个像素的颜色值,以及具有相同颜色值的行数。这种压缩编码称为行程编码,常用 RLE 表示,具有相同颜色并且是连续的像素数目称为行程长度。

RLE 又称"运行长度编码",是一种统计编码,该编码属于无损压缩编码。RLE 编码的基本原理是:用一个符号值或者串长来代替相同值的连续符号(连续符号构成一段连续的"行程",行程编码因此而得名),使符号长度少于原始数据的长度。

RLE 所能获得的压缩比主要取决于图像本身的特点。如果图像中具有相同颜色的图像块越大,图像块的数目越少,获得的压缩比越高,反之越低。RLE 比较适用于计算机生成的图像,它对减少文件图像的存储空间非常有效。然而,RLE 对颜色丰富且无规则的自然图像就显得力不从心,在同一行上的具有相同颜色的连续像素往往很少,而连续几行都具有相同颜色值的连续行数就更少。如果仍然使用 RLE 编码方法,不仅不能压缩图像数据,反而可能使原来的图像数据比原来的更大。这并不是说 RLE 编码方法不适用于自然图像的压缩,相反,在自然图像的压缩中仍需要 RLE,只不过需要与其他压缩编码技术联合使用。①

(二) 有损压缩编码

有损压缩也称信息量压缩方法,即解压缩后的图像与原图像不一致,存在数据丢失的现象,并且丢失的这些数据不可恢复,但可以利用人的视觉特性使解压缩后的图像看起来与原图像一致。有损压缩的压缩比一般为 100∶1~200∶1。

1. 预测编码

预测编码主要用于消除图像的时间冗余度。它根据某一模型利用先前已编码过的像素的值来预估当前待编码像素的值,然后对实际值和预估值的差值(通常称为预测误差)进行量化和编码。如果预测越准确,误差值就越小,在同等精确要求的条件下,就可用较少的比特位进行编码,以达到数据压缩的目的。预测编码可以获得比较高的编码质量,并且实现起来比较简单,因而被广泛地应用于图像压缩编码系统,但是它的压缩比并不高。常用的预测编码方法包括,差分脉冲编码调制(Differential Pulse Code Modulation,DPCM)、自适应差分预测编码(Adaptive Difference Pulse Modulation,ADPCM)和帧间预测编码(Inter Prediction Coding)。

(1) DPCM

DPCM 是利用样本之间存在的信息冗余度来进行编码的一种数据压缩技术。DPCM 的思想是:依据过去的样本去估算下一个样本信号的幅度大小,这个值称为预测值,然后对实际信号值与预测值之差进行量化编码,从而减少了表示每个样本信号的基本位数。它与 PCM(Pulse Code Modulation,脉冲预测编码)不同的是,PCM 是直接对采样信号进行量化编码,而 DPCM 是对实际信号值与预测信号值之差进行量化编码,存储或者传输的是差值而不是幅度绝对值,这就降低了传送或存储的数据量。此外,它还能适应大范围变化的输入信号。

(2) ADPCM

ADPCM 的预测器和量化器的参数能根据图像不同位置的具体特点进行自动调节,从而匹配图像的局部变化,具有更大的灵活性,并获得进一步的压缩效果或提高压缩质量。

---

① RLE 编码是连续精确的编码,在传输过程中,如果其中一个符号发生错误,即可影响整个编码序列,使 RLE 编码无法还原回原始数据。

(3) 帧间预测压缩

活动图像是由连续的图像帧组成的时间图像序列,它在时间上比在空间上具有更大的相关性。大多数视频帧之间细节变化很小,即视频图像帧之间具有很强相关性,利用帧所具有的相关性特点进行帧间编码,可获得比帧内编码更高的压缩比。对于静止图像或者活动很慢的图像,可以说少传一些帧如隔帧传输,对于未传输的帧,可以利用接收端的帧存储器中前一帧的数据作为该帧数据,对视觉没有什么影响。

基于以上分析,帧间预测编码实际上是利用视频图像帧间的相关性,即时间相关性,来达到压缩图像的目的,即不直接传送当前帧的像素值,而是传送当前帧与其前一帧或者后一帧之间的差值,帧间预测编码广泛适用于视频会议、视频电话和高清视频的压缩编码。

2. 变换编码

变换编码主要消除图像的空间冗余度,并可得到比预测编码更高的数据压缩率。变换编码就是将图像时域信号变换到频域信号或者将原始数据"变换"到另一个更为紧凑的表示空间,进行压缩编码的方法。

变换本身并不进行数据压缩,它只把信号映射到另一个域,使信号在变换域里容易进行压缩,变化后的样值更加独立和有序。将时域信号变换到频域,因为声音和图像大部分信号都是低频信号,在频域中信号的能量较集中,再进行采集或编码,那么肯定可以压缩数据。

(1) DTC 编码

DTC 编码的基本思想是:原图像在输入编码器之前,被分割成一系列按顺序排列的 8×8 像素的图像块,同时把作为原始采样数据的无符号整数转换成有符号整数,这一过程叫正交变换。

(2) 小波变换编码

小波变换用于图像的基本思想就是把图像进行多分辨率分解,分解成不同空间、不同频率的图像,然后再对子图像进行系数编码。根据塔式分解算法,图像经过小波变换后被分解成四个频带:水平、垂直、对角线和低频,低频部分还可以继续分解。

图像经过小波变换后生成的小波图像的数据总量与原图像的数据相等,即小波变换本身并不具有压缩功能。之所以将它用于图像压缩,是因为生成的小波图像具有与原图像不同的特性,表现在图像上的能量主要集中于低频部分,而水平、垂直和对角线部分的能量则较少;水平、垂直和对角线部分表征了原图像在水平、垂直和对角线部分的边缘信息,具有明显的方向性。低频部分可以称作亮度图像,水平、垂直和对角线部分可以称作细节图像。对于所得的四个字图,根据人类的视觉生理和心力特点分别作不同策略的量化和编码处理:人眼对亮度图像部分的信息特别敏感,对这一部分的压缩应尽可能地减少失真或者无失真,例如采用无失真的 DPCM 编码;对细节图像可以用压缩比较高的编码方案,例如矢量量化编码,DCT 等。

3. 子带编码

子带编码就是利用数字滤波器将输入的数字信号分解成频域不相关的具有不同能量成分的频带,然后根据各频带的特性进行量化和编码。子带编码可以充分利用不同频带的特性进行有效的编码,并且易于将人眼的视觉特性应用到编码过程中去。

4. 模型编码

模型编码是利用计算机视觉和计算机图形学的知识对图像信号进行分析与合成。模型编码将图像信号看做三维世界中的目标和景物投射在二维平面的产物,而对这一产物的评价是由人类视觉系统的特性决定的。模型编码的关键是对特定的图像建立模型,根据模型确定图像中景物的特征参数,如运动参数和形状参数等。解码时则根据参数和已知模型用图像合成技术重建图像。由于编码的随想是特征参数,而不是原始图像,因此有可能实现比较大的压缩比。模型编码引入的误差主要是人眼视觉不太敏感的几何失真,因此重建图像非常自然和逼真。

5. 矢量量化编码

量化编码按一次量化的码元个数,可分为标量量化和矢量量化。标量量化就是对数字化后的数据一个一个地量化,而矢量量化就是将数据分组,每组 m 个数构成 m 维矢量,再以矢量为单位逐个进行量化。矢量量化编码利用相邻图像数据间的高度相关性,将输入图像数据序列分组,每组 m 个数据构成 m 维矢量,一起进行编码,即一次量化多个点。根据香农理论,对于无记忆信源,矢量量化编码总是优于标量量化编码。

6. 混合编码

混合编码就是同时采用多种编码方法所形成的编码。例如,将变换编码和预测编码结合起来形成的 MPEG 编码。

三、视听节目的压缩编码流程

与视频信号一样,音频信号数字化之后数据量也较大,为储存和传输带来了一定压力。例如,对于 CD 音质的数字音频,所用的采样频率为 44.1KHz,量化位数为 16 位,采用双声道立体声时,其数码率约为 1.41Mpbs,1 秒的 CD 立体声信号需要约 176.4KB 的储存空间,1 分钟则约为 10.34M,这对大部分用户是不可接受的,尤其是喜欢在电脑上听音乐的朋友,要降低磁盘占用,只有2种方法,降低采样指标或者压缩。降低指标是不可取的,因此,为了降低传输或存储的费用,就必须对数字音频信号进行编码压缩。

自然界中的声音非常复杂,波形极其复杂,通常我们采用的是脉冲代码调制编码,即PCM编码。PCM通过采样、量化、编码三个步骤将连续变化的模拟信号转换为数字编码。

(一)音频信号的数字化

人们可以使用麦克风(话筒)通过计算机把声音转换成电信号,即音频信号。音频信号是一种频率范围20Hz~20KHz的波形信号,音乐、歌曲和语音均属于音频信号的范畴。模拟音频是连续变化的模拟信号,而数字音频是一个数字序列,在时间上是断续的。把模拟音频信号通过采用和量化转换成由许多0和1表示的数字信号,这个过程就是音频的数字化。在这一处理技术中,涉及音频的采样、量化和编码。

1. 采样

模拟音频信号作为连续信号,可用连续时间函数 $x(t)$ 表示。数字化时,必须先对这种连续信号进行采样,按一定的时间间隔(T)取值,取得 $x(nT)$(n 为整数)。T 称采样周期,$1/T$ 称为采样频率,$x(nT)$ 称为离散信号。

为了保证音频信号不失真,数字化时采样的频率必须符合采样定理的要求,即在记性模拟/数字信号的转换过程,采样频率至少是信号最高频率的两倍。根据不同的应用,对声音质量要求的不同,选用的采样频率也不同。目前常用的3个采样频率44.1KHz(CD质量)、22.05KHz(盒式磁带质量)和11.025KHz(普通声音),其中44.1KHz的采样频率是高保真音乐常用的采样频率。[①]

2. 量化

采样后的信号 $x(nT)$,其赋值仍然是连续变化的数值,为了便于在计算机中处理,必须将采样值量化成一个有限个幅度值的集合 $x(nT)$。

量化的过程如下:量化器先将整个幅度划分成有限个小幅度(量化间隔)的集合,把落入某个间隔内的样值归为一类,并赋予相同的量化值。量化间隔的数目,称为量化级。量化过程存在量化误差,在还原信号的D/A转换后,这种误差作为噪声再生,称为量化噪声。量化级数越多,量化误差就越小,质量就越好。增加量化技术能把噪声降低到无法察觉的程度,但随着信号幅度的

---

① 采样频率越高,采样点之间的间隔就越小,数字化后得到的声音就越逼真,但相应的数据量就越大。

降低,量化噪声与信号之间的相关性变得更加明显。

存储视听节目信号的比特率为 $I=B \cdot fs$(比特/s),其中 fs 是采样频率(Hz/s),B 是每个样值的比特率(比特/采样)。

声音数字化后未被压缩的文件存储量为:存储量＝采样频率×量化位数/8×声道数×时间,其中声音是指声音是单声道还是立体声,单声道在声音处理过程中只有一个数据流,而立体声则需要左右声道两个数据流。

例如,用 44.1KHz 采样频率进行采样,量化位数选用 16 位,则录制 1s 的立体声节目,其波形文件所需的储存量为:$44100 \times 16/8 \times 2 \times 1 = 176400$(B)。[1]

3. 编码

编码是根据一定的协议或格式把模拟信号转换成二进制比特流的进程。多媒体信息数字化的过程中,最简单的编码方式是直接用量化后的二进制数作为输出的数字信号,这样的编码方式也就是脉冲 PCM(Pulse Code Modulation)编码。

PCM 编码最大的优点就是信号质量好,因为它最大限度地保留了信号的原始信息。这种编码的缺点就是其数据量非常大,需要大量的存储空间。常见 CD 音频就采用了 PCM 编码,一张光盘的容量只能容纳 72 分钟的音乐。[2]

(二) 几种主流的音频编码格式

1. WAV

这是一种古老的音频文件格式,由微软开发。WAV 是一种文件格式,符合资源交换文件标准(RIFF,Resource Interchange File Format)规范。所有的 WAV 都有一个文件头,这个文件头包含了音频流的编码参数。WAV 对音频流的编码没有硬性规定,除了 PCM 之外,还有几乎所有支持 ACM 规范的编码都可以为 WAV 的音频流进行编码。AVI 和 WAV 在文件结构上是非常相似的,不过 AVI 多了一个视频流而已。用户接触到的 AVI 有很多种,因此经常需要安装一些格式转换软件转换才能观看一些 AVI,用户接触到比较多的 DivX 就是一种视频编码,AVI 可以采用 DivX 编码来压缩视频流,当然也可以使用其他的编码压缩。同样,WAV 也可以使用多种音频编码来压缩其音频流,不过常见的都是音频流被 PCM 编码处理的 WAV,但这不表示 WAV 只

---

[1] 影响数字化声音质量以及声音文件大小的主要因素有:采样频率、采样量化位数和声道数。

[2] 立体声的效果要好一些,但相应的数据量要比单声道的数据量加倍。随着多媒体技术的发展,为了获得更好的临场感,出现了 5.1 和 7.1 等模式,这些模式的声道数目更多,因此需要更多的储存空间。

能使用 PCM 编码，MP3 编码同样也可以运用在 WAV 中，和 AVI 一样，只要安装好了相应的 Decode，就可以欣赏这些 WAV 了。

在 Windows 平台下，基于 PCM 编码的 WAV 是被支持得最好的音频格式，所有音频软件都能完美支持，由于本身可以达到较高的音质的要求，因此，WAV 也是音乐编辑创作的首选格式，适合保存音乐素材。因此，基于 PCM 编码的 WAV 被作为了一种中介的格式，常常使用在其他编码的相互转换之中，例如 MP3 转换成 WMA。

2. MP3 编码

据说 MP3 的由来是由德国某工作室在研究如何抓取 CD 音轨时衍生出的计算机文件格式。MP3 本身是一种压缩与解压缩的计算方式，用来处理高比率的声音信息。它所生成的声音文件音质接近 CD，而文件大小却只有其十二分之一。

MP3 是 MPEG-1 Audio Layer-3 的缩写。而 MPEG 这名词的含义是动态影像压缩，它是 Moving Picture Exp-erts Group 的缩写。

我们所了解的 VCD 就使用了 MPEG-1 技术，而 DVD 则使用了 MPEG-2 的技术。MP3 是 MPEG 里的一项技术分支，主要用来压缩声音。一共分三个等级（Layer），分别是 Layer-1（MP1）、Layer-2（MP2）和 Layer-3（MP3）。

MP3 是利用 MPEG Audio Layer 3 的技术，将声音用 1∶10 甚至 1∶12 的压缩率，变成容量较小的文件。以一张光碟容量为 650M 为例，若以 CD 格式，它只能容纳最多 74 分钟的音乐；如果做成 MP3 格式，一张光碟就能放一百多首歌曲。由于 MP3 的体积小，音质又非常接近 CD，所以在国际互联网上很快流行起来，也成为个人电脑上重要的音频格式。

由于人耳只能听到一定频段内的声音，因此在人耳听起来，MP3 与 CD 却没有什么不同。当然，MP3 是一种失真压缩，就像图形文件 JPG 一样，因为失真压缩，所以可以压得很多，也可以调整压缩比率，压得越多失真也越多。

从技术层面来看，MP3 是一种音频压缩技术的简称。MP3 的音频压缩基于这样一种考虑：因为人耳只能听到一定频段内的声音，而其他更高或更低频率的声音对人耳是没有用处的，所以 MP3 技术就把这部分声音去掉了，从而使得文件体积大为缩小，但在人耳听起来，却并没有什么失真。

MP3 格式音乐的流行也带动了 MP3 专用播放装置的出现，并在近年来得到快速发展。目前市场上流行的 MP3 设备从功能和性能上已经远远超出了原来"播放器"的范畴，逐步发展成为集音频播放（包括 MP3 之外的音乐格式）、录音复读、文本阅读、移动存储、FM 收音等功能为一体的多媒体掌上设备。有的高端 MP3 设备甚至还集成了音频编辑处理、电影播放等功能。

3. OGG 编码

OGG Vorbis 是高质量的音频编码方案,官方数据显示:OGG Vorbis 可以在相对较低的数据速率下实现比 MP3 更好的音质。OGG Vorbis 这种编码也远比 20 世纪 90 年代开发成功的 MP3 先进,它可以支持多声道,这意味着 OGG Vorbis 在 SACD、DTSCD、DVD AUDIO 抓轨软件(目前这种软件还没有)的支持下,可以对所有的声道进行编码,而不是 MP3 只能编码 2 个声道。多声道音乐的兴起,给音乐欣赏带来了革命性的变化,尤其在欣赏交响乐时,会带来更多临场感。这场革命性的变化是 MP3 无法适应的。

和 MP3 一样,OGG Vorbis 是一种灵活开放的音频编码,能够在编码方案已经固定下来后还能对音质进行明显的调节和新算法的改良。因此,它的声音质量将会越来越好,和 MP3 相似,OGG Vorbis 更像一个音频编码框架,可以不断导入新技术逐步完善。和 MP3 一样,OGG 也支持 VBR。

4. MPC 编码

MPC(MusePaCk)以前被称作 MP+(MPEGPlus),是由德国人安德列·布希曼(Andree Buschmann)开发的一种完全免费的高品质音频格式。在其问世之前,Lame MP3 是公认音质最好的有损压缩方案,追求音质的人对它趋之若鹜。但现在这个桂冠无疑该让给 MPC 了,因为无论是频谱分析,还是对比试听,160Kbps 码率以上的 MPC 表现绝对要好过 MP3(指相同码率的两者而言),也好过任何其他的有损压缩格式。不仅仅是音质,MPC 还有编码速度快的优点,经 MPC 现任负责人弗兰克·克莱曼(Frank Klemm)改良后的 1.14 版编码器,在 Duron 650 上编码速度可以达到实时播放的 5.5 倍,比慢工出细活的 LAME 要快得多。

MPC 的编码方案是在 MP2 的基础上改进而来的。它同样采用子带编码技术,但相比 MP2,它所采用的心理声学模型要优秀得多,并加入了像 ANS(Adaptive Noise Shaping)、CVD(Clear Voice Detection)等技术,甚至改变了压缩时所用的哈夫曼编码,以得到更大的压缩率。另外,MPC 采用的是可变码率编码。毫无疑问,可变码率的编码效率要高于固定码率,因为前者可以合理地分配数据量,在信号复杂(微弱)时提高(降低)比特率,不仅可以得到满意的效果,又能确保不错的压缩率。为了保证高音质,MPC 的瞬间最大码率甚至高达 1.32Mbps,这已经快接近 CD 的 1.41Mbps 了。

5. MP3PRO 编码

2001 年 6 月 14 日,美国汤姆森多媒体公司(Thomson Multimedia SA)与佛朗赫弗协会(Fraunhofer Institute)发布了一种新的音乐格式版本,名称为

MP3PRO，这是一种基于 MP3 编码技术的改良方案，从官方公布的特征看来确实相当吸引人。MP3PRO 本身最大的技术亮点就在于 SBR（Spectral Band Replication 频段复制），这是一种新的音频编码增强算法。它提供了改善低位率情况下音频和语音编码的性能的可能。这种方法可在指定的位率下增加音频的带宽或改善编码效率。

SBR 最大的优势就是在低数据速率下实现非常高效的编码，与传统的编码技术不同的是，SBR 更像是一种后处理技术，因此解码器的算法的优劣直接影响到音质的好坏。高频实际上是由解码器（播放器）产生的，SBR 编码的数据更像是一种产生高频的命令集，或者称为指导性的信号源。我们可以看到，MP3PRO 其实是一种 MP3 信号流和 SBR 信号流的混合数据流编码。有关资料显示，SBR 技术可以改善低数据流量下的高频音质，改善程度约为 30%，我们不管这个 30% 是如何得来的，但可以事先预知这种改善可以让 64Kbps 的 MP3 达到 128Kbps 的 MP3 的音质水平（注：在相同的编码条件下，数据速率的提升和音质的提升不是成正比的，至少人耳听觉上是这样的），这和官方声称的 64Kbps 的 MP3PRO 可以媲美 128Kbps 的 MP3 的宣传基本是吻合的。

6. WMA

WMA 就是 Windows Media Audio 编码后的文件格式，由微软开发，WMA 针对的不是单机市场，是网络。竞争对手就是网络媒体市场中著名的 Real Networks。微软声称，在只有 64Kbps 的码率情况下，WMA 可以达到接近 CD 的音质。和以往的编码不同，WMA 支持防复制功能，它支持通过 Windows Media Rights Manager 加入保护，可以限制播放时间和播放次数，甚至于播放的机器等。WMA 支持流技术，即一边读一边播放，因此 WMA 可以很轻松地实现在线广播，由于是微软的杰作，因此，微软在 Windows 中加入了对 WMA 的支持，WMA 有着优秀的技术特征，在微软的大力推广下，这种格式被越来越多的人接受。

7. RA

RA 就是 RealAudio 格式，这是各位网虫接触得非常多的一种格式，大部分音乐网站的在线试听都是采用了 RealAudio，这种格式完全针对的就是网络上的媒体市场，支持非常丰富的功能。最大的闪烁点就是这种格式可以根据听众的带宽来控制自己的码率，在保证流畅的前提下尽可能提高音质。RA 可以支持多种音频编码，包括 ATRAC3。和 WMA 一样，RA 不但都支持边读边放，也同样支持使用特殊协议来隐匿文件的真实网络地址，从而实现只在线播放而不提供下载的欣赏方式。这对唱片公司和唱片销售公司很重要。在各方的大力推广下，RA 和 WMA 是目前互联网上，用于在线试听最多的音频媒体格式。

8. APE

APE 是 Monkey's Audio 提供的一种无损压缩格式。Monkey's Audio 提供了 Winamp 的插件支持，因此这就意味着压缩后的文件不再是单纯的压缩格式，而是和 MP3 一样可以播放的音频文件格式。这种格式的压缩比远低于其他格式，但能够做到真正无损，因此获得了不少发烧用户的青睐。在现有不少无损压缩方案中，APE 是一种有着突出性能的格式、令人满意的压缩比和飞快的压缩速度，它成为不少朋友私下交流发烧音乐的唯一选择。

第二节　用于网络视频传输的 MPEG 标准

MPEG 标准是一系列视频、音频和数据的压缩标准，分为 MPEG 视频、MPEG 音频和 MPEG 系统三大部分。MPEG 算法除了对单幅图像进行编码外（帧内编码），还利用图像序列的相关特性去除帧间图像冗余，大大提高了视频图像的压缩比。MPEG 的平均压缩比为 50：1，最高可达 200：1，同时图像和音频的质量也非常高。

一、MPEG 编码标准概述

在编码标准发布的最初几年，MPEG 在 1.5Mbps、10Mbps、40Mbps 传输速率下对图像编码，分别命名为 MPEG-1、MPEG-2、MPEG-3。1992 年，MPEG-2 的适用范围被扩大到 HDTV，能支持 MPEG-3 的所有功能，因而 MPEG-3 被取消。为了满足不同的应用需求，MPEG 系统又陆续增加了 MPEG-4、MPEG-7、MPEG-21 等标准。

（一）MPEG 系统的组成

1. MPEG 系统

整个编码由音频和视频两种数据压缩编码子系统构成，MPEG 压缩编码系统的核心结构是音视频同步功能，用来定义音频、视频及有关数据同步。

2. MPEG 视频

MPEG 压缩编码系统的第一子系统是视频压缩编码系统，用来定义视频数据的编码和重建图像所需的解码过程，亮度信号分辨率为 360×240，色度信号为 180×120。

3. MPEG 音频

MPEG 压缩编码系统的第二个子系统是音频压缩编码系统，用来定义音频数据的编码与解码。

4. 一致性测试

MPEG 压缩编码系统的第三个子系统是一致性测试系统,用来保证音频和视频数据的同步锁定和跟踪。

(二) MPEG 视频编码技术

视频图像在时间和空间上都有很大的冗余,因此 MPEG 对视频压缩编码采用两种基本技术:一种是基于块的运动补偿技术,以减少时间冗余;另一种是基于 DTC 变换的 ADTC(Adaptive DTV,自适应余弦变换),以减少空间冗余。空间冗余可以采用类似联合图像专家小组的 JPEG(Joint Photographic Experts Group)压缩编码方法,使用 DTC 对每一帧图像数据压缩编码,这样可以获得很好的图像质量,但是数据压缩比太小,仍需要很大的存储空间。为了提高视频图像的压缩比,还需要利用图像序列的相关特性去除帧间图像冗余。

(三) MPEG 的视频数据流结构

MPEG 的视频数据流采用分层结构,包括序列层、图像组层、图像层、片层、宏块层和块层等六个层次。

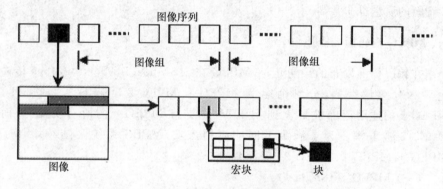

图 6-2　MPG 数据流结构图

1. 序列层

规定了 MPEG 解码器的运行状态即所处理的图像信息以及一些重要的控制信息集,如图像水平尺寸、长宽比、帧速率、位速率、宏块总数、缓冲区大小和运动补偿的范围等。

2. 图像组层

一个 MPEG 图像序列分成若干组,如图 6-3 所示。每组为一个随机存取点,这样可以实现对图像的随机存取,一个图像组也可以单独进行解码。因此,只要在压缩数据流中寻找首部的信息,便可实现随机存取。

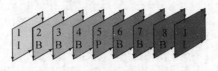

图 6-3　MPEG 图像序列

3. 图像层

一幅图像对应一帧,MPEG 定义了 I 帧内图、P 预测图和 B 双向预测图等形式。

4. 片层

设置片层的目的是为了解决容错问题。将一副图像分成若干片,每片都存有解码的信息。这样,当图像中某一片出错时,可以通过查找下一片的起始信息继续解码,而不会因为某一部分的出错而导致整幅图像的损坏。

5. 宏块层

图像以亮点数据阵列为基准,分成 16×16 个像素的宏块,在其首部存放量化级和运动补偿信息。宏块分为一个亮度宏块和两个色度宏块,色度的大小与采用格式有关。宏块结构为 4∶2∶0,4∶2∶2 和 4∶4∶4 这 3 种格式。4∶2∶0 格式的宏块由 6 个块组成,包括 4 个亮度块(Y)、2 个色差块(Cb 块和 Cr 块),其排列顺序如图 6-4 所示;4∶2∶2 格式的宏块由 8 个块组成,包括 4 个亮度块(Y)和 4 个色差块(2 个 Cb 块和 2 个 Cr 块),排列顺序如图 6-5 所示;4∶4∶4 格式的宏块由 12 个块组成,包括 4 个亮度块(Y)、8 个色差块(4 个 Cb 块和 4 个 Cr 块),排列顺序如图 6-6 所示。

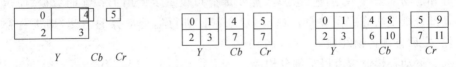

图 6-4　4∶2∶0 宏块结构　　图 6-5　4∶4∶2 宏块结构　　图 6-6　4∶4∶4 宏块结构

6. 块层

一个块是 8×8 的矩阵,它是编码的基本单元,DTC 是对 8×8 的块进行处理,多块的处理要运用高层中规定的各种信息。

(四) MPEG 的运动图像类型

MPEG 的运动图像类型包括 I 帧、P 帧和 B 帧,在压缩时存在着前向预测和反向预测两种帧间预测方式,如图 6-7 所示。

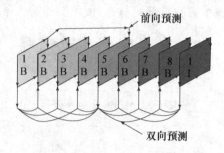

图 6-7 MPEG 帧间预测

1. I 帧

I 帧是帧内压缩,由于 I 帧不依赖于其他帧,因而是随机存取的入点,也是解码中的基准帧。

2. P 帧

P 帧用最近的前一个 I 帧和 P 帧预测编码得到(前向预测),适用于用补偿办法进行压缩,因而压缩比要比 I 帧高,数据量平均达到 I 帧的 1/3 左右。P 帧是对前后的 B 帧和后继的 P 帧进行解码的基准帧。

3. B 帧

B 帧基于前后的两个帧进行(I 和 P 帧或 P 和 P 帧)双向预测,数据量平均可以达到 I 帧的 1/9 左右。B 帧本身不作为基准,因此可以提供更高的压缩比。

(五)运动补偿技术

运动补偿技术的主要原理是依据图像的运动情况,把图像分割成静止部分和运动部分,并分别进行处理,静止部分可以重复使用上一帧的数据,而运动部分则设法确定其移量,以位移量来帮助进行运动部分的预测,即进行补偿,之后再进行帧间预测。

运动补偿通常由以下部分构成。

(1) 图像划分:即把图像分成静止部分和运动部分。

(2) 位移估计:即对每个运动部分物体进行运动估计,找出运动矢量。

(3) 运动补偿:即利用运动矢量建立前后不同帧的同一物体的空间位置对应关系。

(4) 预测编码:即对运动补偿后的图像的帧差信号以及运动矢量进行编码。

运动补偿的基本方法是块匹配法。块匹配法是将当前帧分成若干 $m \times m$

个(如 16×16)的宏块,并假设一个宏块内所有的像素做速度一致的平移运动;对当前帧的每一个宏块,以前一帧的对应位置为中心,再向上下左右位置偏离等距离的范围所形成的搜索区域内进行搜索,寻找与其匹配的宏块。①

二、MPEG-1 至 MPEG-4 标准

新媒体视听节目的 MPEG 压缩编码标准是一个不断升级的系列,从最初的 MPEG-1 到 MPEG-X,MPEG 编码不断提升自己的系统兼容性和节目压缩质量。

(一) MPEG-1

MPEG-1 标准的主要任务是将视频信号及其伴随的声音以可接受的重建质量压缩到约 1.5Mbps 的码率,并复合成一个单一的 MPEG 位流,同时保证音频和视频的同步。

1. MPEG-1 系统

MPEG-1 系统规定了有关同步和多路符合的技术,用来把数字视频图像和伴音符合成单一的、位速率为 1.5Mbps 的数据位流。MPEG-1 的数据位流分成内外两层:外层为系统层,内层为压缩层。系统层提供一个系统中使用 MPEG-1 数据位流所必须的功能,包括定时、符合和分离视频图像和伴音,以及在播放期间视频和伴音的同步。压缩层包含压缩的视频和伴音数据位流。

2. MPEG-1 视频

MPEG-1 为了适应在数据存储媒体如 CD-ROM 上有效地存取视频图像而制定的标准。CD-ROM 驱动器的数据传输率不会低于 150kB/s,而容量不会低于 650MB。MPEG-1 的算法就是针对这个速率开发的。MPEG-1 标准支持 SIF(Standard Interchange Format,标准交换格式)图像输入格式。SIF 格式的输入图像有 525/625 两种格式,即 352×240×30(代表图像帧频为 30,每帧图像的有效扫描行数为 240 行,每行的有效像素为 320 个)。压缩后的视频图像约为 CCIR601 定义分辨率的 1/2,压缩后的数据率为 1.2~3Mbps。因而可以实时播放存储在光盘上的数字视频图像。

MPEG-1 视频压缩编码后,形成 I 帧、P 帧和 B 帧 3 种图像类型。在 MPEG-1 编码的过程中,部分视频帧序列压缩为 I 帧,部分压缩成 P 帧,还有部分压缩成 B 帧。

I 帧法是帧内压缩法,也称"关键帧"压缩法。I 帧法采用 DCT 压缩编码,

---

① 匹配的基本标准:在搜索范围内寻找某一块与被匹配的宏块的差平方或绝对值达到最小,就认为宏块已经匹配上了。

使得Ⅰ帧压缩比可达6∶1而无明显的压缩痕迹。但在保证质量的前提下要实现高压缩比,仅靠帧内压缩是不够的,MPEG-1采用了帧内和帧间相结合的压缩算法。

P帧法是一种前向预测算法,它根据本帧与相邻的前一帧(Ⅰ帧或P帧)的不同点来压缩本帧数据。

采用P帧和Ⅰ帧联合压缩的方法可达到更高的压缩比且无明显压缩痕迹。然而,只有采用B帧压缩才能达到200∶1的高压缩比,B帧法是双向预测的帧间压缩算法。当把一帧压缩成B帧时,它根据相邻的前一帧、本帧以及后一帧数据的不同点来压缩本帧,也即记录本帧与前后帧的差值。B帧数据只有Ⅰ帧数据的15%和P帧数据的50%以下。

MPEG-1标准采用类似4×2×2的采样格式,采样后亮度信号的速率为352×240,两个色度信号分辨率均为176×120,这两种不同分辨率信息的帧率都是每秒30帧。其编码的基本方法是在单位时间内,首先采集并压缩第一帧图像为Ⅰ帧,然后对于其后的各帧,在对单帧图像进行有效压缩的基础上,只存储其相对前后帧变化的部分。帧间压缩的过程中也常间隔采用帧内压缩法。由于帧内(关键帧)的压缩不基于前一帧,一般每隔15帧设一关键帧,这样可以减少相关前一帧压缩的误差积累。MPEG-1压缩编码器首先要决定压缩当前帧为Ⅰ帧、P帧还是B帧,然后采用相应的算法对其进行压缩。一个视频序列经MPEG-1全编码压缩后可能的格式为:IBBPBBPBBPBBIBB-PBBPBBPBBPBBI……

(二)MPEG-2标准

MPEG-2标准的压缩方案和系统层的规范标准,主要是针对标准数字视频和高清视频的各种应用而制定的,其编码传输率从3～100Mbps可变。MPEG-2并不是MPEG-1的简单升级,它在系统和传达方面都做出了更详细的规定和完善。MPEG-2特别适合于广播级的数字视频信息的存储和传送,被认定为SDTV和HDTV的编码标准。MPEG-2还专门规定了多路节目的复用分接方式,可以较好地应用于VOD(Video On Demand,视频点播)和NVOD(Near Video On Demand,准视频点播)。此外,MPEG-2还兼顾了与ATM信源的适配问题,因此,能够适用于ATM等宽带通信网络。

MPEG-2采用多帧压缩技术,对图像序列中不同的帧采用不同的压缩编码方式,通过运动补偿的时间预测和DTC进行编码,在帧间压缩中把若干帧图像作为一个GOP(Group Of Picture,图像组)进行处理,并使用帧内压缩和帧间压缩相结合的方法,极大地提高了数据的压缩率,并且对图像质量影响不大。

MPEG-2 同样采用 3 种编码方式,即 I 帧编码、P 帧编码和 B 帧编码。其中,I 帧图像采用帧内编码方式,主要用于接收端的初始化和信道的获取,以及节目切换和插入,它只用了单帧图像内的空间相关性。P 帧图像只采用前向时间预测,可以压缩速率和图像质量。B 帧图像采用双向时间预测,可以大大提高压缩倍数。由于 B 帧图像采用了未来帧作为参考,因此,在 MPEG-2 编码视频流中图像帧的传输顺序和显示顺序是不同的。

MPEG-2 的压缩和解压缩是一个不对称的过程,其压缩过程、硬件设备即压缩算法都比解压缩复杂得多。不过,MPEG-2 的编码压缩设备和压缩算法可以不相同,但其解压缩则是标准的,这就保证了由不同厂商设计的压缩设备所压缩的数据可以由其他厂商设计的解压缩设备来完成解压缩,提高了设备之间的兼容性。

1. MPEG-2 系统

MPEG-2 标准的系统功能是将一个或更多的音频、视频或其他的基本数据流合成单个或者多个数据流,以适应存储和传送。符合 MPEG-2 标准的编码数据流可以在一个很宽的恢复和接收条件下进行同步解码。MPEG-2 系统支持五项基本功能:解码时多压缩流的同步;将多个压缩流交织成单个数据流;解码时缓冲器初始化;缓冲区管理和时间识别。

MPEG-2 标准的压缩编码系统是将音频和视频编码算法结合起来开发的。系统编码有两种方法,其编码输出包括程序流(program stream)和传送流(transport stream)两种定义流。传送流和协议 ISO/IEC11172-1 系统定义的流相似;程序流是一种用来传送和保存一道程序编码数据或者其数据的数据流。

2. MPEG-2 视频

MPEG-2 标准详细地叙述了数字存储媒体和数字视频通信中的图像信息的编码描述和解码过程。它支持固定比特率传送、可变比特率传送、随机访问、信道跨越、分级解码、比特流编辑以及一些特殊功能,例如:快进播放、快退播放、慢动作、暂停和图像凝固等。MPEG-2 视频标准与 ISO/IEC11172-2 向前兼容,并与 EDTV、SDTV、HDTV 格式向上或向下兼容。

MPEG-2 视频体系的视频分量的速率范围为 2～15Mbps。MPEG-2 视频体系要求保证与 MPEG-1 视频体系向下兼容,并且同时应力求满足数字存储媒体、可视电话、数字电视、HDTV 和通信网络等领域的应用。分辨率有低(352×288)、中(720×480)、高(1440×1080)等不同档次,压缩编码方法也从简单到复杂有不同等级。

MPEG-2 视频压缩编码的视频数据结构式分层的比特流结构,第一层为基本层，可以建立独立的被解码。其他层称为增强层，增强层的解码依赖于基础层。视频数据结构的编码比特流包括：视频序列层、图像组块层、宏块层和块层。视频序列从视频头开始，后面紧跟着一系列数据单元。当系列中包括有序列头函数之外，还有序列和扩展函数时，MPEG-1 ISO/IEC11172-2 规范不再适用，只适用于 MPEG-2 ISO/IEC13812-2 规范。在视频序列头中，有逐行/隔行、帧图/场图等编码扫描方式和帧类型（I 帧、P 帧、B 帧）。为了提供随机访问的功能，在编码比特流中可以有重复序列头出现。重复序列头值可以在 I 帧和 P 帧前面出现，不能在 B 帧前面出现。I 帧可以解决视频序列随机访问的问题。

在 MPEG-2 视频中，视频组块层由宏块组成，一个组块可由多个宏块组成。宏块结构有 4∶2∶0、4∶4∶2 和 4∶4∶4 这三种格式。

在 MPEG-2 视频中，对帧图使用 DTC 编码宏块结构和场图使用 DTC 编码的宏块结构是不一样的。帧 DCT 编码中，每个块由两场扫描行交替组成。场 DTC 编码中，每个块仅由两场之一的场扫描行组成。组成宏块的块是 DTC 变换的最基本单元。块大小为 8×8 像素，每个像素携带有亮度信息 Y 和色度信息 C_b 和 C_r。

（三）MPEG-4 标准

MPEG-4 不仅是针对一定比特率下的视频和音频编码，更加注重多媒体系统的交互性和灵活性。主要应用于视频电话、视频邮件、电子新闻等，它更适于交互音视频服务以及远程监控，是第一个用户由被动到主动的动态图像标准，它起初定位在低比特率传输，移动应用时为 4.8~64Kbps，对于其他应用最高 2Mbps，但目前，MPEG-4 视频的比特率可覆盖更宽的范围，为 5Kbps~10Mbps。

1. MPEG-4 的特点

（1）基于内容的交互性

MPEG-4 提供了基于内容的多媒体数据访问工具，如索引、超级链接、上传、下载和删除等。利用这些工具，用户可以方便地从多媒体数据库中有选择地获取自己所需的、与对象有关的内容，并提供了内容操作和位流编辑的功能，可应用于交互式家庭购物和淡入淡出的数字化效果等。MPEG-4 提供了高效的自然或合成的多媒体数据编码方法，可以把自然场景或对象组合成为合成的多媒体数据流。

（2）高效的压缩性

MPEG-4 基于更高的编码效率。同已有的或将形成的其他标准相比，在相同的比特率下，它基于更高的视听质量，这就使得在低宽带的信道上传送视频和音频成为可能。同时，MPEG-4 还能对同时发生的数据流进行编码。一个场景的多视角或多声道数据流可以高效、同步地合成为最终数据流，因而可以运用到虚拟三维游戏、三维电影和飞行仿真练习中。

（3）通用的访问性

MPEG-4 提供了易出错环境的鲁棒性（纠错能力和适应能力），来保证其在许多无线和有线网络以及存储介质中的应用。此外，MPEG-4 还支持基于内容的可分级性，即把内容、质量和复杂性分成许多小块来满足不同用户的不同需求，支持具有不同宽带、不同存储容量的传输信道和接收端。

2. MPEG-4 视频编码核心思想

在制定 MPEG-4 之前，MPEG-1、MPEG-2、H.261、H.263 都是采用第一代压缩编码技术，着眼于图像信号的统计特性来设计编码，属于波形编码的范畴。第一代压缩编码方案把视频序列按时间先后分为一系列帧，每一帧图像又分成宏块以进行运动补偿和编码，这种编码方案存在以下缺陷。

（1）将图像固定地分成相同大小的块，在高压缩比的情况下会出现严重的块效应，即马赛克效应。

（2）不能对图像内容进行访问、编辑和回放操作。

（3）未充分利用 HVS(Human Visual System，人类视觉系统）的特性。

MPEG-4 则代表了基于模型/对象的第二代压缩编码技术，它充分利用了人眼视觉特性，抓住了图像信息传输的本质，从轮廓和纹理思路出发，支持基于视觉内容的交互功能，这把握住了多媒体信息的应用由播放型转向基于内容的访问、检索及操纵的发展趋势。

AVO(Audio Visual Object，音视频对象）编码是 MPEG-4 的核心编码技术，它是 MPEG-4 为支持基于内容编码而提出的重要概念。对象是指在一个场景中能够访问和操纵的试题。对象的划分可以依据其独特性的纹理、运动、形状、模型和高层语义。在 MPEG-4 中所见的音视频已不再是过去 MPEG-1 和 MPEG-2 中图像帧的概念，而是一个个 AV 场景由不同的 AVO 组成。AVO 是听觉、视觉或者视听内容的表示单元，其基本单位是原始 AVO，它可以是自然的或者合成的图像和声音。原始 AVO 具有高效编码、高效存储与传输以及可交互操作的特性，它又可进一步组成复合 AVP。因此 MPEG-4 标准的基本内容就是对 AVO 进行高效编码、组织、存储和传输。

3. 关键技术

MPEG-4 采用了新一代视频编码技术，第一次把编码对象从图像帧拓展到具有实际意义的、任意形状的音视频对象，从而实现了从基于像素的传统编码向基于对象和内容的先导编码的转变。

(1) 视频对象提取技术

MPEG-4 实现基于内容交互的首要任务就是把视频/图像分割成不同对象或者把运动对象从背景中分离出来，然后针对不同对象采用相应的编码方法，以实现高压缩。因此，视频对象提取即视频对象分割，是 MPEG-4 视频编码的关键技术，也是新一代视频编码的研究热点和难点。

(2) VOP 视频编码技术

MPEG-4 视频编码模式分为 VLBV(Very Low Bit Rate Video，极低比特率视频）核和 HBV(High Bit Rate Video，高比特率视频）核两类，分别支持不同的比特率。

VLBV 核提供了专为 5～64Kbps 比特率视频操作与应用的算法与工具，支持较低空间分辨率(低于 35×288 像素)和较低的帧频(低于 15Hz)的图像序列。VLBV 核心支持的专用功能包括以下两个方面：一是实时多媒体应用，支持矩形图像序列的有效编码，具有编码高效率、高精度、高容错度和低延时等特点；二是多媒体数据库应用，支持多媒体数据库的存储、随机存取以及 FF/FR(快进/快退)等功能与操作。

HBV 的范围在 64Kbps～4Mbps 之间，采用与 VLBV 和相同的算法与工具。HBV 除了支持 VLBV 的功能外，还支持较高的时间和空间分辨率。其输入可以是 ITU-R 601 的标准信号，因此其典型应用为数字电视广播与交互式检查。

MPEG-4 提出 VOP(Video Object Plane，视频对象平面)作为视频编码的核心概念，意即 VO(Video Object，视频对象)在某一时刻的采样。MPEG-4 在编码过程中针对不同的 VO 采用不同的编码策略，即对前景 VO 的压缩编码尽可能保留细节和平滑。对背景 VO 则采用高压缩的编码策略，甚至不予传输而在编码端由其他背景拼接而成。这种基于对象的视频编码不仅克服了第一代视频编码中高压缩编码所产生的方块效应，而且使用户可与场景交互，从而既提高了压缩比，又实现了基于内容的交互，为视频编码提供了广阔的发展空间。

(3) 视频编码可分级技术

视频编码的可分级是指码率的可调整性，即视频数据只压缩一次，却能以多个帧率、空间分辨率或视频质量进行解码，从而可支持多种类型用户的各种不同应用要求。MPEG-4 通过 VOL(Video Object Layer，视频对象层)数据结构来实现分级编码。MPEG-4 提供了两种基本分级工具，即时域分级(temporal scalability)和空域分级(spatial scalability)，此外还支持时域和空域的混合分级。

(4) 运动估计与运动补偿技术

MPEG-4 采用 I-VOP、P-VOP、B-VOP 三种帧格式来表征不同的运动补偿类型。它采用了 H.263 中的半像素搜索技术和冲抵运动补偿技术,同时又引入重复填充技术和修改的块(多边形)匹配技术以支持任意形状的 VOP 区域。

(5) Sprite 视频编码技术

Sprite 视频编码技术是 MPEG-4 的核心技术之一。Sprite 又称镶嵌图或背景全景图,是指一个视频对象在视频序列中所有出现部分经拼接而成的一幅图像。利用 Sprite 可以直接重构该视频对象或对其进行预测补偿编码。Sprite 视频编码可视为一种更为先进的运动估计和补偿技术,它能克服基于固定分块的传统运动估计和补偿技术的不足,MPEG-4 正式采用了将传统分块编码技术与 Sprite 编码技术相结合的策略。

4. MPEG-4 标准的构成

(1) DMIF(Delivery Multimedia Integration Framework,多媒体传输集成框架)

DMIF 是 MPEG-4 制定的会议协议,用来管理多媒体数据流。DMIF 主要解决交互网络、广播环境和光盘等多媒体应用中的操作问题。

(2) 场景描述

场景描述主要用于描述单个 AVO 如何在一个具体 AV 场景坐标下的组织与同步问题。场景描述主要表现为两个层次。在较高层次上,采用 BIFS (Binary Format for Scenes,二进制场景格式)描述场景中对象的进空间和时间安排,以及观察者与这些对象交互的可能性;在较低层次上,对象描述符 (descriptor)描述一个或多个与场景描述有关的基本码流,这些基本码流与单一 AVO 有关,并允许可扩展的内容表示。

(3) 音频编码

MPEG-4 的音频部分将音频的合成编码和自然声的编码相结合并支持音频的对象特征,支持 MIDI 和 TTS(text to sound,文本到语言)技术。

(4) 视频编码

MPEG-4 也支持对自然和合成的视觉对象的编码,合成的视觉对象包括 2D、3D 动画和人面部表情动画等。

(5) 缓冲区管理和实时编码

MPEG-4 定义了一个系统解码模式(SDM),该模式描述一种理想的处理比特流语法语义的解码装置,它要求特殊的缓冲区和事实模式。通过有效的管理,可以更好地利用有限的缓冲区。

三、MPEG-4$^+$ 标准

随着对媒体技术和网络技术的不断发展,越来越多的多媒体信息被数字化,并贮存在世界各地的网络中,使网络中的信息更为丰富。但对于视频及音频等内容,却无法通过现有的搜索引擎查询到。为适应这种需要,ISO 在 2001 年底提出了正式的 MPEG-7 国际标准,其名称为"多媒体内容描述接口"。

(一) MPEG-7 标准

MPEG-7 标准能够对各种不同类型的多媒体信息进行标准化描述,将针对该描述与所描述的内容相联系,使用户能够快速准确地进行检索。

1. MPEG-7 标准的研究范围

MPEG-7 标准的主要目标是建立对多媒体内容的描述标准,这里的多媒体内容是指图形、图像、3D 模型、音频、语音、视频以及由它们组合在一起所形成的多媒体信息。MPEG-7 标准的范围如图 6-8 所示,它是 MPEG-7 处理链的一种高度抽象的方框图,由特征提取(分析)、描述生成(标准的描述)和描述应用(搜索引擎)3 部分构成。通过图 6-8 可以看出 MPEG-7 标准的范围在于产生对多媒体内容数据进行描述后如何利用现有的技术和产品,也为将来的发展预留了一定空间。

图 6-8　MPEG-7 标准的范围

2. MPEG-7 标准的描述框架

MPEG-7 提供了一个通用的、灵活的和可扩展的多媒体内容描述框架,它由 D(Description,描述符)、DS(Description Scheme,描述方案)、DDL(Description Definition Language,描述定义语言)和对这些描述进行编码的方法和工具组成。

D 是对多媒体内容的某个特征表示,并对该特征表示的语法和语义进行定义。一个特征可能有多个描述符,如颜色特征可能的描述符有颜色直方图、频率分量的平均值和标题文本等。

DS 用来定义各组成部分之间的结构和语义,它通过集成若干个描述和描述方案并定义若干个描述内容之间的关系,从而产生复杂的描述。D 与 DS 的区别在于,D 仅仅包含基本的数据类型,不引用其他的 D 或 DS。

DDL 是一种用来定义 D 或 DS 的语言,它既可以用于定义心得 D 或 DS,也可以用于修改或扩展已有的 DS。DDL、DS、D 之间的关系如图 6-9 所示。在该图中,虚线左边的部分由 MPEG-7 标准进行定义,而对于虚线框架右边的部分则可由用户使用 DDL 自行定义,以实现其灵活性和可扩展性。

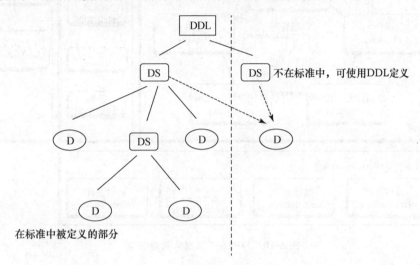

图 6-9　DDL 语言、描述方案、描述符之间的关系

3. MPEG-7 多媒体描述方案

MPEG-7 多媒体描述方案如图 6-10 所示,它是描述和注释多媒体内容的元数据结构,包括通用特征和多媒体描述的描述符和描述方案。多媒体描述方案关注的焦点是标准化描述符和描述方案等一系列描述工具,处理通用实体和多媒体实体。这些描述工具按照功能可分为以下五类。

(1) 内容描述——可感知信息的表示。

(2) 内容管理——关于媒体特征、视音频内容 Summaries 和使用的信息。

(3) 内容组织——视音频内容分析和分类的表示。

(4) 导航和获取——视音频内容概要和变量的规范。

(5) 用户交互——与多媒体材料使用紧密相关的用户偏好和用户历史的描述。

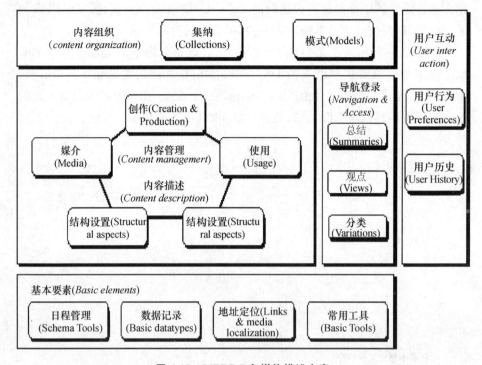

图 6-10　MPEG-7 多媒体描述方案

4．MPEG-7 系统部分

MPEG-7 系统部分要保证 MPEG-7 各种描述能够被快速传送和存取，并且要保证内容与描述之间的同步性，同时管理和保护知识产权问题。

5．MPEG-7 视频

（1）特征类型

视觉描述允许以下特征（与查询中使用的信息类型有关）：颜色、视觉对象、纹理、轮廓（草图）、形状、静止和动态图像、体积、空间关系（相对于图像和图像序列中的对象空间和拓扑关系，这个关系是空间合成关系）、运动（如视频镜头中的运动，用于利用时间合成信息来检索等方面）、变形（如对象的弯曲）、视觉对象的源和它的特征（如源对象、源事件、事件和事件属性等）和模型（如 MPEG-4 SNHC）。

（2）利用描述进行数据可视化

MPEG-7 数据描述应该容许被索引数据粗略可视化。

（3）视频数据的格式

支持的可视数据格式有：数字视频和电影（例如 MPEG-1、MPEG-2 和

MPEG-4)、模拟视频和电影、电子形式的静态图像(如 JPEG)或打印的图像、图形、3D 模型及与视频关联的编辑数据。

(4) 视频数据类型

可以是自然视频、静态图像、图形、动画、三维模型和编辑信息。

6. MPEG-7 的应用

MPEG-7 可以进行"检索/定位"(pull)应用和"过滤"(push)应用。"检索/定位指客户通过检索方式从服务器获得所需要的资料。而"过滤"指对网上的广播信息进行过滤和有选择地接收。同时 MPEG-7 可以应用在实时环境中,也可以应用在非实时环境中,这里的"实时"是指捕获图像的同时即产生描述(智能照相机和扫描仪)。

(二) MPEG-21 标准

随着越来越多数字化媒体的出现,拥有一个先进的多媒体解决方案变得至关重要。因此,ISO 确定了 MPEG-21 标准的正式名称为"多媒体框架",致力于为多媒体的传输和使用定义一个标准化的开放框架,在大范围网络上实现透明的传输和对多媒体资源的充分利用,将不同的协议、标准和技术等集合在一起。

MPEG-21 标准其实就是一些关键技术的集成,通过这种集成环境就对全球数字媒体资源进行透明型和增强型管理,实现内容描述、创建、发布、使用、识别、收费管理、产权保护、用户隐私保护、终端和网络资源抽取和事件报告等功能。

任何与 MPEG-21 多媒体框架标准环境交互或使用 MPEG-21 数字项实体的个人或团体都可以看做是用户。从纯技术角度看,MPEG-21 标准对于"内容供应商"和"消费者"没有任何区别。[①]

第三节　用于移动通信的 H.264 标准

为了在 Px6Kbps 速率下(其中 p=1,2,3,…,32)传输视音频数据,ITU-T 发布了 H.261 标准,主要用于在综合数字业务网 ISDN 上传输电视电话会议和视频电话,建议采用 CIF 和 QCIF 格式。H.261 视频编码标准与 MPEG 相似,也采用了帧内和帧间两种编码方法,用以二维 DTC 为基础的帧内编码去

---

① MPEG 标准只规定了流的格式和解码,只要输出文件符合标准规定的格式,任何厂商和个人都可以自行定义和开发自己的编码。MPEG 标准的目标只是为了保证任何厂商的视频编码都符合特定格式,从而保证解码过程不依赖厂商的编码。

199

除视频的空间冗余信息,用以运动补偿为基础的帧间编码去除视频的时间冗余信息,再使用熵编码利用信号的统计特性减少比特数;不同的是,H.261视频编码只支持I、P两种帧。

随着多媒体应用技术的发展,ITU-T又提出了H.263、H.263+、H.263L编码序列。H.263视频编码支持B、P两种预测帧类型,而且采用半像素精度进行运动补偿。H.263+和H.263L是对H.263标准的改进和扩展,三种标准既适应低速通信网(甚至低于64Kbps)又适应高速通信网,是目前多媒体视听业务(尤其是视频会议系统)的编码标准的主要选择。

2001年,由ITU-T和ISO/IEC的有关视频编码的专家成立了联合视频工作组JVT,它的主要目标就是制定一个新的视频编码标准,以实现视频的高压缩比、高图像质量和良好的网络适应性等目标,JVT的工作被ITU-T所接纳,这个新的视频编码称为ITU-T H.264标准,该标准也被ISO接纳,成为AVC(Advanced Video Coding)标准,是MPEG-4的第十部分,记作ISO MPEG-4PART10/AVC。

一、H.264视频编码的主要特征

H.264和H.261、H.263一样也是采用DTC变换编码加DPCM的差分编码的混合编码结构,同时,H.264在混合编码的框架下引入了新的编码方式,提高了编码效率,更贴近实际应用,它具有比H.263+更好的压缩性能,具有更好的抗误码和抗丢包的处理能力。

尽管H.264视频编码的基本结构与H.261、H.263类似,但在以下多个环节都进行了改进。

(一)多种更好的运动估计

1. 高精度估计

在H.264中采用1/4像素的运动估计,即真正的运动矢量的位移可能是以1/4为基本单位。显然,运动矢量位移的精度越高,则帧间预测误差就越小,相应数据率越低,即压缩比越高。

2. 多宏块划分模块估计

在H.264的视频预测模式中,一个宏块(MB)可划分成7种不同模式的尺寸,这种多模式的灵活、细微的宏块划分,更切合图像中的实际运动物体的形状。

3. 多参考帧估计

在H.264中,可采用多个参考帧进行估计。

(二)小尺寸 4×4 的变换法

视频压缩编码中以往的常用单位为 8×8(像素)块,而 H.264 中采用小尺寸的 4×4 块,由于变换块的尺寸变小了,运动物体的划分就更加精确,而且图像变化过程中的计算量小了,在运动物体边缘的衔接误差也大为减少。

(三)更精确的帧内预测

H.264 中,每个 4×4 块中的每个像素都可用 17 个最接近先前已编码的像素的不同加权和来进行帧内编码。

(四)统一的 VLC

H.264 中关于熵编码有两种方法:统一的 VLC(变长编码),可使用一个相同的码表进行编码,为解码器很容易识别码字的前缀;另一个为内容自适应二进制算术编码,性能稍好,但复杂度较高。

(五)使用循环去块效应滤波器

基于块的视频编码在图像中存在块效应,如果块边沿的绝对差值相对较大,出现块瑕疵的可能性就很大。自适应去块效应滤波技术主要应用在 4×4 块的边缘,能有效地消除块效应,显著地提高视频的主观质量,如果不滤波,同样的主观质量需要多出 5%～10% 的码率,使用去块效应滤波器的效果如图 6-11 所示。

①原始帧(小提琴)

②被重建的图像 QP=36(没有滤波器)

③被重建的图像 QP=36(采用滤波器)

图 6-11　使用去块效应滤波器的效果图

二、H.264 的类和级

H.264 标准为了达到应用范围广、通用性强的目标,为各种应用定义了不同的类和级。用类定义视频编码的编码根据和算法,用级规定产生比特流的参数。

H.264/AVC 定义了三类:基类(Baseline Profile)、主类(Maine Profile)和扩展类(Extended Profile)。基类主要应用于要求延时比较小,比特率低于 1Mbps 的对话式业务,如基于 ISDN 视频会议系统的实用电路交换的 H.320 的对话式视频业务;同时,基类还可以在具有 50~150Kbps 的比特率、两秒或以上的延时的无线流媒体传输中应用。在 3GPP 的流媒体传输中,使用 IP/RTP 进行传输,使用 RTSP 实现会话的建立。

主类主要应用于延时在 0.5~2s、比特率为 1~8Mbps 的娱乐视频中,主要包括:通过卫星、地面、有线或数字用户线 DSL 进行广播,标准清晰度和高清晰度 DVD,视频点播。

扩展类可用于各种网络视频的视频流传输。

在 H.264 中,所有类使用该相同的级定义,只是在不同的应用中每个类支持的级不完全相同,H.264 定义了 15 个级,定义了图像大小的上限(从 QCIF 到 2K×4K)、解码器的处理速度、视频比特率大小(从 64Kbps~240Mbps)等参数。H.264 是支持高清晰度视频的不同应用的压缩标准之一,支持的图像格式范围很宽,如表 6-1 所示。

表 6-1 H.264 支持的图像格式

图像格式	亮度分辨率	宏块的总数	图像格式	亮度分辨率	宏块的总数
SQCIF	128×96	48	SVGA	800×600	1900
QCIF	176×144	99	XGA	1024×768	3072
QVGA	320×240	300	720p HD	1280×720	3600
525SIF	352×240	330	4VGA	1280×960	4800
CIF	352×288	396	SXGA	1280×1024	5120
525HHR	352×480	660	525 16SIF	1408×960	5280
625HHR	352×576	792	16CIF	1408×1152	6336
VGA	640×480	1200	4SVGA	1600×1200	7500
525 4CIF	704×480	1320	1080HD	1920×1080	8160
525SD	720×480	1350	2KXIK	2048×1024	8192
4CIF	704×576	1580	4XGA	2048×1536	12288
625SD	720×576	1620	16VGA	2560×1920	19200

三、H.264 在移动通信中的应用

多媒体视频传输是第三代移动通信(3G)系统的一个重要应用,3G 的一个标志就是多媒体应用。H.264 定义了三种视频传输服务:会话服务(如可视电话、视频会议等)、现场或先期录制的视频流服务和多媒体信息服务(MMS)。

一般来说,移动终端是小型的手持设备,其功率和存储能力有限。因此,一个移动视频编码器必须尽可能降低复杂度且仍然保持高效性和鲁棒性。由于多径衰落、时延扩展、噪声影响与多址干扰等原因,在无线信道中进行完全没有差错的视频通信是不现实的。对时延要求不高的视频应用(如 MMS)可以通过重传来实现,但对视频实时会话服务来说不可能进行大量数据的重传。此外,在一个移动蜂窝区域里有多个用户,系统容量有限,且传输的数据量在不断变换。因此,要求视频编解码器能在有限时间里随着环境的变换来改变编码速率,以适应信道环境的变换。这一切都决定了对用于移动环境的视频编解码器有如下要求:① 非常高的压缩效率;② 低功耗、较少的内存和低复杂度;③ 对误码、丢包有较强的鲁棒性;④ 支持快速的码率调整;⑤ 能产生不同的优先级;⑥ 能有效地利用特定网络的机制。

为了达到上述要求 H.264 在编码结构方面采用了一些新的特性,这些新特性的采用大大提高了 H.264 适应移动环境的能力。

(一) H.264 编码结构的分层处理

如图 6-12 所示,H.264 在概念上分为两层:网络提取层 NAL(Network Abstraction Layer)和视频编码层 VCL(Video Coding Layer)。VCL 层实现对视频内容的压缩,NAL 层的主要任务是将 VCL 层的内容进行封装,即以一定的方式在 VCL 包的前面添加头的信息,使数据适合在各种传输层中进行传输或在存储介质中存储。NAL 层主要以两种格式进行传输和存储:一种是基于字节流的格式,如:H.320 和 MPEG-2/H.222.0 系统;一种是基于包的格式,如 IP/RTP 系统。

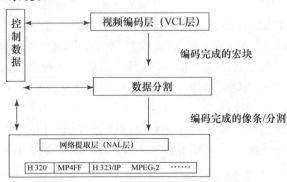

图 6-12　H.264/AVC 编码器的分层结构

VCL单元的编码过程中,视频流进入编码器,由编码器决定使用帧内预测还是帧间预测编码,若是帧间预测,需进行运动估计和运动补偿,然后进行正交变换、量化,再将所得信号分为两路:一路进行熵编码,然后封装成RTP格式或其他适合在网上传输的格式发送出去;另一路进行逆量化和逆正交变换后得到重构的运动参数,经过去块效应滤波器后存储起来,用于对后续正进行预测。

(二) 差错恢复和码率控制

H.264标准中包含了用于差错消除的工具,有利于视频流在误码、丢包多发的移动环境中传输,增强了H.264视频流的鲁棒性。为了减少传输差错,H.264视频流中的时间同步可以通过采用帧内图像刷新来完成,空间同步由条结构编码(Slice structured coding)来支持。同时为了便于误码以后的再同步,在一幅图像的视频数据中还提供了一定的重同步点。另外,帧内宏块刷新和多参考帧模式使编码器在决定宏块模式的时候不仅可以考虑编码效率,还可以考虑传输信道的特性。

H.264中定义了数据分割模式:图像首先进行分段,段内宏块数据划分为宏块头信息、运动矢量和DTC系数三部分,且三部分之间由标识符分隔。这样,解码器可较方便地检测出受损数据的类型,减少误码对图像质量造成的损伤。这种数据分割的模式也利于信道编码时进行不等保护,即对重要的数据进行等级较高的保护。

快速码率控制可通过在宏块层改变量化精度来实现。在移动通信的应用中,还可以使用空间/时间分级来支持移动信道的较大比特率变化。在MPEG-4中采用了精细分级(FDG:Fine Granular Scalability)编码,H.263+中定义了时域分级、空域分级和信噪比(SNR)分级三种分级能力。

(三) H.264性能价格比较

在相同的图像质量下,H.264压缩后的码率约为MPEG-2的36%、H.263的51%、MPEG-4的61%,并且随着今后实现优化性工作会做得更好,其压缩性能方面的优势将更为突出。但这种高压缩性能使得H.264需要较高的实现复杂度;与MPEG-2相比,虽然H.264的压缩比能提高一倍以上,但同时H.264的计算复杂度也要提高两倍以上,需要耗费巨大的系统资源,现在的处理器即使是运算能力强大的双核芯处理器都没有足够的运算能力实时处理高分辨率的H.264影片。

由于H.264的基本系统宣称无需使用模板,具有开放的性能,加上业界对MPEG-4不公平收费的不满,同时随着H.264编/解码芯片的相继问世,在H.264的收费标准正式出台之前,它似乎成为了IP电视运营商希望替换

MPEG-4、解决专利费用问题的救命稻草。令人失望的是，H.264专利的拥有商们通过 MPEG-LA 和 VIA Licensing 两个授权代理商宣布从 2006 年 1 月 1 日起向 H.264 的使用者们正式收费。H.264 回避 MPEG-4 针对运营的变相收费，但是 IP 电视这样的收费运营还是不能免去按照用户收取专利费的结果。

面对巨大的专利费用，以及 MPEG-4 可能的"降价"，适用于网络传输的流媒体视频压缩标准之争仍然激烈，这也促使了新的编码标准的产生和发布，如我国推出的 AVS 标准，就是我国自主开发的、具有独立版权的高性能视频压缩标准，也是我国 IP 电视的主要备选方案之一。

第四节 多用于广播电视系统的 AVS 标准

AVS 工作组成立于 2002 年，其目的是建立中国独立知识产权的音视频国家标准，包括压缩、解压、在视听节目系统或设备中的操作与显示等。AVS 包括 2 个视频方面的内容：① 称为 AVS1-P2 的第 2 个部分，主要用于高清广播和数字存储等领域；② 称为 AVS1-P7 的第 7 个部分，主要用于低码率领域。

一、AVS 压缩编码系统简介

H.264/AVC 是由 JVT 推出的最新国际视频编码标准，其应用覆盖了低端到高端的所有范围。H.264/AVC 定义了 7 个档次来覆盖各类应用，但由于这些档次相互交织，因此很难根据具体应用选择合适的档次。

AVS 和 H.264/AVC 具有一些共同点（例如，使用基于变换和预测的编码框架，采用变块尺寸的运动补偿技术，使用多参考帧和 1/4 插值技术等），但它们的编码技术和编码性能不同。

我国目前在音视频产业领域已经具备较强的产业基础，但由于在 AVS 出现之前没有掌握核心技术标准，相关企业长期受制于国外持有标准化专利与技术的企业和组织。从 DVD 专利收费事件，到日本厂商在媒体上透露的数码相机专利收费意向，再到国际上欧洲厂商向韩国企业征收 GSM 系统专利费，都在提醒我们要关注国内视听节目产业的潜在风险。

包括数字电视在内的视听节目产业广泛采用的信源编码标准是MPEG-2。我国相关科研部门在制定数字电视标准时也都考虑接受 MPEG-2 标准。然而这并非一个最好的选择，因为一方面，使用 MPEG-2 每台设备需要交 2.5 美元的专利使用费；另一方面，MPEG-2 是 1994 年完成的，距 AVS 标准开始制定时已有近 10 年的时间，技术进步使得 MPEG-2 技术越来越落后。目前，国际上正在推广新的国际标准 H.264,欧洲 DVB 联盟已经用 H.264 取代了 MPEG-2。几年前,在讨论 H.264 收费的时候,业界普遍预计肯定不会比 MPEG-2 初期每台收费 6 美元的标准更低。

基于这些背景,在国家"863"计划的支持下,视听节目编解码技术标准工作组(简称 AVS 工作组)于 2002 年 6 月由国家信息产业部科学技术司批准成立。工作组的任务是:面向我国的信息产业需求,联合国内企业和科研机构,制(修)订视听节目的压缩、解压缩、处理和标识等共性技术标准,为视听节目设备与系统提供高效经济的编解码技术,服务于数字广播、移动无线多媒体通讯、互联网宽带流媒体等重大信息产业应用。

二、AVS 视频技术

AVS1-P2 视频标准采用经典的混合编码框架,如图 6-13 所示。此框架与以往视频标准相同,但由于不同标准制订时出于对不同应用的考虑,在技术取舍上对复杂度—性能的衡量指标各不相同,因而在复杂性、编码效率上的表现也各不相同。比如,一般认为 H.264 的编码器大概比 MPEG-2 复杂 9 倍,而 AVS 视频标准则由于编码模块中的各项技术复杂度都有所降低,其编码器复杂度大致为 MPEG-2 的 6 倍,但编码高清序列 AVS 视频标准具有与 H.264 相近的编码效率。

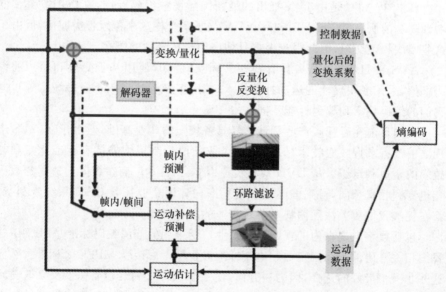

图 6-13 AVS 视频编码的基本流程

(一）混合编码框架

由于编码框架相同，故 AVS、MPEG-2、H.264 具有相似的关键技术，但在具体技术指标上不同，其性能比较如表 6-2 所示。

在图 6-14 所示框架下，视频编码的基本流程为：将视频序列的每一帧划分为固定大小的宏块，通常为 16×16 像素的亮度分量及 2 个 8×8 像素的色度分量，之后以宏块为单位进行编码。对视频序列的第一帧及场景切换帧或者随机读取帧采用 I 帧编码方式，I 帧编码只利用当前帧内的像素作空间预测，类似于 JPEG 图像编码方式。其大致过程为，利用帧内先前已经编码块中的像素对当前块内的像素值作出预测（对应图 6-14 中的帧内预测模块），将预测值与原始视频信号作差运算得到预测残差，再对预测残差进行变换、量化及熵编码形成编码码流。对其余帧采用帧间编码方式，包括前向预测 P 帧和双向预测 B 帧，帧间编码是对当前帧内的块在先前已编码帧中寻找最相似块（运动估计）作为当前块的预测值（运动补偿），之后如 I 帧的编码过程对预测残差进行编码。编码器中还内含一个解码器，如图 6-13 中深色部分所示。内嵌解码器模拟解码过程，以获得解码重构图像，作为编码下一帧或下一块的预测参考。解码步骤包括对变换量化后的系数进行反量化、反变换，得到预测残差，之后预测残差与预测值相加，经滤波去除块效应后得到解码重构图像。以上编码框架包含如下关键技术：帧内预测、多参考帧预测、变块大小运动补偿、1/4 像素插值、整数变换量化、高效 B 帧编码模式、熵编码、环路滤波。

表 6-2 主流视频标准性能比较

编码主要技术	AVS	MPEG-2	H.264/AVC	AVS 改进之处
帧内预测	8×8	无,仅频域有 DC 预测	亮度 16×16 和 4×4,色度 8×8	技术上与 H.264 类似，但提高了压缩效率
帧间预测	4 种,16×16、16×8.8×16 和 8×8	2 种,16×16、16×8(场编码)	7 种,16×16、16×8、8×16、8×8、8×4、4×8、4×4	
运动估计	1/4 像素	1/2 像素	1/4 像素	
环路滤波	有	有	有	
变换	8×8 整数变换	8×8 离散余弦变换	4×4 或 8×8 整数变换	基于沿用 MPEG-2 类似技术
熵编码	2D-VLC	霍夫曼	CABAC、CAVLC	
参考帧数	最多 2 帧	最多 1 帧	通常 5 帧、最多 16 帧	

（二）AVS 关键技术介绍

1. 帧内预测

AVS 视频标准采用空域内的多方向帧内预测技术。以往的编码标准都是在频域内进行帧内预测，如 MPEG-2 的直流系数（DC）差分预测、MPEG-4 的 DC 及高频系数（AC）预测。基于空域多方向的帧内预测提高了预测精度，从而提高了编码效率。AVC/H.264 标准也采用了这一技术，其预测块大小为 4×4 及 16×16，其中 4×4 帧内预测时有 9 种模式，16×16 帧内预测时有 4 种模式。AVS 视频标准的帧内预测基于 8×8 宏块大小，亮度分量只有 5 种预测模式，大大降低了帧内预测模式决策的计算复杂度，但性能与 AVC/H.264 十分接近。除了预测块尺寸及模式种类的不同外，AVS 视频的帧内预测还对相邻像素进行了滤波处理来去除噪声。

2. 变块大小运动补偿

变块大小运动补偿技术是提高运动预测精确度的重要手段之一，对提高编码效率起重要作用。在以前的编码标准 MPEG-1、MPEG-2 中，运动预测都是基于 16×16 的宏块进行的（MPEG-2 隔行编码支持 16×8 划分），在 MPEG-4 中添加了 8×8 块划分模式，而在 H.264 中则进一步添加了 16×8、8×16、8×4、4×8、4×4 等划分模式。但实验数据表明小于 8×8 块的划分模式对低分辨率编码效率影响较大，而对于高分辨率编码则影响甚微。在高清序列上的大量实验数据表明，去掉 8×8 以下大小块的运动预测模式，整体性能降低 2%～4%，但其编码复杂度则可降低 30%～40%。因此在 AVS1-P2 中将最小宏块划分限制为 8×8，这一限制大大降低了编解码器的复杂度。

3. 多参考帧预测

多参考帧预测使得当前块可以从前面几帧图像中寻找更好的匹配，因此能够提高编码效率。但一般来讲 2～3 个参考帧基本上能达到最高的性能，更多的参考图像对性能提升影响甚微，复杂度却会成倍增加。H.264 最多可采用 16 个参考帧，并且为了支持灵活的参考图像引用，采用了复杂的参考图像缓冲区管理机制，实现较繁琐。而 AVS 视频标准限定最多采用两个参考帧，其优点在于：在没有增大缓冲区的条件下提高了编码效率，因为 B 帧本身也需要两个参考图像的缓冲区。

4. 1/4 像素插值

MPEG-2 标准采用 1/2 像素精度运动补偿，相比于整像素精度提高约 1.5dB 编码效率；H.264 采用 1/4 像素精度补偿，比 1/2 精度提高约 0.6dB 的编码效率,因此运动矢量的精度是提高预测准确度的重要手段之一。影响高精度运动补偿性能的一个核心技术是插值滤波器的选择。AVC/H.264亚像素插值半像素位置采用6拍滤波器,这个方案对低分辨率图像效果显著。由于高清视频的特性,AVS视频标准对1/2像素位置插值采用4拍滤波器,其效果与6拍滤波器相同,优点是大大降低了访问存取带宽,是一个对硬件实现非常有价值的特性。

5. B帧宏块编码模式

在H.264/AVC标准中,时域直接模式与空域直接模式是相互独立的。而AVS视频标准采用了更加高效的空域/时域相结合的直接模式,并在此基础上使用了运动矢量舍入控制技术,AVS标准B帧的性能比H.264中B帧性能有所提高。此外,AVS标准还提出了对称模式,即只编码前向运动矢量,后向运动矢量通过前向运动矢量导出,从而实现双向预测。此方案与编码双向运动矢量效率相当。

6. 整数变换与量化

AVS视频标准采用整数变换代替了传统的浮点离散余弦变换(DCT)。整数变换具有复杂度低、完全匹配等优点。由于AVS1-P2中最小块预测是基于8×8块大小的,因此采用了8×8整数DCT变换矩阵。8×8变换比4×4变换的去相关性能强,在变换模块,AVS标准编码效率相比H.264提高2%(约0.1dB)。同时与H.264中的变换相比,AVS标准中的变换有自身的优点,即由于变换矩阵每行的模块比较接近,可以将变换矩阵的归一化在编码端完成,从而节省解码反变换所需的缩放表,降低了解码器的复杂度。

量化是编码过程中唯一带来损失的模块。以前典型的量化机制有两种,一种是H.263中的量化方法,一种是MPEG-2中的加权矩阵量化形式。与以前的量化方法相比,AVS标准中的量化与变换归一化相结合,同时可以通过乘法和移位来实现,对于量化步长的设计,量化参数每增加8,相应的量化步长扩大1倍。由于AVS标准中变换矩阵每行的模比较接近,变换矩阵的归一化可以在编码端完成,从而解码端反量化表不再与变换系数位置相关。

7. 熵编码

熵编码是视频编码器的重要组成部分,用于去除数据的统计冗余。AVS视频标准采用基于上下文的自适应变长编码器对变换量化后预测残差进行编码。其具体策略为,系数经过"之"字形扫描后,形成多个(Run,Level)数对,其中Run表示非零系数前连续值为零的系数个数,Level表示一个非零系数;之后采用多个变长码表对这些数对进行编码,编码过程中进行码表的自适应切换来匹配数对的局部概率分布,从而提高编码效率。编码顺序为逆向扫描顺序,这样易于局部概率分布变化的识别。变长码采用指数哥伦布码,这样可降低多码表的存储空间。此方法与 H.264 用于编码 4×4 变换系数的基于上下文的自适应变长编码器(CAVLC)具有相当的编码效率。相比于 H.264 的算术编码方案,AVS 的熵编码方法编码效率低 0.5dB,但算术编码器计算复杂,硬件实现代价很高。

8. 环路滤波

起源于 H.263++ 的环路滤波技术的特点在于把去块效应滤波放在编码的闭环内,而此前去块效应滤波都是作为后处理来进行的,如在 MPEG-4 中。在 AVS 视频标准中,由于最小预测块和变换都是基于 8×8 的,环路滤波也只在 8×8 块边缘进行,与 H.264 对 4×4 块进行滤波相比,其滤波边数变为 H.264 的 1/4。同时由于 AVS 视频滤波点数、滤波强度分类数都比 H.264 中的少,大大减少了判断、计算的次数。环路滤波在解码端占有很大的计算量,因此降低环路滤波的计算复杂度十分重要。

(三) 编码效率对比

以上是从编码模块各个方面认识 AVS,从中不难看出 AVS 视频标准对每项技术都进行了复杂性与效率的权衡,为所面向的应用提供了很好的解决方案,努力降低复杂度,并保证高的编码效率。

考虑到目前使用 MPEG-2 标准实施高清电视广播时,一般使用 20Mb/s 的码率;使用 MPEG-2 标准实施标清电视广播时,一般使用 5~6Mb/s 的码率。对照测试结果可以得知,AVS 视频码率为 MPEG-2 标准的一半时,无论是标准清晰度还是高清晰度,编码质量都达到优秀。码率不到其三分之一时,也达到良好到优秀。因此在比 MPEG-2 视频编码效率提高 2~3 倍的前提下,AVS 视频质量完全达到大范围应用所需的"良好"要求。

(四) AVS 标准的特色

AVS 视频标准高效的技术、简洁的实现方案为其成功应用奠定了基础。但要得到市场认可,还需要其他方面优势的配合。MPEG-4 标准没有广泛应用的一个重要原因是过度的专利保护所导致的高额专利费限制了技术的推广。因此,AVS 标准制定之初就认真分析了国内外标准和知识产权领域的经验教训,充分考虑知识产权问题对标准推广的影响,定义专利技术被标准接受的基本原则为:为保证标准的先进性,AVS 标准不排斥各种专利技术,但专利进入 AVS 标准必须遵守一定的条件,必须将专利的利益索求限制在一个合理的水平上,以保证标准的公益性。

AVS通过简洁的一站式许可方式,解决了MPEG-4 AVC/H.264被专利许可问题缠身难以产业化的弊端。AVS视频标准不同于H.264标准,后者是一个独立的视频标准,而AVS标准是一套包含系统、视频、音频、媒体版权管理在内的完整标准体系,这保证了实际应用系统所需的技术完备性。因此AVS视频标准具有技术高效、实现方案简洁、专利许可政策简单、许可费用低廉、相关标准配套的特色。

三、AVS的应用

(一)在IP电视中的应用

IP电视是在宽带网性能日益提高的情况下提出的一种交互式的多媒体业务,它主要体现了电信、互联网、广播电视三大行业走向融合的一种趋势,涵盖政务、教育、管理、医疗、娱乐等众多领域。2007年5月我国拥有自主知识产权的国家第二代信源编码标准AVS的视频部分(AVSP2)进入ITU-T FGIP电视工作组第四次会议WG6的输出文档,正式成为四个可选视频编码格式(AVS、MPEG-2、H.264、VC-1)之一。同年8月,在我国国家标准制定中,经过几大技术阵营的激烈角逐,在最引人注目的IP电视标准中的视频解码部分,AVS标准最终获胜。AVS-IP电视被列为ITU和国家标准,这也是我国自主知识产权的一大成果。IP电视系统的发展与音视频编解码技术进步密不可分。

IP电视系统涉及的技术内容主要包括:音视频编解码技术、流媒体传送技术、数字版权技术、宽带接入网络技术、IP单播和组播技术、IP机顶盒技术、内容分发网(CDN/VDN)技术。

其总体运营过程如图6-14所示:由内容运营商将节目源转换成AVS编码格式,将AVS节目源提供给IP电视业务运营商,同时对用户、内容业务提供接口以及对电子节目菜单(EPG,Electronic Program Guide)等进行管理,实现认证鉴权、内容计费,并且与OSS/BSS(运营/商业支撑系统)实现通信,完成运营管理。业务运营商的系统分为两部分,上半部分提供统一接入功能为引入CP/SP而准备,下半部分为系统方案提供商预留。之后,通过内容分发网(CDN/VDN)将节目传送到各个网络边缘,降低了骨干网的传输压力。最后,以AVS流媒体数据包的形式传送到用户终端,建立缓冲后播放。

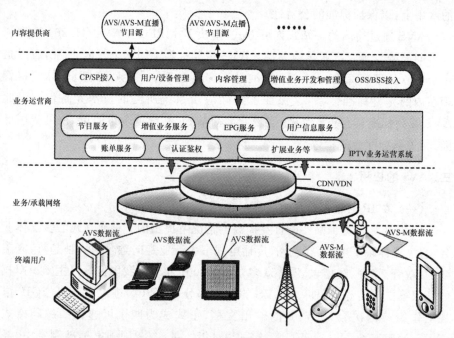

图 6-14 IP 电视的产业结构图

(二)在手机电视中的应用

手机电视除了传输介质不同以及编解码协议略有不同外,其运营过程与 IP 电视基本相同。但是,不同于 IP 电视的是,目前手机电视的国家标准并未确定。原信产部主推 T-MMB 标准并且提出"TD-SCDMA+DAB+AVS"的方案,与广电部门提出的行业标准 CMMB 存在着标准之争。而 2007 年 3 月 AVS 作为信源标准正式加入广电的 CMMB 体系。至此,无论上述二者谁成为国家标准,AVS 作为手机电视的视频编解码标准都已比较明朗。

1. AVS-M

这是 AVS 工作组专门为移动视频度身制作的移动多媒体解决方案。它支持多种无线网络(WLAN、GPRS 和 3G)环境;其视频编码率在 20kb/s～4Mb/s,压缩效率与 H.264 相当;能平衡编码效率和运算复杂度之间的关系,并满足中低端设备的需求;解码器消耗功率低,占用较小的计算资源;适应多种数据传输速率和误码丢包率的要求;此外,针对无线网络的特点,设计了基于 RTP for AVS-M 的拥塞控制和质量保证机制。AVS-M 在相同 PSNR(峰值信噪比)下运算量值比 H.264 高 5 倍,误码率低 15%。

2. 编码效率

AVS 编码效率是传统的 MPEG-2 标准的 2～3 倍,代表了当前国际先进水平,与 H.264 相当。AVS 技术方案简洁,芯片实现复杂度低。另外 AVS 没有垃圾模块,可节省一半以上的无线频谱和有线信道资源。计算复杂度低使得在直播卫星项目上 AVS 具备很大的优势。移动运营商对 AVS 和 H.264 的测试表明,AVS 与 H.264 在效果上不相上下,但是在复杂度和实现上,AVS 却比 H.264 简单。对于手机电视这样的移动终端,对硬件平台要求低、节省频谱等特性显得至关重要。H.264 仅是一个视频编码标准,而 AVS 是一套包含系统、视频、音频、媒体版权管理在内的完整标准体系,为中国日渐强大的音视频产业提供了完整的信源编码技术方案,正在通过和国际标准化组织合作,进入国际市场。一旦 AVS 标准成为国际标准,它的应用前景将会非常广阔,几乎包括所有的视听节目产业。

3. 兼容性好

AVS 兼容性比较好,能与 MPEG1/2 等系统兼容,在一定程度上减轻了移动设备更新换代的负担。

除了 IP 电视和手机电视之外,AVS 还在有线高清电视、卫星直播系统、多媒体通信等方面有广泛的应用。虽然在信源编码方式上还存在多种同等档次的技术可供选择,如 MPEG-4、H.264、VC-1 等;但是由于 MPEG-4 和 H.264 都需要收取巨额的专利费,而 VC-1 往往对硬件的要求过高,因此,从我国市场现状看,要成规模地采用这几种标准将比较难。ITU 和国家的 IP 电视标准,以及国内两套手机电视标准的视频编解码部分最终均采用了 AVS 标准,并且过去一段时间的良好"落地"运营状况已经说明了 AVS 在国内是最具生命力的。凭借自主的知识产权、良好的性能、低廉的专利费用,AVS 将成为国际市场上极具竞争力的视频编解码标准。

第七章　视听新媒体节目的流媒体传输

流媒体(Stream Media)又叫流式媒体，是应用流(stream)技术在网络上传输的多媒体文件，它是在音视频传输过程中"把影像和声音信息通过特殊的压缩方式分成一个个压缩包，然后由服务器向用户计算机连续实时地传送，让用户无需下载等待就可以实时使用和欣赏"的媒体文件。由于这种多媒体文件能够在网络上像水一样不断流动，网络用户可以在传输的同时收看已经传输的那部分内容，而不需要等整个压缩文件下载到自己的机器后才可以观看，因此流媒体传输具有"缩短等待时间、节省存储空间和能够实时播放"等特点。简言之，相对传统的视频文件下载播放模式，流媒体传输能够在更短的时间内给网络用户提供更多的内容传输服务。

第一节　流媒体的系统构成与工作原理

流媒体技术是提供流式内容服务的技术，是指"使音视频等多媒体数据形成稳定、连续的传输流和回放流的一系列技术"，包括"网络通信技术、多媒体数据存储技术和多媒体数据传输技术"等。流媒体技术具有连续性、实时性、时序性三大特点，在其相关的数字媒体制作技术、网络通信技术和计算机服务技术的高速人本化发展的背景下，解决了原有信息技术条件下传输缓慢、播放延迟等问题，让新媒体视听节目的传输更为便捷和顺畅，为基层民众和普通网民自由、自主制作和传播信息提供了技术基础，也为网络文化的发展和民主政治的进步提供了物质保障。根据流媒体传播过程中制作、发布、传输和播放等四个主要环节的技术应用，以下从流媒体传输系统的平台结构、流媒体传输的基本工作原理和流媒体的传输及播放方式等三方面对新媒体视听节目的流媒体系构成与工作原理进行分析。

一、流媒体传输系统的平台结构

流媒体，简而言之就是应用流技术在网络上传输的多媒体文件，而流技术就是把连续的视音频信息经过压缩处理后放到网络服务器，在网络中使用流式传输技术分段传输，并在用户电脑上创建一个缓冲区，于播放前预先下载一段资料作为缓冲,当网络实际连接速度小于播放所耗用资料的速度时,播放程序就会取用这一缓冲区内的资料,避免播放的中断,实现即时收听、收看。

以前人们在网络上观看电影或收听音乐时,必须先将整个影音文件下载并存储在本地计算机上,然后才可以观看,由于常规视频媒体文件比较大,下载需要很长的时间,这样便妨碍了信息的流通。

与传统媒体不同,流媒体在播放前并不用下载整个文件,只将部分内容缓存,使流媒体数据流边传送边播放,这样就节省了下载等待时间和存储空间。流媒体数据流具有的连续性、实时性、时序性三个特点,表明其数据流具有严格的前后时序关系。流媒体的应用是近年来 Internet 发展的产物,广泛应用于远程教育、网络电台、视频点播、收费播放等。

通常,组成一个完整的流媒体系统包括以下五个部分:

(1) 一种用于创建、捕捉和编辑多媒体数据,形成流媒体格式的编码工具;

(2) 流媒体数据;

(3) 一个存放和控制流媒体数据的服务器;

(4) 要有适合多媒体传输协议甚至是实时传输协议的网络;

(5) 供客户端浏览流媒体文件的播放器。

这五个部分有些是网站需要的,有些是客户端需要的。值得指出的是,不同的流媒体标准和不同公司的解决方案,可能会在某些方面有所不同。

具体的系统可以由带视音频硬件接口的计算机和运行其上的软件共同完成,可分为以下几部分。

(一) 媒体服务器硬件平台

硬件平台的多媒体服务器,通过网络把存储系统中的信息以流媒体形式传输给相应用户,并响应客户交互请求,保证流媒体连续输出。尤其视频流具有同步性要求,即须以恒定速率播放,否则会引起画面抖动;同时,视频流包含的多种信号亦须保持同步,如画面配音必须和口型相一致等。此外,由于视频信号数据量极大以及信号存放方式等均直接影响服务器的交互服务,因此,多媒体服务器的系统资源,如存储 I/O 带宽、网络带宽、内存大小、CPU 主频等,均要适应传输相应媒体的各种要求。

新媒体视听节目传播的第二个环节是视频发布,视频文件的发布包括两种方式:FTP 方式和 Web 方式。FTP 方式适合大量视频的上传,具有上传速度快的特点;Web 方式适合单个视频文件的上传发布,具有方便简单的特点。

与视频网站从后台进行的 FTP 文件上传方式不同,用户自制的新媒体视听节目主要采取 Web 上传方式。具体程序如下:首先,用户浏览视频网站的 Web 网页,通过上传工具栏发出视频上传指令并进行文件属性描述;其次,接到视频上传指令后，Web 网页开始为用户的视频设置路径并编目，同时向网站的视频服务器发出采集和存储的指令；再次，视频服务器对用户上传的自制视频进行转码分块，生成适合网络传输、分块打包的流文件格式；最后，视频服务器把转码后的视频文件属性回复给 Web 网页，供 Web 网页进行数据分类打包，生成传输时起定位链接功能的媒体发布文件。

在新媒体视听节目的传播过程中，视频服务器是一个非常关键的设备配置，它既是内容存储的根据地，又是文件传输的发源地，最重要的是，它是新媒体视听节目文件格式转换的核心地带，是保证新媒体视听节目传播的关键部件。具体而言，新媒体视听节目服务器是"一种对音视频数据进行编码处理并完成网络传输的专用设备，它将摄像机输入的模拟信号转换为数字信号，再通过 Internet 传输，客户端便可在任何地方通过上网来浏览图像"。在新媒体视听节目的上传发布环节中，视频服务器主要的功能就是响应 Web 网页的指令，对用户上传的视频进行转码操作，生成视频流文件和视频发布数据包。

（二）媒体服务器软件平台

媒体服务器的软件平台，包括媒体内容制作、发行与管理模块、用户管理模块以及相应服务器等。媒体内容制作涉及信息采集、处理、传输；发行模块负责将节目提交到网页，或将视频流地址邮寄给用户；内容管理主要完成视频存储、查寻；用户管理包括用户登记、授权；相应服务器将内容通过点播、直播方式播放。

随着经济的发展和科技的进步，数字视频的采集制作设备质量越来越好，成本却越来越低，因此人们可以更加方便快捷地使用各种影像制作设备创作数字视频节目，并通过各种网络终端上传到视频网站上。一般情况下，普通用户制作的视频文件都会占据很大的存储空间，不方便在视频服务器上存储，最为关键的是不适合在通信网络上传输。为了能够更方便快捷且高质量地传播新媒体视听节目，必须通过视频文件的转码实现各种网络编码格式之间的动态实时转换，新媒体视听节目服务器就担负着视频转码这一重要功能。

视频转码指的是"将视频信息由一种编码格式转换为另一种编码格式"。视频转码有两种形式：一种是将视频码流转换为同一视频编码标准速率较低的码流，还有一种是将视频码流转换成另一种标准压缩的视频码流。由于视频转码器具有动态调节视频编码参数的能力，这为解决网络的异质特性（heterogeneity）和网络带宽的动态变化提供了可能，也为不同能力的用户终端及其解码播放系统的不同格式的视频需求提供了技术保证。在视频服务器中所进行的压缩转码，实际上就是把用户上传的视频文件分块打包成流文件格式。视频流文件经过特殊编码，可以减少用户的播放延时和存储空间，实现边下载边播放,而不是等到下载完整个文件才能播放,并能保证一定的播放质量。

目前常用的流文件格式主要有 RealMedia(Real Networks)、Quick Time(Apple)、ASF(Microsoft)等几种,不同流文件的传输有着不同的流媒体文件传输系统和编解码方式。一般同一个视频网站会把自己视频节目转码为几种不同的流文件格式(跟多个流媒体系统提供商签订合作协议),以便为尽可能多的不同网络用户提供视频传输及播放服务。与电视台对节目的高质量要求不同,在便捷的上传转码技术的支撑下,网络用户不用太多考虑视频节目的题材方向和制作水平,只需要把自己身边普通的平民生活状态记录下来上传到视频网站,就可以让自己的叙事文本得以公开传播,实现民间话语的影像叙事和网络表达。

不管是用手机还是数字 DV 拍摄视频,在视频节目的采集制作过程中就按照其选择的文件格式进行了初步的编码压缩,这种通过预处理的视频文件只有与目标网络的编码标准相匹配,才能为网站的视频服务器识别并接受。利用这种简单易用的编码压缩技术,普通网络用户可以较为容易地编辑制作出自己的数字视频节目,然后按照特定的编码标准把视频节目压缩成为能够为视频网站识别和接受的视频压缩文件(如 AVI、MPEG 等),通过网络终端上传到视频网站的视频服务器里。

二、流媒体传输的基本工作原理

流媒体之所以能够实现多媒体数据的实时播放是采用了专门的网络控制协议和数据传输机制。服务器端有专门的流媒体发布系统,而客户端则有专门的播放器,这两部分都需要通过数据缓存区进行数据的缓存。

(一)传输原理

与普通的分组交换网络不同,流媒体系统的缓存区中的数据在数据传输过程中是动态的,也可称为是交换状态的——数据以堆栈方式进出缓冲区,而不需要等待数据全部达到客户机后才从缓冲区中被释放出来。由于数据缓冲区中的数据是"流动"的,再加上数据的播放需要维持一个稳定的数据输出速度,随时都要求缓冲区有相应的数据提供给播放器,如果没有相应的数据,则会出现内容播放过程中的暂停和画面的跳跃,出现前一种情况一般是由于网络传输速度跟不上数据的播放速度,而发生了数据的下溢,而后一种情况的发生是由于网络传输速度过快,超过了播放的速度,而又没有适当的传输控制而造成的数据上溢。

流式传输方式是流媒体实现的关键技术,目前有两种方法:实时流式传输和顺序流式传输。顺序流式传输方式是按前后次序下载,即用户只能看到下载的部分。这种方式很适合标准的 HTTP 服务器，不需要特殊的传输协议，故也称为 HTTP 流式传输。其优点是播放质量高，传输途中无损耗，适合影视片的片头、广告等高质量的短片。缺点是用户等待的时间稍长，尤其是连接速度慢的时候。

流式传输的实现需要缓存，因为 Internet 以数据包传输为基础进行断续的异步传输。对一个实时 A/V 源或存储的 A/V 文件来说，它们在传输中要被分解为许多包，由于网络是动态变化的，各个包选择的路由可能不尽相同，故到达客户端的时间延迟也就不等，甚至先发的数据包还有可能后到。为此，需要使用缓存系统来弥补延迟和抖动的影响，并保证数据包的顺序正确，从而使媒体数据能连续输出，而不会因为网络暂时拥塞，使播放出现停顿。通常，高速缓存所需容量并不大，因为高速缓存使用环形链表结构来存储数据。通过丢弃已经播放的内容，流媒体可以重新利用空出的高速缓存空间来缓存后续尚未播放的内容。

流式传输的过程一般是这样的：终端用户选择某一流媒体服务后，Web 浏览器与 Web 服务器之间使用 HTTP/TCP 交换控制信息，以便把需要传输的实时数据从原始信息中检索出来，然后客户机上的 Web 浏览器启动 A/VHelper 程序，使用 HTTP 从 Web 服务器检索相关参数并对 Helper 程序初始化。这些参数可能包括目录信息、A/V 数据的编码类型或与 A/V 检索相关的服务器地址等。A/VHelper 程序及 A/V 服务器运行实时流控制协议 RTSP，实现 A/V 传输所需控制信息的交换。与 CD 播放机或 VCRs 所提供的功能相似，RTSP 提供了操纵播放、快进、快倒、暂停及录制等命令的方法。A/V 服务器使用 RTP/UDP 协议，将 A/V 数据传输给 A/V 客户程序，一旦 A/V 数据抵达用户终端，A/V 客户程序即可播放输出。

此外，在流式传输中，使用 RTP/UDP 和 RTSP/TCP 两种不同的通信协议与 A/V 服务器建立联系，是为了能够把服务器的输出重定向到一个不同于运行 A/VHelper 程序所在客户机的目的地址。实现流式传输一般都需要专用服务器和播放器，其基本原理如图 7-1 所示。

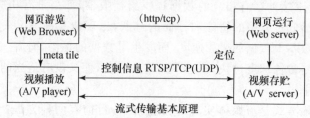

图 7-1　流媒体传输框架

(二) 传输协议

流式传输不但需要专用服务器，而且还需要特殊的网络传输协议。Internet中网页主要通过 HTTP 或者是 FTP 等协议传输，但是这些协议不适合多媒体数据在 Internet 上进行实时流式传输。为了更好地发挥流媒体的作用，保证传输的服务质量(QoS)，IETF(Internet 工程任务组)已经设计出几种支持流媒体的传输协议。主要有实时传输协议 RTP、实时传输控制协议 RTCP、实时流协议 RTSP 等。

实时流式传输采用流媒体服务器和专用的传输协议，保证媒体信号带宽与网络连接相匹配，实时传送节目，用户还可以像录像机那样用快进键或后退键观看前后的内容。实时流式传输很适合实况转播，对带宽有一定要求，网络拥挤时视频质量难以得到保证。实时流式传输不但需要专用服务器，而且还需要特殊的网络传输协议。

关于流媒体的几种主要传输协议，我们会在后面的内容中作详细介绍。

三、流媒体的传输播放方式

(一) 流媒体的传输方式

流媒体的主要技术特征就是它采用的是流式传输的视频文件传输方式，它运用可变带宽技术以流的形式进行媒体的传送，使人们在不同的带宽环境下都可以在线欣赏连续不断的音频和视频节目，这种方式比传统方式更加适应网络平台。

在流式传播方式下，用户不用等待所有内容下载到本地硬盘上才能播放，通常情况，对于宽带接入的用户，一部电影在一分钟以内就可以在客户端开始播放，而且在网络性能正常的情况下，播放过程一般不会出现断续。全屏播放对播放速度几乎无影响，只是在快进、后退时需要一定的时间等待。

由于通过 Internet 以流式传送多媒体信息需要通过缓存来弥补数据包到达的延时，因此需要在客户端建立缓存系统，这势必将增加客户端的开销，但是由于不需要把所有的视、音频内容都下载存储到缓存中，因此对缓存的要求比较低，客户端的开销不会过大。[①]

实现流式传输有两种方法：顺序流式传输(Progressive Streaming)和实时流式传输(Real-Time Streaming)。根据不同的网络连接条件，视频网站会自动选择传输方式、调整传输状态。如果发出视频传输播放指令的用户处在

---

① 庄捷.流媒体原理与应用[M].北京：中国广播电视出版社，2007：40-41.

地域偏远、网络带宽窄的传输环境,视频网站会用低带宽占有的顺序流传输方式响应用户的传输要求;如果用户处于网络带宽充裕的中心城市,视频网站会自动选择实时传输方式来发送视频流文件。

(二)流媒体的传输播放方式

前面我们介绍了通过 Internet 网络进行流媒体传输的方式,而用户要真正能够看到和听到多媒体内容,还需要有相应的媒体播放方式。流媒体播放方式的类型主要有以下几种。

1. 单播流

单播(unicast),就是在每个客户端与视频服务器之间建立一个单独的数据通道,并且从一台服务器送出的每个数据包只能传送给一个客户机的传输方式。

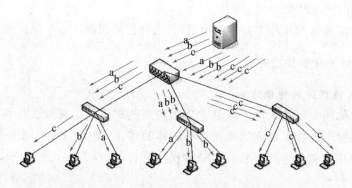

图 7-2 单播流传输方式的结构图

单播流是服务器和客户端之间的一对一的连接,这意味着每个客户端都接收不同的流,且只有那些请求流的客户端在接收流。以单播方式传递内容时既可以采用点播发布点,又可以采用广播发布点。单播流可提供播放器和服务器之间的交互、便捷的设置以及多比特率流传输功能。但是,播放流用户的数量容易受到内容比特率和服务器网络速度的限制。如果单播观众过多将很快使网络或者服务器无法承受,这种巨大冗余造成服务器沉重的负担,影响需要很长时间,甚至停止播放,因而需被迫购买硬件和带宽来保证一定的服务质量。

2. 多播流

多播(multicast)又称为多址广播或者组播。多播流是指服务器和接收流的客户端之间具有一对多的关系。利用多播流,服务器向网络上的一个多播

IP 地址传输，所有客户端都通过该 IP 地址订阅来接收同一个流。因为无论有多少个接收流的客户端，服务器只传输一个流，所以多播流需要的是带宽量与包含相同内容的单个单播流的带宽量相同。使用多播流会节省网络带宽，且对于带宽较低的局域网可能非常有用。

采用多播方式，允许路由器一次将数据流复制到多个通道上，视频服务器只需发送一个信息流，并且所有发送请求的客户端共享同一个信息流，因而单台服务器能够对几十万台客户机同时发送连续数据而无时延。多播信息可以发送到组内任意地址的客户机，减少网上传输的信息包的总量，网络利用效率大大提高，成本大为下降。

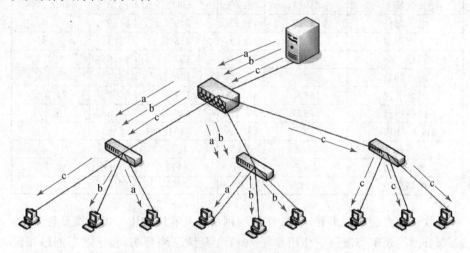

图 7-3 多播流传输方式的结构图

第二节 流媒体传输的技术应用

一、流媒体传输内容与应用

（一）流媒体传输内容

视听新媒体所涵盖的内容丰富多样，尤其是网络发展的各种应用更是满足了网民各方需求。以下是 CNNIC 关于网民互联网应用状况的第 29 次调查报告表。

表 7-1　CNNIC 关于网民互联网应用状况的第 29 次调查

应用	2011 年		2010		年增长率
	用户规模（万）	使用率	用户规模（万）	使用率	
即时通信	41510	80.9%	35258	77.1%	17.7%
搜索引擎	40740	79.4%	37453	81.9%	8.8%
网络音频	38585	75.2%	36218	79.2%	6.5%
网络新闻	36687	71.5%	35304	77.2%	3.9%
网络视频	32531	63.4%	28398	62.1%	14.6%
网络游戏	32428	63.2%	30410	66.5%	6.6%
博客/个人空间	31864	62.1%	29450	64.4%	8.2%
微博	24988	48.7%	6311	13.8%	296.0%
电子邮件	24577	47.9%	24969	54.6%	-1.6%
社交网站	24424	47.6%	23505	51.4%	3.9%
网络文学	20267	39.5%	19481	42.6%	4.0%
网络购物	19395	37.8%	16051	35.1%	20.8%
网络支付	16676	32.5%	13719	30.0%	21.6%
网络银行	16624	32.4%	13948	30.5%	19.2%
论坛/BBS	14469	28.2%	14817	32.4%	-2.3%
团购	6465	12.6%	1875	4.1%	244.8%
旅行预订	4207	8.2%	3613	7.9%	16.5%
网络炒股	4002	7.8%	7088	15.5%	-43.5%

从该调查的数据来看，2011 年我国网民的互联网应用习惯出现显著变化。大部分网络娱乐类应用的使用率在 2011 年延续下降势头，相比之下网络视频行业的发展势头相对良好，用户规模同比增加 14.6%，达到 3.25 亿人，使用率提升至 63.4%。网络音频使用的数据虽然有所下降，但其使用的人数依然很多。网络音频与视频一起，构成了视听新媒体节目的主要内容。

在提到流媒体的时候，大多数人想到的也是传输到他们个人计算机的音频和视频资料。实际上，这种类型的流媒体在 1995 年之后才真正出现，当时 RealNetworks 这样的公司已启动，倡导通过 Internet 创建、传输和播放丰富的媒体。[①]

Web 浏览器有一部分软件称为流媒体播放器，它可以像插件程序一样安装，用于播放音频或视频。多数的流媒体播放器可以免费下载，它们使用专有技术使得音、视频播放的过程得以顺利进行。

---

① 托匹克.流媒体技术及商机解密[M].孔英会译.北京：电子工业出版社，2004：11.

在三网融合的前景下,各媒体形态的信息服务由单一的媒体业务转向文字、话音、数据、图像、视频等真正多媒体综合业务。通过这样的整合,使网络性能得以提升,不仅继承了原有话音、数据和视频业务,更衍生出了更加丰富的增值业务类型,如视频邮件、网络游戏等。由此,新视听媒体对媒体流的技术更加倚重,同时也丰富了流媒体传输的类型。

(二) 流媒体应用形式

在新视听媒体中,包含有音、视频媒体流应用的形式有以下种类。

1. 电子购物

图 7-4 是 CNNIC 关于 2010—2011 年网络购物用户数及使用率的统计,可见电子购物在人们日常消费比例中占据了很大一部分,并保持上升趋势。

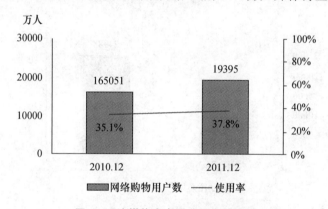

图 7-4 流媒体在电子购物中的应用

流媒体的内容能够使电子商务购物的体验生动活泼。通过呈现比较丰富的信息,在全球范围内,在线购物者都可以购买满意的物品。在一些电子商务活动中,用户甚至可以对远程购买的东西进行检查,虽然不能和现场体验的感觉相比,但也为电子购物增色不少。

使用流媒体技术,有兴趣购买大型设备的购物者可以随时访问制造商对产品的演示内容。制作商可以在线使用的产品展示,销售方也能节约用于派出流动销售人员的资金。

2. 流聊天

在 Web 上,一个最普遍的应用是即时发送信息和聊天,使用这种方式,每天都有成千上万的人与朋友、同事以及家人进行交流,如 QQ、MSN 等等。随着技术的发展,许多类似的服务都包含了声音和视频聊天功能。对于追求生动的聊天体验的人来说,这种流媒体支持的技术使得在线聊天更加生动、方便。

许多这种在线的音频和视频信息服务也可以与通常的电话手机进行通信。实际上,基于 IP 的声音作为传统通信中的一种技术,可以看做是基于人与人的流音频。

VXML 是基于聊天领域发展而来的一种技术,它允许用户通过声音识别技术,利用计算机声卡上的麦克风、电话按键或者电话,与 Internet 进行交互。音频流技术是这些应用中的核心。[①]

3. 微博

微博是一个基于用户关系的信息分享、传播以及获取平台,用户可以通过 Web、Wap 以及各种客户端组建个人社区,以 140 字左右的文字更新信息,并实现即时分享。Twitter 是最早也是最著名的微博。

图 7-5 流媒体在微博中的应用

随着微博的使用数量不断增长,它已经成为新媒体影响舆论的一个重要部分。微博势力日益壮大,促使微博的功能也不断完善,也包括了音频和视频的分享。这些音、视频的来源一般是门户网站或媒体类网站,等等。正是基于流媒体技术,微博更丰富、更能满足网民日益多元化的需求,适应时代发展趋势。

4. 远程学习

在美国,增长最快的教育趋势是家庭学习,这一趋势对传统学习系统产生了很大的冲击。使用流媒体进行远程学习是未来人们受教育的新方法,继续再学习也将成为一种基本的生活技能。

现在,有许多学校和教育机构在网上提供远程学习课程,使用流媒体传输

[①] 托匹克. 流媒体技术及商机解密[M]. 孔英会译. 北京: 电子工业出版社, 2004: 17.

资料。这种教育方式有着其独特的优势,它优于旧式视听媒体教学的重要特点是,使用流媒体进行远程学习,可使学生和在线的对方或辅导教师之间实时地进行一对一的交互。

当然,这种远程教育要实现普遍化,需要有雄厚的物资力量。

5. 其他

除了上述形式以外,新媒体还有诸如 Web 无线广播、视频点播、移动流媒体、数字影院等需要流媒体技术的支撑,它们与流媒体之间的联系比较明显,就不一一列举。通过以上的一些形式,我们能够了解到流媒体应用的广泛性以及必要性。

二、流媒体的传输与发布方式

(一) 传输方式

流媒体系统由流媒体编码器(Encoder)、流媒体服务器(Media Server)和流媒体播放器(Player)三大部分组件及其功能软件构成,通过对流文件和数据包进行实时传输和控制的网络通信协议来实现新媒体视听节目的流式传输。

在上一节中我们提到过,流媒体的传输方式有顺序流式传播和实时流式传播两种,不同的新媒体视听节目运营商会选择跟多个流媒体系统提供商签订合作协议,让自己的视频网站能够为使用各种不同流媒体系统的视频上传者服务,用以保证不同质量和格式的视频文件在不同流速的网络环境中流畅地传输。新媒体视听节目可调整和自动选择的流式传输技术的应用,使视频文件可以在不同的传输环境(网络带宽和终端性能)下用不同的传输方式流畅地传输给网络用户,为各种不同消费能力的网络用户提供有效的视频内容服务。

这种根据网络带宽属性来选择和调整传输方式的流媒体传输技术,既能够为优良网络传输环境的用户提供视频服务,也让身处较差网络环境的用户也能够收看视频,拓展了新媒体视听节目的传输渠道,扩大了新媒体视听节目传播的受众覆盖面,让更多的普通网络用户能够通过新媒体视听节目的服务逐渐被熏陶和培育成为新媒体视听节目的创作者。

以下我们对这两种传输方式进行更细致的介绍。

1. 顺序流式传输

顺序流式传输就是顺序下载,在下载文件的同时用户可观看在线视频。在给定时刻,用户只能观看已经下载的部分,而不能跳到还未下载的部分,顺序流式传输不像实时流式传输那样可以在传输期间根据用户连接的速度做调整。由于标准的 HTTP 服务器可发送这种形式的文件,也不需要其他特殊协议,因此它也经常被称作 HTTP 流式传输。

顺序流式传输比较适合高质量的短片,如片头、片尾和广告,由于该文件在播放前观看的是部分无损下载的,这种方式能保证视频播放的最终质量,这意味着用户在观看前,必须经历延迟,对较慢的链接尤其如此。

如果通过 Modem 发布短片段,顺序流式传输显得很实用,它允许用比 Modem 更高的数据速率创建视频短片段。尽管有延迟,毕竟可以发布较高质量的视频片段。

顺序流式文件放在标准的 HTTP 或者 FTP 服务器上,易于管理,基本上与防火墙无关。顺序流式传输不适合长片段和有随机访问要求的视频,如讲座和演说,它也不支持现场直播。

2. 实时流式传输

实时流式传输指保证视频信号带宽与网络连接匹配,使视频可被实时观看到。实时流式传输与 HTTP 流式传输不同,它需要专用的流视频服务器和传输协议。这种传输方式总是实时传送,特别适合现场事件,也支持随机访问,用户可快进或者后退以观看前面或者后面的内容。理论上,实时流一经过播放就不可停止,但实际上,可能发生周期性暂停。

实时流式传输必须匹配连接宽带,这意味着以 Modem 速度连接时图像质量较差。而且,由于出错或丢失的信息被忽略掉,网络拥挤或出现问题时,视频质量很差。如果要保证视频质量,顺序流式传输或许更好。

实时流式传输需要特定的服务器,如 Quick Time 流视频服务器、Real 服务器与 Windows Media 服务器。这些服务器允许客户端对视频发送进行更多的级别控制,因而系统设置、管理比标准的 HTTP 服务器更复杂。实时流式传输还需要特殊网络协议,如 RTSP 或 MMS 协议,这些协议在有防火墙时有时会出现问题,导致用户不能看到一些地点的实时内容。一般来说,如视频为实时广播或应用 RTSP 实时协议,即实时流式传输,可使用流式视频服务器。若文件通过顺序流发送,可使用 HTTP 服务器。究竟采用何种传输方法,则取决于用户的要求。当然,流式文件也支持在播放前完全下载到硬盘上。

在流媒体的传输过程中,流式传输的实现需要合适的传输协议,以便为用户提供可靠服务质量保证。在流式传输的实现方案中,一般采用 HTTP/TCP 来传输控制信息,用 RTP/UDP 来传输实时音视频数据。新媒体视听节目的传输过程由用户的 Web 浏览点击发起,用户通过自己的网络终端登陆视频网站的 Web 网页,浏览视频编目并通过点击发出传输要求,Web 服务器收到要求后一边定位用户网址并发送视频播放参数数据包给用户终端,一边向视频服务器发出传输视频流文件的指令,接到指令后视频服务器开始向用户终端的缓存传输视频流文件。

由于标准的 HTTP 或 FTP 服务器完全支持顺序流传输方式的文件传输，传输过程中不用考虑与其他特殊协议的兼容问题，也不会受到防火墙的阻隔，顺序流的传输方式既有利于视频服务器的视频文件管理，又方便了用户终端的使用。因为顺序流传输方式有着较高的播放质量，所以适合传播广告、电影的片头片尾等高质量的短视频。与此同时，由于顺序流传输需要无损下载的时间段，因此往往都要经历较长时间的延迟，在保证足够网络带宽的前提下，实时流传输则正好解决这个难题。实时流传输所提供的"实时地、不间断地"视频传输服务，为"随机访问"和"直播互动"的新媒体视听节目广播提供了技术基础，随着通信网络的升级，正逐渐成为新媒体视听节目流式传输的主要方式。

（二）发布方式

根据不同的网络带宽条件和用户播放需求，视频网站会自动选择特定的流媒体传输方式，影响视频网站传输方式选择的依据是新媒体视听节目用户的播放方式。新媒体视听节目主要有单播、组播和广播等三种播放方式，其中单播衍生出了点播这种主动连接的播放方式，基于 IPv4 的组播升级出了基于 IPv6 网络技术的任播这种全新的播放方式。

1. 单播（Unicast）与点播（On Demand）

单播，是"在用户端与媒体服务器之间建立一个单独的数据通道，从一台服务器送出的每个数据包只能传送给一个用户终端"。在单播的方式下，只有一个发送方和一个接收方，如果一台发送者同时给多个接收者传输相同的数据，也必须相应地复制多份相同的数据包。如果有大量的机主希望获得数据包的同一份拷贝时，将导致发送者负担沉重、延迟长，容易造成网络拥塞。[①]

点播是一种主动连接的单播，它通过用户终端与服务器之间的主动的连接来选择内容项目，实现开始、停止、后退、快进或暂停流的主动播放控制。这种方式由于每个客户端各自连接服务器，服务器需要给每个用户建立连接，对服务器资源和网络带宽的需求都比较大。

2. 组播（Multicast）和任播（Anycast）

目前新媒体视听节目常用的是被称作"组播"的多地址广播方式，这种服务器与多个用户终端件的"一对多"的关系，"允许路由器一次将数据包复制到多个通道上"。即服务器可以将一个数据包通过网络硬件设备复制的方法同时分组发送给多个需要接收的客户端，所有的客户端共享同一个流媒体文件。

---

① 庄捷.流媒体原理与应用[M].北京：中国广播电视出版社，2007：42.

基于 IPv4 网络协议的组播技术是目前最常用的新媒体视听节目传输播放方式,在流媒体的播放过程中,服务器只向一组特定的用户发送一个视频数据包,组中的各个用户可共享这个视频文件。针对组(group)地址的组播发送方式,减少了网络上的传输信息包的总量,大大提高了网络的利用效率,降低了视频传播的成本。

基于 IPv6 网络协议的任播通信方式由组播技术升级而成,是指"发送端向提供相同服务的多个服务器发送 IP 分组,这些服务器由同一个任播地址标识,路由控制系统将 IP 分组转发至该任播地址标识的距离发送端最近的服务器,由离用户最近的视频服务器为用户终端提供视频文件"。IP 任播,实际上就是单个用户与一组传播同一内容的视频服务器中最近的那个服务器之间的连接,而选择这种连接的依据则由 IPv6 地址结构中的任播地址标识系统提供。

3. 广播(Broadcast)

所谓广播,指的是用户被动接收媒体流。在广播形式下,视频数据包被发给了网络上所有的用户,用户无法控制视频播放的进度,不能进行快进、后退或者暂停该媒体流。由于广播的方式非常浪费网络带宽和服务器资源,因此常与组播技术共同使用。

无论是单播、广播还是组播,都只是新媒体视听节目播放时提取视频文件的网络通信方式,对于网络用户而言,播放新媒体视听节目的关键部件是视频播放器及其视频解码软件。目前常用的新媒体视听节目播放器主要有苹果的 Quick Time Player、微软的 Windows Media Player 和 Real Network 的 Real Player。不管使用哪个流媒体系统的播放器,它的音视频解码模块的功能都对视频播放效果有巨大影响。音视频解码模块"主要负责音频数据和视频数据的解码,是基于 Gstreamer 机制构建的,支持多种媒体格式"。"为了避免音视频不同步的问题,对数据流打上时间戳,方便利用时间戳,对音视频数据进行同步处理。"经过解码的新媒体视听节目,还原成了适合观看的视频文件格式,可以通过媒体播放器在线播放,也可以存储到用户的网络终端上随时观看。

随着流媒体技术的发展,普通网络用户在作为视频接受者对新媒体视听节目进行下载播放时,有了越来越强的主动性和越来越大的选择空间。用户不但可以选择不同的视频网络获取视频节目,还可以选择更加能动的接受方式来收看视频。用户可以在视频分享网站上随意地浏览、随机地点击播放新媒体视听节目,也可以进入视频搜索网站,通过编目索引检索特定新媒体视听节目,还可以安装特殊的网络播放器,定向收看视频点播网站发布的新媒体视听节目。最为革新的是,网络用户可以自制新媒体视听节目,利用流媒体技术提供的便利,上传到视频分享网站和社交网站上。

三、传输带宽与分配

流媒体技术处理的音视频数据是一种对系统资源高消耗的应用,一个原始的、未经压缩的音频所需的数据传输率是 1.4Mbps,而同样未经处理的 NTSC 制的视频则需要 25Mbps 的传输率,即使采用压缩比率高的压缩格式后,达到 DVD 质量的视频也要 750Kbps 的传输率,较高的数据量对网络和服务器的要求必然较高。

(一)计划带宽需求

视频业务成为互联网的主要流量,根据"思科虚拟网络指数"的研究结果显示,新媒体视听节目占互联网总流量的比例从 2005 年底的 30%,到 2013 年将近 70%。

目前,带宽仍然是制约新媒体视听节目应用的一个瓶颈,20 世纪 90 年代用户接入网络的主要方式是拨号。拨号方式的最大带宽是 56Kbps,因此制约的瓶颈主要是在用户接入一侧。随着近年来网络带宽技术方式的发展,尤其是带宽接入方式的发展,用户接入的瓶颈逐渐消失,为新媒体视听节目的发展带来了前所未有的机遇。但是随着用户接入瓶颈的消失,高带宽消耗的新媒体视听节目业务的高速增长,却给运营商带来了前所未有的压力,能否对新媒体视听节目系统进行有效的管理,是新媒体视听节目业务成功的关键。

对于新媒体视听节目业务来说,所需带宽主要与两个因素有关:并发的流数目(即同时观看视频的用户数目)和每个流的带宽。最简单的估算方法就是这两个因素的乘积,当然在实际设计时还需要考虑其他一些因素。

1. 并发的流数目

所谓并发流的数目,就是指同时观看新媒体视听节目的用户数量,由于多播的特殊性,可以不考虑多播流的用户数量,假定所有的用户都是单播方式。

通常情况下,尽管用户在晚上和节假日使用新媒体视听节目较多,但基本不会大量集中在同一时段,同时并不是所有的用户都会观看同一视频,因此网络中并发的流数目较少。但在一些特殊情况下,有重大事件如奥运会的召开,或者如果视频网站提供一些热播的影视节目,网站的访问量会急剧上升,甚至达到平时的数倍。因此如果视频网站带宽不够,用户将不能正常收看。因此对于视频网站来说,突发访问的影响很大,在做市场分析时其中一项内容就是估计可能的用户数量,特别是要估计同时使用新媒体视听节目的最大人数。

2. 流的带宽

用户接入的速度存在着较大的差异。单从 ADSL 接入来说,用户带宽可能只有 512Kbps,也有可能是 2Mbps 甚至更高。不同的用户需要不同的服务,有的用户希望网站提供高清节目,而有的用户可能只是希望看到在自己带宽允许下尽可能好的质量,网站应该提供不同的节目以满足不同用户的需求。因此,网站可以提供不同码率的节目给用户,用 Windows Media 流媒体系统编码技术,标准清晰视频(像素为 320×240)需要的带宽最高是 463Kbps,不考虑网络中的其他因素,正好可以满足 512Kbps 的 ADSL 用户的需要;而要求达到 DVD 画面质量(像素为 640×480),带宽至少需要 750Kbps。

3. 网络实际可用带宽

在实际使用中,网络的带宽不可能百分之百用于视频传输,应该限制在理论最大传输速率的 75%～90%,其余 10%～25%需要应用于网站管库和维护等其他任务,因此,网站总的带宽要求应该是:(带宽 A×带宽 A 用户数＋带宽 B×带宽 B 用户数＋带宽 C×带宽 C 用户数……)/(1－管理站的带宽比例)。

用于网站的管理和维护等其他的任务的 10%～25%带宽,可根据网站总带宽设定,网站总带宽大,则用于管理的带宽比例可以低一点。

(二) 计划可用带宽容量

1. 最大并发流数目

在上述讨论中,网站带宽是根据网站用户数目来进行计算的,但是实际计算的方式可能正好相反,网站的用户数目需要根据网站的带宽进行计算。对于视频网站来说,租用网络带宽的经费是有限的,因此网站的带宽是固定的。在这种情况下,网站需要考虑的是,在固定的带宽下能够支持多少个流。为了保证用户能够正常使用新媒体视听节目服务,往往需要在服务器中设置连接数的上限,当连接网站的用户超出这个数量时,服务器将不向超出的用户发送流,但是会将一个超出连接数的信息发送给用户。

此时,计算的方法为:最大连接数＝网络带宽×(1－管理占的带宽比例)/流平均带宽。

2. 视频加速技术

视频服务对时间比较敏感,服务的好坏取决于视频系统能否提供一个流畅稳定的音视频流。在今天网络带宽资源有限的情况下,怎样对视频带宽进行有效的设计,充分利用有限的带宽资源是关键。常用的视频加速技术包括负载均衡、内容缓存和服务器冗余。

(1) 负载均衡

负载均衡就是系统根据服务器距离用户的远近和服务器资源的占用情况,动态地为用户分配不同的服务器提供服务。负载均衡可分为全局负载均衡和本地负载均衡。

全局负载均衡主要在分布式新媒体视听节目系统中运用,整个新媒体视听节目系统由许多分布在不同地区的视频服务器构成,用户首先接入 Web 网站,选择所要观看的节目,Web 网站接受用户的请求后,先分析用户的来源和所请求的节目,然后离用户最近的视频服务器为用户服务,从而减少了用户观看的等待时间,同时由于该服务器距离用户最近,视频流经过的网络环节少,不仅可以占用较少的骨干网络资源,同时也减少了传输过程中发生丢失包的风险,从而能保证提供给用户稳定流畅的视频流。

由于视频服务对服务器的系统资源要求比较高,服务器必须具备提供大量并发访问服务的能力,其处理能力和 I/O 能力是提供服务的重要保证。如果客户的增多导致通信量超出了服务器能承受的范围,其结果必然是崩溃,这是本地负载均衡所要解决的主要问题。

显然,单台服务器有限的性能不可能具备为几千个用户提供并发访问的能力,因此在服务请求量大时需要将多台服务器组成一个系统,并通过智能交换技术将所有请求平均分配给各个服务器,那么这个系统就能同时处理几千甚至上万的并发流。

(2) 内容缓存

内容缓存是指将使用频度最高的内容尽可能地存放在服务器的高速缓存中,尽量避免服务器从内容服务中寻找内容。

Real Networks 系统实现内容缓存的过程如下。

① 数据中心存储所有的节目。

② 用户服务器的存储空间分为两部分,一部分存储最流行的节目,另外一部分作为高速缓存存储空间。

③ 用户请求约 90% 的内容可以在用户数量服务器上存储的最流行的节目中找到。

④ 当用户请求的节目不能再在流行节目存储空间中找到时,服务器就会在高速缓存中寻找,如果能找到,就可以马上发给用户。

⑤ 如果不能在用户服务器上找到时,用户服务器就会向内容发布服务器请求,内容发布服务器会将该节目发送给用户服务器。

⑥ 用户服务器将内容发送给用户,同时存储到高速缓存中,这样第二个用户请求统一节目时,就会马上得到回应。

(3) 服务器冗余

在高负荷、大流量或者商业化的新媒体视听节目系统中,服务器冗余也是一项必要的措施。因为服务器冗余可以极大地提高系统的可靠性和可用性,从而可以保证一台或几台服务器死机不会影响到系统的运行。服务器冗余包括视频服务冗余和编码器冗余。

在实现服务器冗余的新媒体视听节目系统中,如果初始接入的主服务器死机,用户会被实时切换到备份的服务器,并且播放不会中断,观看也几乎不受影响。同样,当其中一个编码器死机时,备份编码也会实时接收备份编码器的码流,而不会干扰用户的播放。

第三节　流媒体传输的系统类型

在运用流媒体技术时,音视频文件要采用相应的格式,不同格式的文件需要用不同的播放器软件来播放,所谓"一把钥匙开一把锁"。到目前为止,因特网上使用较多的流媒体格式主要有三种:它们是 Real Networks 公司的 Real Media、微软公司的 Windows Media 和苹果公司的 Quick Time。

一、Real Media

Real Networks 公司在 20 世纪 90 年代中期首先推出了流媒体技术,目前在市场上处于主动地位,并拥有最多的用户数量。在编码方面主要技术是 Real Media Codec 8。由于 Real Media 发展的时间比较长,因此具有很多先进的设计,如可伸缩视频技术(Scalable Video Technology),能根据用户电脑速度和连接质量而自动调整媒体的播放质素。

Real Media 音频部分采用的是 Real Audio,该编码在低带宽环境下的传输性能非常突出。Real Media 通过基于 SMIL 并结合自己的 Real Pix 和 Real Text 技术,来达到一定的交互能力和媒体控制能力,但相比 Quick Time 还有一段距离。

Real Media 包括 Real Audio、Real Video 和 Real Flash 三类文件:Real Audio 用来传输 CD 音质的音频数据,Real Video 用来传输连续视频数据,而 Real Flash 则是 Real Networks 公司与 Macro media 公司新近联合推出的一种高压缩比的动画格式。这类文件的后缀是.rm,文件对应的播放器是"Real Player"。作为最早的因特网流式技术,在视音频方面 Real Media 已事实上成为网络视音频播放的标准。

(一) Real System 系统的组成

Real System 由内容制作、服务器端、客户端播放三个方面的软件组成。

1. 内容制作端

内容制作软件（Real Producer）有初级版和高级版两个版本。Real Producer 的作用是将普通格式的音频、视频或动画媒体文件通过压缩转换为能通过 Real Server 流式传输的流格式文件。它也就是 Real System 的编码器。

除此以外，在内容制作方面还包括 Real Slideshow、Real Presenter 等软件工具，它们都包括初级版和高级版两种，初级版免费，但功能受到一定的限制。

Real Producer 是 Real Networks 公司出品的一款制作网络上运行音频和视频文件的软件，也是 Real Networks 公司 Real 格式文件的制作工具。它可以将 wav、au、qt、mov、avi 等格式的影音文件转换成 Real 格式的影音文件。

Real Producer 主要用于将标准的音、视频文件转换为流媒体文件，通过向导指引，用户可以方便地将本地的媒体文件进行转换，也可以捕获来自该计算机多媒体设备输入的影音信号，如从视频捕获卡捕获的视频信号、从声卡线路输入的音频信号等，都可以直接转换成 Real 格式的文件，并进行流媒体实时广播。

Real Slideshow 是 Real System 中的一个组成部分，可以把图片、超链接、背景音乐等以时间线的方式组织放在相应的轨道中，最后形成有动态过渡效果的流式幻灯片。对于图片，可以把现有的 JPG 格式转换成 Realpix 格式，并配上旁白做成网络播放文件；对于声音，可以用麦克风采集或者是现有的 wav 文件，为演示配上旁白和背景音乐，做成一个专业的演示文件，放在网络上用 Real Player 播放。

2. 服务器端

Real Server 是 Real System 的核心部件，用它可以在网上发布 Real 格式的 Audio、Video 文件，并以流格式进行网上传输播放，使用 Real Server 能够充分利用网络宽带，提高网络的并发流数，而且能极大提高对 rm 格式的支持，很好地解决 rm 文件拖动时缓冲时间过长的问题。

Real Server 主要由执行程序、设置文件、系统管理界面、其他工具文件、许可文件等五个部分组成。[1]

服务器端软件 Real Server 用于提供流式服务，根据应用方案的不同，Real Server 可以分为 Basic、Plus、Intranet 和 Professional 几种版本。代理软件

---

[1] 庄捷.流媒体原理与应用[M].北京：中国广播电视出版社,2007：93-122.

Real System Proxy 提供专业的、安全的流媒体服务代理,能使 ISP 等服务商有效降低宽带需求。

3. 客户端

客户端播放器 Real Player 也分为初级和高级两种版本,初级版是免费的,高级版非免费但能提供更多的功能。Real Player 既可以独立运行,也能作为插件在浏览器中运行。个人数字音乐控制中心(Real Jukebox)能方便地将数字音乐以不同的格式在个人计算机中播放并且管理。

Real Player 是 Real Networks 公司开发的客户端播放器软件,它是在网络上收听、收看实时音频、视频和 Flash 的最佳工具,即使网络带宽比较窄,也可以提供丰富的网络多媒体体验。Real Player 是一个在 Internet 上通过流技术实现音频和视频实时传输的在线收听工具软件,不使用时不需要下载音频、视频内容,只要线路允许,就能完全实现网络在线播放,极为方便地在网上查找和收听、收看自己感兴趣的广播、电视节目。当然它也支持本地多媒体播放,并支持多种文件格式。

二、Windows Media

Microsoft 是 Real Media、Windows Media 和 Quick Time 三家之中最后进入流媒体市场的,但利用其操作系统的便利很快便取得了一定的市场份额。Microsoft 的前身是 Microsoft 公司的 Netshow 产品,随着流媒体的广泛应用,推出了整套的流媒体制作、发布和播放产品。Windows Media 编码方案的目前版本也称为 8.0,当然版本号现在已经成为商品促销的一个手段了。

(一) Windows Media 视频技术组成

Microsoft Windows Media 技术是一个能适应多种网络带宽条件的流式多媒体信息的发布平台,提供密切结合的一系列服务和工具用以创作、管理、广播和接收通过 Internet 和企业 Internet 传送的极为丰富的流传输多媒体演示内容,包括了流媒体的制作、发布、播放和管理的一整套解决方案。另外,还提供了开发工具包(SDK)供二次开发使用。

Windows Media 视频服务器系统包括以下三部分。

(1) Windows Media 服务器组件。

(2) Windows Media 工具。

(3) Windows Media Player。

Windows Media 大致有以下六个方面应用。

(1) Windows Media 工具创建 .asf 文件。

(2) Windows Media 编码器创建 .asf 文件。

(3) Windows Media 编码器将实况流发布到 Windows Media 中,用作单播和组播内容。

(4) Windows Media 服务器使用.asf 文件作为单播或组播内容源。

(5) Windows Media 服务器通过单播方式把内容播放到客户端。

(6) Windows Media 服务器通过组播方式把内容播放到客户端。

(二) Windows Media 服务器组件

Windows Media 服务器组件是由 Windows Media 组件服务和 Windows Media 管理器组成。

Windows Media 组件服务是运行于 Microsoft Windows 2000 Server 上的一系列服务。这些服务通过单播和组播广播视频和音频内容给客户端。组件服务有 Windows Media 监视器、节目、广播站和单播服务。

1. Windows Media 监视器服务

提供服务以监视客户端和服务器与 Windows Media 服务的连接。

2. Windows Media 节目服务

用于将 Windows Media 流组合至 Windows Media 广播站服务连续节目内。

3. Windows Media 广播站服务

为传输 Windows Media 内容提供组播和发布服务。

4. Windows Media 单播服务

将 Windows Media 流点播内容提供给用户,它提供了点对点的连接方式的服务。

Windows Media 管理器是一系列运行于 Microsoft Internet Explorer 浏览器窗口的 Web 页,用来管理 Windows Media 组件服务。通过 Windows Media 管理器可以控制本地服务器,也可以控制一个或多个远程 Windows Media 服务器。若要管理多个服务器,需要将这些服务器添加到服务清单,并连接到想要管理的服务器上。[①]

(三) Windows Media 工具

Windows Media 服务器传送的内容由以下工具和程序产生和修改。

1. Windows Media 编码器

Windows Media 编码器用于转换实时和储存的视频和音频内容为 ASF 流,然后即通过 Windows Media 服务器在网络中传送。Windows Media 编码器在需要压缩视频源以使所得的 ASF 流或 asf 文件适合目标带宽时,使用实

---

① 吴国勇.网络视频 流媒体技术与应用.北京:北京邮电大学出版社,2001:128-129.

况源时,想要创建跨越目标带宽内容时以及从 avi、MP_3、wav 文件转化内容时使用。

若要使内容流更有深度,可以新增脚本命令。这些脚本命令可以用来访问特定的 Web 站点、初始化页翻转、提供分级资料或创建电子邮件信息。一旦内容流创建后,可将其写到 asf 文件中用来播放。Windows Media 编码器将实况或存储的音频和视频编码为 ASF 流、asf 文件或是上述两者。当创建和维护 Windows Media 内容时,可以选择向内容中添加一些特性和功能,以增强 Windows Media。

2. Windows Media Author

Windows Media Author 是 Microsoft 与 Digital Renaissance、Incorporated 合作开发的一种工具。此工具用以装配、同步和压缩视频和图像文件为单一的 asf 文件。Windows Media Author 简称为演示音频,因为它类似声音曲目的幻灯演示。Windows Media Author 也可新增脚本命令和视频链接地址(Uniform Resource Locator)到 asf 文件中。

3. Windows Media Player

Windows Media 客户端软件被称为 Windows Media Player,由 Windows Media 服务器接收并播放流内容。Windows Media 服务使用 Windows Media Player 以播放包含视频、音频、图像、URL 和脚本内容的 ASF 流。Windows Media Player 可用于 Microsoft Windows、Apple Macintosh 和 UNIX 操作系统,支持的文件见表 7-2。

表 7-2 Windows Media Player 支持的媒体格式

格式	文件扩展名
CD 音频曲目	.cda
Intel Video Technology	.ivf
Macintosh AIFF Resource	.aif .aifc .aiff
Windows Media	.asf .asx .wax .wmv .wvx .wmp .wmx
Windows 格式	.avi .wav
Windows Media Player 外观	.wmz .wms
数字影视压缩标准(MPEG)	.mpge .mpg .mlv .mp2 .mp3 .mpa .mpv2 .m3u
乐器数字接口(MIDI)	.mid .midi .rmi
UNIX	.au .snd

(四)ASF 高级流格式

Microsoft 公司的 Windows Media 核心是高级流格式 ASF(Advanced Stream Format),ASF 是一种数据格式,音频、视频、图像以及控制命令脚本等多媒体信息通过这种格式,以网络数据包的形式传输,实现流式多媒体内容发布。

1. ASF 对象

ASF 文件基本组织单元叫做 ASF 对象,它是由一个 128 位的全球唯一的对象标识符(Object ID)、一个 64 位整数的对象大小(Object size)和一个可变长的对象数据(Object Data)组成,对象大小域的值是由对象数据的大小加上 24bit 之和。

2. ASF 特征

(1) 可扩展的媒体类型

ASF 文件允许制作者很容易地定义新的媒体类型。ASF 格式提供了非常有效灵活的定义符合 ASF 文件格式定义的新媒体流类型,任一存储的媒体流逻辑上都是独立于其他媒体流的,除非在文件头部分明显地定义了其与另一媒体流的关系。

(2) 部件下载

如特定的有关播放部件的信息能够存储在 ASF 文件头部分,如果客户机没有安装的部件,这些信息能够帮助客户机找到合适的所需的播放部件的版本。

(3) 可伸缩的媒体类型

ASF 是设计用来表示可伸缩的媒体类型的"带宽"之间的依赖关系,ASF 存储带宽就像一个单独的媒体流,媒体流之间的依赖关系存储在文件头部分。

(4) 流的优先级化

现代的多媒体传输系统能够动态地调整以适应网络资源的紧张情况,随着可伸缩媒体类型的出现,流的优先级安排也变得复杂起来,因为在制作的时候很难决定各媒体流的顺序。ASF 允许内容制作者有效地表达他们的意见,甚至在可伸缩的媒体类型出现的情况下也可以。

(5) 多语言

ASF 设计支持多种语言,媒体流能够可选地指示所含媒体的语言,这个功能常用于音频和文本流。一个多语言的 ASF 文件指的是包含不同语言版本的同一内容的一系列媒体流,允许客户机在播放的过程中选择最合适的版本。[1]

---

[1] 吴国勇. 网络视频、流媒体技术与应用[M]. 北京:北京邮电大学出版社,2001:138-143.

三、Quick Time

苹果(Apple)公司的 Quick Time 诞生于 1991 年,是 Apple 公司面向专业视频编辑、Web 网站创建和 CD-ROM 内容制作领域开发的多媒体技术平台,Quick Time 支持几乎所有主流的个人计算机平台,是数字媒体领域事实上的工业标准,是创建 3D 动画、实时效果、虚拟现实、A/V 和其他数字流媒体的重要基础。

(一) Quick Time 中的关键技术

1. Quick Time 中的组播

在 Quick Time 系统中,客户端通过接收 SDP(Session Description Protocol)文件来确定如何加入一个组播组。SDP 文件通常在网站上来预告节目,SDP 文件中包含组播地址和端口,同时还包括流的描述信息。

因为并不是所有的路由器都支持组播,在不支持组播的网络上,客户端可以通过与反射服务器建立连接来接收组播,反射服务器是一个 RTSP 服务器。反射服务器加入组播后,将组播转换成一系列单播,然后将流发送到向它发出请求的客户端。

Quick Time 客户端在收看组播或实况单播时,可以停止或重新开始播放,但不能向前或向后跳动。

2. 其他技术特点

Quick Time 支持同步多媒体集成语言,可以在视频流中插播广告;支持 Java Script 控制 Quick Time Plug-in;在 Mas OS 系统中,Quick Time 支持 Apple Script。

(二) Quick Time 相关的基本概念

Quick Time 使用两种基本结构存储信息:标准原子和 QT 原子。标准原子是简单原子,QT 原子是原子容器原子,允许建立复杂的分层结构。

1. 原子

Quick Time 文件的基本数据单元是原子,每个原子包含数据的大小和数据的类型信息。原子包含报头和原子数据,报头允许小型尺度或扩展尺度的数据,多数原子使用小型尺度(32 位),通常只有媒体数据原子需要 64 位大小。

2. Quick Time 原子容器

Quick Time 原子容器是 Quick Time 文件中存储信息的基本结构,一个原子容器是 QT atom 的属性分层结构。每个 QT 原子包含数据或其他原子,如果一个原子包含其他原子,它就是父原子,被包含的原子叫做子元子。

(三) Quick Time 文件结构

Quick Time 文件简单地说就是一群原子的集合,对原子的次序没有规定,其文件扩展名通常是 mov,这个 mov 能够通过 Internet 提供实时的数字化信息流、工作流与文件回放功能。在 Macintosh 平台上,Quick Time 文件类型是 moov。在 Internet 上,Quick Time 文件由 mime 型"video/quick time"来提供服务。

Quick Time movie atoms 的原子类型为 moov,它是其他类型的容器,依层类推,它包含轨道原子,而轨道原子又包含媒体原子,最底层是页原子,包含实际数据。

Movie 由一个或多个轨道组成,每个轨道都独立于其他轨道,轨道提供一种强大、灵活的结构,使用它可以精确地控制产生复杂的交互电影。每个轨道都代表了一个独特的随时间变化的功能或方面。[①]

(四) QuickTime 播放器

QuickTime 在视频压缩上采用的是 Sorenson Video 技术,音频部分则采用 QDesign Music 技术。QuickTime 最大的特点是其本身所具有的包容性,使得它是一个完整的多媒体平台,因此基于 QuickTime 可以使用多种媒体技术来共同制作媒体内容。同时,它在交互性方面是三家之中最好的。如在一个 QuickTime 文件中,可同时包含 MIDI、动画 GIF、FLASH 和 SMIL 等格式的文件,因而配合 QuickTime 的电子精灵(Wired Sprites)互动格式,可设计出各种互动界面和动画。

1999 年发布的 QuickTime 4.0 版本,就开始支持真正的流式播放,现今的最新版本是 Quick Time 7.0,其特点有以下几点。

1. 多媒体平台

数码相机或手机拍摄的影片、Mac 或 PC 上的影片、网页上的媒体片段,不论用户想到哪里欣赏哪一种节目,Quicktime 技术都能实现。

2. 先进的视讯技术

Quicktime 具备一项称为 H.264 的先进视讯压缩技术,可在更少的频宽和储存空间下呈现绚丽情绪的 HD 影像,因此,无论用户在哪里欣赏视讯,都能体验到不失真的影片品质。

3. 精巧的媒体播放器

QuickTime 播放程式具有简单设计与易用控制的性能,让用户观赏的所有媒体都变得更有乐趣。它简洁的界面绝不会阻碍用户观赏画面。方便的滑

---

① 吴国勇.网络视频、流媒体技术与应用[M].北京:北京邮电大学出版社,2001:148-151.

杆让用户将播放速度设定为正常情况的 1/2 倍至 3 倍,还可以快速搜寻个别影格。

4. 灵活的档案格式

QuickTime 让用户进一步运用数位媒体,QuickTime 7 Pro 可以将档案转换为不同格式,还能录制及编辑作品。外挂模组能以许多不同方式扩充 QuickTime 技术。QuickTime 串流解决方案则可让用户在网上提供媒体串流。

实际上,这三种格式之间的差异并不大。如果使用 Windows 服务器平台,Windows Media 的费用最少,QuickTime 在性能价格比上具有优势,而 Real Media 则在用户数量上有优势。但互联网的发展,证明了市场并不是永远属于先来的开拓者的。如 Microsoft 借助其平台的便利,在迅速地拓展自己的势力范围,虽然现阶段 Windows Media 的功能并不是最好,用户也不是最多,但随着 Microsoft 在 Windows Media 上面的大力投入,将来 Windows Media 有可能会成为最好的流媒体技术。

其实流媒体文件有很多种类型,只要是采用流媒体技术的均可称之为流媒体。如 Macromedia 公司的 SWF(Shock Wave Flash)、Vivo 公司的 VIV (Vivo Movie),都是流媒体格式。此外,MPEG、AVI、DVI 等都是适用于流媒体技术的文件格式。

第四节 流媒体的网络传输与控制协议

随着计算机网络和多媒体技术的飞速发展,在网络上传输实时音视频数据的应用越来越多,它们对传输实时性的要求远高于传输的可靠性。然而,互联网中发送的数据包可以被复制、延迟或不按顺序到达,抖动现象尤其普遍,这将严重影响网络服务质量,使多媒体传输的实时性不复存在。为了解决上述问题,IETF 陆续制定了一系列新的协议,如 RTP/RTCP、RSVP 和 RTSP 等,它们协同工作,在很大程度上满足了实时数据的传输要求。

一、传输协议及质量控制

新媒体视听节目的一个显著特性是数据量大,并且许多应用对实时性要求比较高,因而对网络带宽、音视频数据的实时传输、连续播放和分组丢失等都有着严格的要求。同时,用户对新媒体视听节目应用一般都有一定程度的服务质量(quality of service)要求,要求系统对网络带宽、吞吐量、端到端延迟、物理抖动、分组出错率和比特出错率等提供一定的承诺。因此,新媒体视听节目系统需要强有力的服务质量管理机制来满足用户的要求。

由于因特网最初并不是为传输多媒体内容而设计的,其主要设计目标是支持可靠的文本数据传送,而服务质量保证则属次要。因特网传统通信协议不支持服务质量,难以适应连续媒体通信的实时和等时的要求。为了满足实时要求,新媒体视听节目通信采用了 UDP(User Datagram Protocol,用户数据报协议)。UDP 是一个不可靠的、无连接的协议,因而基于 UDP 的新媒体视听节目传输不可避免地存在分组丢失现象,导致通信质量降低。

TCP(Transfer Control Protocol,传输控制协议)是一个可靠的、面向连接的协议,它的重传机制和拥塞控制机制都不适用于实时多媒体传输。为此,IP 协议提出了解决问题的根本思想:对所有数据通信进行分类,为不同的应用制定优先权和安排预定机制。其中,IETF 专为因特网传输多媒体数据开发了一个因特网增强服务模型,它包括全力传送(best-effort)、实时传送(real-time)和相应的多媒体数据流实时传输协议。与此同时,其他的国际标准化组织和研究机构也制定了一些多媒体传输标准,这些协议相互配合,在一定程度上满足了因特网实时传播多媒体数据的要求。

二、RTP/RTCP/RSVP 协议

RTP 是由 IETF 开发的一种为交互式语音、视频和仿真数据等实时多媒体应用传输而设计的传输层协议,其目的是提供时间信息和实现流同步,为多媒体应用提供端到端的服务。ITU(International Telecommunications Union,国际电信联盟)的视频会议标准 H.323 就采用了 RTP 协议。RTP 包括两个协议:RTP 和 PTCP。其中实时传输协议(Realtime Transfer Protocol,RTP)用于数据传输,实时传输控制协议(Realtime Transfer Control Protocol,RTCP)用于统计、管理和控制 RTP 传输,两者协同工作,能够显著提高网络实时数据的传输效率。

(一)RTP 协议

1. 概述

RTP 是一种用于网络上针对多媒体数据流的传输协议。该协议是用来解决实时通信问题的一种技术方案,适合一对一、一对多传输情况,可提供时间信息并实现流同步。与传统注重高可靠数据传输的传输层协议相比,该协议更加侧重数据传输的实时性,提供时间载量标识、数据序列、时戳和传输控制等服务。

RTP 不作为独立网络层实现,而是应用程序的一部分,通常使用 UDP 来传输数据提供了实时的端到端传送服务,如在组播或单播网络服务下的交互式音视频或仿真数据,但也可在 TCP、ATM 等协议上工作。在 UDP 协议上运行,每条报文都封装在 UDP 数据包中。虽然 TCP 比 UDP 更可靠,但其数据重传机制很容易导致网络拥塞,从而破坏连续媒体的实时性和等时性。在 UDP 上运行的另一个优点是其并发性,即单个计算机可以有多个使用 RTP 的应用程序,而不会相互干扰。通常情况下,RTP 选择偶数的 UDP 端口号。

RTP 协议核心在于其数据包格式,它提供应用于多媒体的多个域,包括 VOD、VoIP、电视会议等,并且不规定负载的大小,因此能够灵活应用于各媒体环境。但 RTP 本身并不能为按顺序传送数据包提供可靠的传送机制,也不提供流量控制或拥塞控制,必须依靠 RTCP 提供这些服务。

2. RTP 的特点

(1) 轻量性

相对于 TCP 来说,RTP 是一个轻型的传输协议。传统 TCP 协议的连接、流控、可靠性保障和错序处理等都是针对点对点通信设计的,有着复杂的校验、反馈和重传机制。而 RTP 协议的主要应用目的是实时传送,协议本身要求相对轻型和快捷,只提供端到端的实时媒体传输功能。

(2) 灵活性

RTP 协议不具备传输层协议的完整功能,其本身也不提供任何机制来保证实时地传输数据,既不支持资源预留,也不保证服务质量。RTP 报文甚至不包括长度和报文边界的描述,而是依靠下层协议提供长度标识和长度限制。另外,RTP 协议将部分传输层协议功能(如流量控制)上移到应用层完成,简化了传输层处理,提高了该层的效率。

(3) 独立性

RTP 协议与下层协议无关,均可在 UDP/IP 和 IPX 层上实现。

(4) 可扩展性

RTP 协议虽然是传输层协议,但它没有作为 OSI 体系结构中单独的一层来实现,它通常通过一个具体的应用进程来实现。RTP 只提供协议框架,开发者可以根据应用的具体要求对协议进行充分扩展。

3. RTP 的工作原理

RTP 主要实现一种端到端的多媒体同步控制机制,既不需要实现建立连接,也不需要中间节点为其保留资源,它可以建立在底层的面向连接或非连接的传输协议之上。RTP 也不依赖特别的网络地址格式,而仅仅需要底层传输协议支持组帧(framing)和分段(segmentation)即可。另外,RTP 本身不提供任何可靠性机制,这些都要由传输协议或应用程序自己来保证。

在网络带宽充足的情况下,RTP 协议具有一定的带宽调控能力,保证端到端的多媒体流同步,在网络带宽不足时,RTP 的带宽调控能力将受到一定程度的限制。影响多媒体数据传输的一个重要问题就是无法预料数据到达的时间,但新媒体视听节目的传输需要数据适时到达,用以播放和回放,RTP 协议提供了时间标签、序列号以及其他结构用于控制适时数据的播放。

在流的概念中"时间标签"是最重要的信息,发送端依照即时的采样在数据包中隐蔽地设置了时间标签。在接收端收到数据包后,就依照时间标签按照正确的速率恢复成原始的适时的数据。不同的媒体格式调试属性是不一样的。但 RTP 只是传输层协议,本身并不负责同步,为了简化传输层处理,提高该层的效率,将部分传输层协议功能(比如流量控制)上移到应用层完成。同步是由应用层协议完成的。它没有传输层协议的完整功能,不提供任何机制来保证实时地传输数据,不支持资源预留,也不保证服务质量。RTP 报文甚至不包括长度和报文边界的描述。同时,RTP 协议的数据报文和控制报文使用相邻的不同端口,这样大大提高了协议的灵活性和处理的简单性。

RTP 和 UDP 共同完成传输层协议功能。UDP 协议只是传输数据包,不管数据包传输的时间顺序,RTP 的协议数据单元是用 UDP 分组来承载的,承载 RTP 数据包时,有时一帧数据被分割成几个具有相同时间标签的包。UDP 的多路复用允许 RTP 协议利用支持显式的多点投递,可以满足多媒体会话的需求。

(二) RTCP 协议

1. 概述

RTCP 是一种进行流量控制和拥塞控制的服务控制协议,能为按顺序传输的数据包提供可靠传输机制,并和 RTP 一起提供流量控制、拥塞控制服务,需要与 RTP 一起配合使用。通常 RTCP 会采用与 RTP 相同的分发机制,在 RTP 会话期间,各客户端周期性传输 RTCP 包,该包中含有已传输的数据包数量、丢失的数据包数量等统计数据信息,服务器可根据此信息动态改变传输速率,接收端则可以判断包丢失等问题出在哪个网络段,甚至改变有效载荷类型。总的来说,RTCP 在流媒体传输中的作用有:QoS 管理与控制、媒体同步和附加信息传递。

RTCP 协议通过不同的 RTCP 数据报来完成接收、分析、产生和发送控制报文的功能主要有如下几种类型。

(1) SR(发送端报告)

发送端是指发出 RTP 数据包的应用程序或者终端,发送端同时也可以是接收端。

(2) RR(接收端报告)

接收端是指仅接收但不发送 RTP 数据包的应用程序或者终端。

(3) SDES（源描述）

主要作为会话成员有关标识信息的载体，如用户名、邮件地址和电话号码等，此外还能向会话成员传达会话控制信息。

(4) BYE（通知离开）

只是某一个或几个源不再有效，即通知会话中的其他成员自己将退出会话。

(5) APP

由应用程序自己定义，解决了 RTCP 的扩展性问题，并为协议的实现提供了很大的灵活性。

SR 和 RR 是最主要的 RTCP 报文。通常情况下，SR 报文占总 RTCP 包数量的 25%，RR 报文占 75%。类似于 RTP 数据包，每个 RTCP 报文以固定的报头部分开始，紧接着是可变长的结构元素，但以 32 位长度为结束边界。在 RTCP 报文中不需要插入任何分隔符，就可以将多个 RTCP 报文连接起来形成一个 RTCP 组合报文。由于需要底层协议提供整体长度来决定组合报文的结尾，所以在组合报文中没有单个的 RTCP 报文的显示计数。

RTCP 数据包携带有服务质量监控的必要信息，能够对服务质量进行动态调整，并能对网络拥塞进行有效的控制。由于 RTCP 数据报采用多播方式，因此会话中的所有成员都可以通过 RTCP 数据报返回的控制信息，来了解其他参与者的当前情况。

在典型的应用场合下，发送媒体流的应用程序将周期性地产生 SR，该 RTCP 数据包含有不同媒体流间的同步信息，以及已经发送的数据包和字节的计数，接收端根据这些信息可以估计出实际的数据传输速率。另一方面，接收端会向所有已知的发送端发送 RR，该 RTC 数据报含有已接收数据报的最大序列号、丢失的数据报数目、延时抖动的时间戳等重要信息，发送端根据这些信息可以估计出往返时延，并可以根据数据报丢失概率和时延抖动情况动态调整发送速率，以改善网络拥塞状况，或根据网络状况平滑地调整应用程序的服务质量。

2. RTCP 和 RTP 协同工作的原理

RTP 协议本身既不保证服务质量，也不保证可靠传输，不过在分组头中提供了与媒体实时传输紧密相关的时间戳、顺序号、负载类型标识和源标识等。RTP 协议工作时，从上层接收多媒体信息流，装配成 RTP 数据包，传送给下层协议。下层协议提供 RTP 与 RTCP 的分流，会话时将使用两个端口，一个给 RTP，一个给 RTCP。如使用 RDP 协议传送时，RTP 使用一个偶数号端口,而 RTCP 使用其后的奇数号端口。在 RTP 会话期间,各参与者周期地传送 RTCP 包,RTCP 包中含有已发送的数据包的数量和丢失的数据包数量等统计信息,因此,服务器可以利用这些信息动态地改变传输速率,甚至改变有效负载类型。RTP 协议和 RTCP 协议配合使用,它们能以有效的反馈和最小的开销使传输效率最佳化,因而特别适合传送网上的实时数据。

在 RTP/RTCP 协议基础上,不同的媒体类型需要不同的封装和管理技术。目前国际上正在研究基于 RTP/RTCP 的媒体流化技术,包括 MPEG-1/2/4 的媒体流化技术。

(三) RSVP 协议

1. 概述

由于音频、视频数据流比传统数据对网络的延时更敏感,因此要通过网络传输高质量音频、视频信息,除带宽要求外,还需要其他方面的条件。资源预留协议 RSVP(Resource Reservation Protocol)是针对 IP 网络传输层不能保证 QoS 和支持多点传输而提出的协议。RSVP 在业务流传送前先预约一定的网络资源,建立静态或动态的传输逻辑通路,从而保证每一业务流都有足够的"独享"带宽,克服网络的拥塞和丢包,提高 QoS 性能。有某些试验性系统,如新媒体视听节目会议工具 VIC 就集成了 RSVP。

RSVP 处于传输层,IETF 的 RSVP 工作组负责定义该协议,其功能是在非连接的 IP 上实现带宽预留,满足应用程序向网络请求一定的服务质量。从高层来看,实时应用包括两个阶段:应用程序首先采用 RSVP 在发送方到接收方之间某路径上的路由器中保留一定的资源,然后利用这些保留的资源通过同样的路径发送实时业务流量。

RSVP 是网络控制协议,它使因特网传输数据流时能够获得特殊的服务质量。RSVP 与路由协议协同工作,建立与路由协议计算出的路由等价的动态访问列表,控制 IP 包的传输。RSVP 协议的两个重要概念是流和预定。流是从发送方到一个或多个接收方的连接特征,通过 IP 包中的"流标记"来认证。发送一个流之前,发送方传输一个路径信息到目的接收方,这个信息包括源 IP 地址和一个流规格。流规格由流的速率和延迟组成,是流的服务质量所需的。

RSVP 类似于电路交换的信令协议,为某个数据流通知它所经过的每个节点(IP 路由器),与端点协商为该数据流提供质量保证。而传统上 IP 路由器只负责分组转发,通过路由协议知道邻近路由器的地址。因此,RSVP 协议一经推出,立刻获得了广泛的认同,基本上被认为较好地解决了资源预留的问题。

值得一提的是,RSVP 是由接收方执行操作的协议。接收方决定预留资源的优先级,并对预留资源进行初始化和管理。在网络节点(如路由器)上被要求预留的资源包括缓冲区和带宽等,一般数据包通过位于网路节点上的"滤包器"使用预留资源,RSVP共有3种预留类型:无滤包器形式、固定滤包器形式和动态滤包器形式。

2. RSVP 协议的工作过程

RSVP 协议封装在主机和路由器中,RSVP 协议的工作过程如下:

(1)服务器端根据带宽、延时和抖动的上界和下界来规定发送端业务。

(2)服务器端向客户端发送 PATH 检测,所经路径上的路由器均记下路由信息。

(3)客户端收到该 PATH 报文后,向发送端发送 RESV(资源预留)信息,包括数据流的平均速率和突发长度等,并沿原路反向传回。

(4)路径上的路由器根据 RESV 报文中的信息为相应的应用进程保留资源(连接建立),直至到达服务器端。

(5)数据沿着 PATH 和 RESV 消息相同的路径传送。

三、HTTP/RTSP/MMS 协议

(一)HTTP 协议

HTTP(Hypertext Transfer Protocol,超文本传输协议)作为应用层协议,由于其简捷、快速的方式,比较适合于分布式和合作式超媒体信息系统。自1990年起,HTTP 就已经被应用于 WWW,还应用于用户代理与连接其他因特网服务(如 SMTP、NNTP、FTP)的代理服务器或网关之间的通信,允许超媒体访问各种应用提供的资源。

HTTP 是一种请求/响应式协议。一个客户机与服务器建立连接后,发送一个请求给服务器,请求的格式是:统一资源标识符(URI)、协议版本号、MIME 信息(包括服务器信息、实体信息和可能的内容)。服务器接到请求后,给予响应的响应信息格式是:一个状态行包括信息的协议版本号、一个成功或错误的代码。后面也是类似 MIME 的信息,包括服务器信息、实体信息和可能的内容。

HTTP 的第一个版本 HTTP 0.9 是一个简单的用于网络间原始数据传输的协议。由 RFC 1945 定义的 HTTP 1.0,则有了进一步的改进,允许消息以类 MIME 信息格式存在,包括请求/响应范式中的已传输数据和修饰符等信息。但是 HTTP 1.0 没有充分考虑到分层代理服务器、高速缓冲存储器、持久连接需求或虚拟主机等方面的效能。相比之下,HTTP1.1 的要求更加严格以确保服务的可靠性。

(二) RTSP 协议

1. 概述

实时流协议 RTSP(Real Time Streaming Protocol)由 RealNetworks 和 Netscape 共同提出。它定义了一对多应用程序如何有效地通过 IP 网络传输多媒体数据。其体系结构位于 RTP 和 RTCP 之上,使用 TCP 或 RTP 完成数据传输。它的主要目标是为单播和多播提供可靠的播放性能。RTSP 的主要思想是提供控制多种应用数据传送的功能。即提供一种选择传送通道的方法,例如 UDP、TCP、IP 多播,同时提供基于 RTP 传送机制的方法。RTSP 控制通过单独协议发送的流,与控制通道无关,例如,RTSP 控制可通过 TCP 连接,而数据流通过 UDP。通过建立并控制一个或几个时间同步的连续流数据,其中可能包括控制流,RTSP 能为服务器提供远程控制。

与请求由客户端发出、服务器作出响应的单向方式 HTTP 相比,RTP 传送的是多媒体数据,而 HTTP 传送 HTML。RTSP 是双向的,使用时客户端和服务器均可发出请求,而 HTTP 的请求是由客户机发出,服务器进行响应。并且,RTSP 提供操纵播放、快进、快倒、暂停及录制等命令的方法。

由于 RTSP 在语法和操作上与 HTTP 类似,RTSP 请求可由标准 HTTP 或 MIME 解析器解析,并且 RTSP 请求可被代理、通道与缓存处理。

实现 RTSP 的系统必须支持通过 TCP 传输 RTSP,并支持 UDP。RTSP 服务器的 TCP 和 UDP 缺省端口都是 554。目前最新的微软 Media Services V9 和 Real System 都支持 RTSP 协议。

2. RTSP 的特点

(1) 可扩展性

很容易把新方法和参数加入 RTSP 中。

(3) 易解析

RTSP 可由标准的 HTTP 或 MIME 解析器解析。

(3) 安全

RTSP 使用网页安全机制。

(4) 独立于传输

RTSP 可使用不可靠数据包协议(UDP)和可靠数据包协议(RDP),如要实现应用级可靠,可使用可靠流协议。

(5) 多服务器支持

每个流可放在不同的服务器上,用户端自动与不同服务器建立几个并发控制连接,媒体同步在传输层执行。

（6）记录设备控制

协议可控制记录和回放设备。

（7）流控与会议开始分离

仅要求提供会议初始化协议，或可用来创建唯一会议标识号。特殊情况下，SIP 或 H.323 可用来邀请服务器入会。

（8）适合专业应用

通过 SMPTE 时间码，RTSP 支持帧级精度，允许远程数字编辑。

（9）中立的演示描述

协议没强加特殊演示或元文件，可传送所有格式类型。不过，演示描述至少必须包含一个 RTSP URI。

（10）代理与防火墙友好

协议可由应用和传输层防火墙处理。防火墙需要理解 SETUP 方法，为 UDP 媒体流打开一个"缺口"。

（11）HTTP 友好

RTSP 智能地采用 HTTP 观念，使现有结构都可重用，包括因特网内容选择平台。

（12）适当的服务器控制

用户启动一个流，也可以停止一个流。

（13）传输协调

实际处理连续媒体流前，用户可协调传输方法。

（14）性能协调

如基本特征无效，必须有一些清理机制让用户决定何种方法没生效。

3. 与 HTTP 协议的关系

RTSP 在制定时较多地参考了 HTTP 1.1，甚至许多描述与 HTTP 1.1 完全相同。RTSP 之所以特意使用与 HTTP 1.1 类似的语法和操作，在很大程度上是为了兼容现有的 Web 基础结构，因而 HTTP 1.1 的扩展机制大都可以直接引入 RTSP 中。

虽然 RTSP 的设计在语法和操作上与 HTTP 十分相似，但也有不同之处。首先，HTTP 是无状态协议，而 RTSP 协议是有状态的，因为 RTSP 服务器必须记录客户的状态以保证客户请求与媒体流的相关性；其次，HTTP 是不对称协议，客户机只能发送请求，服务器只能回应请求，而 RTSP 是对称的，客户机和服务器都可以发送和回应请求，在 RTSP 中，操作都是通过服务器和客户端的消息应答来完成的，至于数据的传输则是底层协议的工作。

（三）MMS 协议

微软媒体服务协议（Microsoft Media Server Protocol，MMS）为控制实时流媒体数据传输的应用层协议，是微软公司定义的用来访问并流式接收 Windows Media 服务器中 ASF 文件（Advanced Streaming Format）的协议，MMS 广泛应用于 Microsoft Media 的流媒体服务器。

MMS 协议是连接 Windows Media 单播服务的默认协议，如果在 Windows Media Player 中输入一个 URL 地址以连接流媒体文件，而不是通过超链接访问媒体内容时，则必须使用 MMS 协议。连接到多播的客户端不需要使用该协议，它们在流媒体内容经过多播 IP 地址传送时接收数据，不需要协议连接。

在 MMS 协议中，根据连接对象的不同，又分为 MMSU（MMS 和 UDP 的结合）和 MMST（MMS 和 TCP 的结合）。MMSU 可以让客户端通过 UDP 接受流信息，这种机制很适合音频，因为它仅仅负责发送包，而不考虑连接的质量，因此用户可以较少地受延迟或暂停的影响，如果时间允许，可以请求重新发送丢失的包。MMST 支持客户端通过 TCP 接受流信息，TCP 形成一个可靠的流，如果包丢失了，将会停止流，重新发送丢失包。在这种情况下，使用 MMST 的用户要忍受更长时间的延迟和暂停。

典型的 MMS 会话使用 TCP 连接发送道和接收媒体控制命令，使用 UDP 或 TCP 连接分流数据。当使用 MMS 协议连接到发布点时可以激发 MMS 协议的"协议翻转"机制。协议翻转就是客户端首先试图通过 UDP 接受流，如果 UDP 不工作，流将自动地转换到 TCP 传输，如果 TCP 也不工作，客户端将试图通过 HTTP 接收流。协议翻转机制确保了最佳的连接。

第八章　新媒体视听节目的解码接收

一个最基本的流媒体系统必须包括编码器（Encoder）、流媒体服务器和客户端播放器三个模块。模块之间通过特定的协议相互通信，并按照特定的格式相互交换文件数据。其中，编码器将原始的音、视频转换成合适的流格式文件，服务器向客户端发送编码后的流媒体，客户播放器则负责解码和播放接收到的媒体数据。[①]

流媒体运营平台主要包括生成、管理与分发、播放三个部分。其中生成主要是流媒体内容的编码，包括在线编码器与离线编码器。管理与分发主要完成流媒体内容的管理、计费与认证、流媒体服务器、业务门户等部分。播放是指终端用户进行流媒体的欣赏。

新媒体视听节目正是通过这样的编、解码过程才能最终呈现在我们面前。根据终端的不同，以下我们将主要介绍IP电视、智能电视、网络视频以及手机电视的解码接收原理。

第一节　智能数字电视解码播放

随着新媒体技术的不断崛起，越来越多的用户一改传统在电视上收看节目的方式，而趋向在线观看视频。针对这一时代潮流，电视生产商不断地推出新概念的电视如"云电视""智能电视"等。其中，智能电视除了具有基本的电视功能外，还把互联网和电视连接起来，可以为用户提供完整的互联网体验，它是针对有线电视用户开发的三网融合革命性电视产品。

一、智能数字电视概述

（一）智能数字电视定义

智能数字电视，从狭义上讲是指具备开放式操作系统与芯片，拥有开放式应用平台，可实现双向人机交互功能，能通过自主安装应用程序实现新功能或增值服务，并可借助三网接入、3C融合等满足多样化和个性化需求的电视产

---

① 卢官明.移动流媒体技术[M].北京：电子工业出版社.2010，2：17.

品;从广义上讲,是指通过改变原有载体的外在形态和内在机理,通过自由扩展无限的内容和应用使其具备仿生思维、知识和进化能力,达成双向深度人机交互,集成家庭影音、娱乐、学习、安防、生活辅助等功能为一体的终端应用平台。①

(二) 智能电视的特性

1. 智能电视与普通电视的区别

普通电视只能处理模拟电视信号和由数字电视机顶盒输出的音视频信号等电视机基本功能,而智能电视除了具有基本的电视功能外,还把互联网和电视连接起来,可以为用户提供完整的互联网体验,包括搜索功能,并具有全新的个性化用户体验和人机交互方式。采用智能操作系统、全开放式平台,全球的应用开发商和软件爱好者都可以为它开发应用。

智能电视最终的发展,将融合电视、手机、电脑的功能,成为三网融合的最重要的载体之一,成为家庭的智能中心。它将拥有强大的操作系统和全开放式的平台,用户可以自由选择第三方服务商提供的软件、游戏等,甚至也可以自己动手开发相关应用,在电视平台上进行安装和卸载,从而丰富自己的电视功能。

2. 智能电视与互联网电视的区别

互联网电视是利用互联网技术、通过互联网传输,向互联网电视一体机提供视频娱乐内容,用户只需要给电视接上宽带,就可实现在线点播电影、电视剧及娱乐节目。互联网电视的界面、服务是固定的,不能按照消费者的意愿进行搭配。

智能电视也是通过互联网实现广泛的应用,但它与互联网电视并不完全相同。智能电视是一个开放的平台,开发者可以开发很多应用,可加载"无限的内容、无限的应用"。

(三) 智能数字电视优缺点

1. 智能数字电视的优点

(1) 应用服务齐全

智能电视具有网络搜索、IP电视、视频点播(VOD)、数字音乐、网络新闻、网络视频电话等各种应用服务。

(2) 第三网络访问终端

智能数字电视成为继计算机、手机之后的第三种信息访问终端,用户可随时访问自己需要的信息。

---

① 本段引自网站 http://info.broadcast.hc360.com/2011/12/230845483622-3.shtml。

(3) 智能设备

电视机也将成为一种智能设备,实现电视、网络和程序之间跨平台搜索。

(4) 娱乐功能强大

智能电视是一个"娱乐中心",用户可以搜索电视频道、录制电视节目、能够播放卫星和有线电视节目以及网络视频。

2. 智能电视的缺点

(1) 操作系统移植不成熟

如今市面上的智能电视大多采用 Android 操作系统,Android 是针对移动终端推出的操作系统,如果要在电视平台上应用,就需要进行移植,然而因为针对性问题,如果要让 Android 系统完美支持平板电视这种产品形态还有一定难度。

(2) 操作不自如

用户与数字家庭设备的互动方式是通过遥控器实现的,很多操作复杂的项目并不是仅凭一个老旧的电视遥控器就能实现的。

(3) 应用程序商店较少

智能电视的显著特征就是拥有开放的电视应用程序商店,提供丰富的应用软件,让用户自由下载打造属于自己的个性化电视,而目前智能电视的应用程序商店可选择范围还比较少,大多数国内品牌应用商店里的程序不超过 10 个,有待拓展。

(四) 智能电视发展瓶颈

1. 硬件需要借助进口

一直以来,我国彩电产业都处在产业链中低端,而产业链上游的核心部件芯片和显示屏被国外厂商掌控,导致中国彩电行业一直陷于被动局面。延续到智能电视,这种差距依然存在,在涉及高效 CPU、大容量内存、多媒体芯片等方面仍需要借助进口。

2. 没有自主的操作系统

目前,市场上常见的智能电视操作系统大多基于最初的 Linux、Unix、Android 或其他开源软件平台,但 Android 在 3.0(蜂巢系统)后,也开始涉及部分模块的收费,并且这种收费有加重的趋势,这无形中又增加了我国电视机厂商的生产成本。而一直以来依靠国外的开源软件的模式,使得我国自主研发的操作系统并没有得到加强,一直缺乏真正意义上的操作系统。

3. 受国内政策环境制约

在国内智能电视快速发展的同时,Google TV、苹果 TV、索尼等智能电视却已销声匿迹,尤其在国内市场难于发展。主要原因也与国外的内容提供商与国内政策环境不兼容,且有很多受到国内政策的影响有密切关系,因此国内的内容提供商,尤其是已经拿到内容牌照的具有绝对的"地利"优势。国内智能电视的发展仍存在推进乏力、缓慢的现象,需要进一步加大三网融合的力度,营造一个良好的政策环境。

4. 没有统一标准

目前还没有一个针对智能电视的统一标准,各企业对智能电视都在进行自主定义,市场上存在着大量混乱概念的宣传。针对这种混乱的现象,一些有责任感的上下游的企业和协会开始联合起来,不断探索推进我国智能电视标准的制定。海尔、海信、创维、康佳、TCL等六家中国彩电企业已开始参与到智能电视相关标准规范的制定,也在积极尝试摸索智能系统规范,待时机成熟以后将向国际市场推广,让智能电视产业链走向一个良性循环。

二、智能电视的操作系统

提到操作系统,我们第一时间会想到电脑的操作系统 Windows,或者是智能手机的 iOS、Android、WP7 和塞班系统。由于智能电视的操作系统(TVOS)还处于起步阶段,许多人都会感到陌生——难道电视也需要操作系统吗?答案是肯定的,电视智能化的实现前提之一就是要有强大的智能化系统。

随着智能电视的普及,国内外电视企业和一些 IT 企业都加入电视操作系统(TVOS)的研发当中。目前,智能电视绝大多数都采用了谷歌的 Android 系统,部分智能电视采用了微软的 Windows 系统,传说中的苹果智能电视依旧采用 iOS 系统,还有小部分彩电厂商使用 Linux 或者自己开发的系统。

(一)国内自建系统

在谷歌的 Android 操作系统进入电视领域之前,国内电视厂商纷纷建立了自己的智能电视操作平台,如康佳基于 Linux 系统的 OMI 操作系统,海信自主开发的 HITV-OS 操作系统。不过,由于这些系统的应用比较少,而且企业之间的标准不统一,造成这些自建平台难以推广。目前这些企业都转用 Android 操作系统,或者采用自建平台加 Android 系统的双系统模式。

(二)Android 操作系统

目前,Android 操作系统是智能电视比较主流的选择,包括 TCL、康佳、创维、索尼等彩电厂商都推出过 Android 智能电视。由于 Android 操作系统是全开放式平台,软件开发者比较容易地研发各种程序应用,创造海量的应用内容。

（三）iOS 系统

苹果将涉足智能电视这个市场，推出一款基于 iOS 系统的智能电视。目前，苹果 iOS 程式应用数量已经超过 50 万个，只要把一部分的应用转变成电视应用，这个数量级将无人能及。另外，苹果 iOS 的软件开发机制使更多的开发者乐于开发苹果的应用，以后大家将有可能看到很多苹果优秀的电视程序应用。不过，从以往的经验来看，苹果的 iOS 系统只在自己的产品上运用，其他电视企业只能选择别的系统。

（四）Windows 操作系统

在市场上，我们可以看到 TCL、海尔、海信等小部分的智能电视上安装了 Windows 的操作系统。Windows 操作系统在电脑上有积累了数年大量的应用，如果能把这些应用转变成电视的应用，这将是其他系统无法比拟的。

三、智能电视机顶盒

智能数字电视的概念兴起于智能平板电脑，尽管目前智能电视的标准还没有出来，甚至对其概念认识还没有统一。智能市场的火爆，为智能数字电视带来新的希望。目前用户想实现电视智能化主要有两种方式：一是直接购买新型的智能电视，二是安装搭载智能操作系统的智能电视机顶盒，连接在电视机上，将传统电视升级成为一个标准的智能电视机。

所谓智能电视机顶盒，是指像智能手机一样，搭载了操作系统，可以由用户自行安装和卸载软件、游戏等应用程序，实现"无限的内容、无限的应用"的智能电视。

（一）智能电视机顶盒功能

通过智能电视机顶盒升级的数字电视至少具备以下功能：① 可以无限制地接入互联网；② 可以下载安装第三方应用；③ 可以自动升级系统；④ 上网冲浪同时可以小窗口看电视；⑤ 智能输入设备，手机可以充当遥控器来使用；⑥ 能够同其他设备（电脑、PAD、手机）共享内容，互动。

（二）智能电视机顶盒技术

1. 处理器

目前，绝大部分的高端智能电视机顶盒都采用 ARM 架构的嵌入式处理器，其中 Cortex-A9 是最为常见的。Cortex-A9 具备高性能、低功耗的特点，拥有单核、双核甚至多核的形式，采用 ARM v7 架构，基于最先进的推测型八级流水线，该流水线具备高效、动态长度、多发射超标量及无序完成特征，有着极高的性能与效率。大家所熟悉的 iPad 2 就是采用 A9 的双核处理器。

2. 内存配置

市场上高端机器采用 DDR2 512M，主流的还是采用 DDR2 256M。多线程运行，外置一般支持 TF 卡或 SD 卡，最大支持 32G 容量 SD 卡。

3. 网络接口

以无线 WiFi 及 100M 有线网络 LAN 端口，支持 WiFi 无线网络，WiFi 有外置和内置，用以提升在线网络视频、网站浏览、在线查询等访问速度，为日常办公、社交娱乐、信息搜寻等，增加精彩体验。

4. 视频解码

根据不同的视频解码芯片，分硬件解码与软件解码。硬件解码的市场价格较高，高清视频解码能力也强大，基本没有停顿的现象；软件解码的市场价格比较低，但是相应的解码能力受到限制。支持 Full HD 1080P 全格式视频解码/高清播放，同时还具备强悍的硬件视频解码引擎，使高清视频播放清晰流畅。

5. 支持 HTML 5 网站，以及 Flash 10.1 规范

通过广泛兼容 HTML 5 标准，以及 Flash 10.1 视频插件，可以直接通过内置的浏览器，在大电视或者投影上欣赏精彩内容、浏览网页等，运行速度更快。

6. 操作系统

智能电视机顶盒均是使用 Android 智能系统。目前 Android 智能系统凭借其开源性成为新一代智能电视机顶盒的核心系统，拥有很好的扩展性，能够实现各种各样的娱乐功能，最大的优势在于拥有大量免费的影音、娱乐、资讯类的应用程序下载与使用。不少智能机顶盒都采用了兼容性最佳、性能最强的 Android 2.3。

第二节　IP 电视网络适配器

IP 电视是一种利用宽带有线电视网，集互联网、多媒体、通讯等多种技术于一体的交互式网络电视，它向家庭用户提供包括数字电视在内的多种交互式服务。

一、IP 电视解码播放原理

IP 电视工作原理和基于互联网的电话服务 VoIP 相似，它把呼叫分为数据包通过互联网发送，然后在另一端进行复原，其实是跟大多数的数据传输过

程大致一样。

首先是编码,即把原始的电视信号数据进行编码转化成适合互联网传输的数据形式,然后通过互联网传送解码后通过电脑或是电视播放,只是要求传输的数据是视频和同步的声音。如果效果要达到普通的电视效果每秒24帧甚至是DVD效果,可以想象到要求的传输速度是非常高的,所以它采用的编码和压缩技术是最新的高效视频压缩技术。

IP电视对带宽的要求也比较苛刻,带宽至少达到500～700K才可收看IP电视,768K的能达到DVD的效果,2M就非常清楚了。

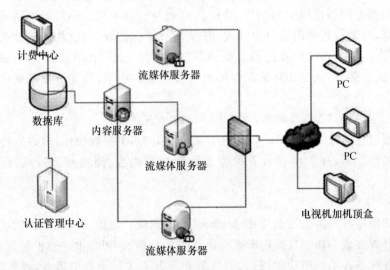

图8-1　IP电视的网络图及关键技术

从图8-1可以看出IP电视网络终端即IP机顶盒,功能包括三方面:首先支持目前的LAN或DSL网络传输接收及处理IP数据和视频流,其次支持MPEG-1、MPEG-2、MPEG-4、WMV和Real等视频解码支持视频点播、电视屏幕显示和数字版权管理,最后支持HTML网页浏览支持网络游戏等。

IP电视网络终端所有功能实现基于高性能微处理器,而嵌入式操作系统构成了对芯片实时解码和纯软件实时解码(Codec)应用的基本支撑平台。目前因使用不同的嵌入式OSIP电视网络终端基本上分为两类,在技术和市场应用前景上,它们各具特色。[①]

---

① 本段源自 http://www.doc88.com/p-278833562619.html。

二、路由器在 IP 电视中的使用

随着中国电信宽带用户的与日俱增,增值业务的不断推广,目前用户对用户终端的要求越来越高,普通的宽带接入用户端已经不能满足高端用户的需求,为了更好地满足各种用户不同的需求,不仅要实现语音、数据、影视、无线上网等功能,而且还要能够在数字电视客户端实现一般数字电视无法实现的功能。

(一)家庭使用的路由器简介

1. 路由器定义

路由器(Router)是连接因特网中各局域网、广域网的设备,它会根据信道的情况自动选择和设定路由,以最佳路径,按前后顺序发送信号的设备。

针对家庭用户使用的路由器,负载能力一般比较轻,也就是说带机数量相对较少(4 口和 8 口),吞吐量(路由器每秒能处理的数据量)相对比较少。这类路由器市场上非常普遍,一般分为有线路由器和无线路由器。

2. 家用路由器的一般设置

一般来讲,每台路由器的背面都有相对应的 IP 地址、登录账号和密码。可以根据路由器的 IP 地址在 IE 浏览器中输入,然后输入其访问账号和访问密码就进入路由器的访问界面了。用户可以根据自己的需求,通过相应的参数设置来实现想要达到的功能。

(1)路由功能

选择"WAN 口设置",主要是对上网方式和权限进行设置;在"WAN 口连接类型"的选项中选择"PPPOE",输入用户的拨号账号和密码来实现路由功能,注意的是总的用户引入线(或者旁路能实现拨号功能的引入线)必须插在路由器的 WAN 接口。

(2)有线 PPPOE 桥接功能

该功能相当于将路由器用做交换机来使用,只需将总的用户引入线,或者旁路能实现拨号功能的引入线插入 LAN1—LAN4 的任意口(注意:决不能插路由器的 WAN 口)。

(3)无线功能

首先该路由器物理上先具备无线功能,一般路由器接通电源后,WLAN 指示灯处于闪烁状态,带无线网卡的 PC 通过无线网络列表,根据路由器的 SSID 表示来连接该网络。

（二）家用路由器在 IP 电视用户端的使用

1. 通过有线 PPPOE 桥接方式接入

一般该接入方式主要是来实现 IP 电视业务，因为 IP 电视业务只能通过 PPPOE 方式来实现，不能采取 DHCP 方式（如图 8-2）。无线网络也只能采用 PPPOE 拨号方式来实现上网。

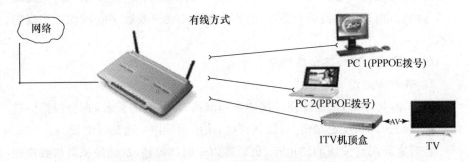

图 8-2　IP 电视有线 PPPOE 方式接入

2. 采用路由方式接入

在路由器的上联引入一部交换机，用户上网使用路由方式（如果无线路由器还能实现 WiFi 功能），IP 电视的引入线只能从交换机上引出另一旁路给 ITV 专用，既完成了无线路由功能，又达到了 IP 电视业务的接入如图 8-3。

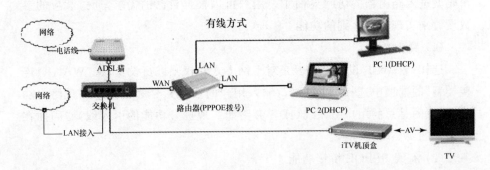

图 8-3　IP 电视路由方式接入

3. 路由器非正常接入

一些用户家中如果只有路由器而无交换机，那么我们将采用路由器非正常接入方式来实现。首先将总的引入线插入 LAN1—LAN4 任意端口来实现 PPPOE 的拨号接入方式，其次再从 LAN1—LAN4 的空置端口引出一条线路插入 WAN 口，来实现无线网路的路由功能，再将 LAN1—LAN4 的空置端口引出一条线路接入IP电视机顶盒的RJ45。这样既实现了无线WiFi功能,又完成了IP电视的PPPOE拨号接入。但需要注意的是,老式的无线路由器建议不采用此种方法,因为很容易引起内部环路而造成整个网络的瘫痪。

三、IP电视机顶盒

(一)机顶盒的功能与形式

机顶盒(Set Top Box,STB)的全称叫做"数字电视机顶盒",是数字电视接收中的特有设备,它是一种将数字电视信号转换成模拟信号的变换设备。它将经过数字化压缩的图像和声音信号进行解码还原,产生模拟的视频和声音信号,通过电视显示器和音响设备给观众提供高质量的电视节目。它的出现主要是因为现有的模拟电视不能直接收看数字电视节目,需要通过机顶盒将接收的数字节目信息转换为模拟电视接收机可还原的节目信息。

各国在推广普及数字电视之初,都面临大多数用户使用的模拟电视机无法直接收看数字电视节目的状况,不能一开始就摒弃原有巨量模拟电视机的客观事实(我国目前有4.2亿台以上),因此机顶盒可称为不带显示器的数字电视接收机。换言之,真正的数字电视接收机应是内含机顶盒所具有的所有功能,即地面、有线或卫星甚至全模式的数字电视一体机。

机顶盒是实现多功能接收的关键设备。对应于模拟电视的收看电视,数字电视只是完成了一小部分功能。为了便于观众更快、更多地接收数字电视广播中的数据信息,就要对数字电视的中间设备机顶盒的功能提出要求。例如,由于有线传输的介质较卫星和地面传输的介质优良,使得基于有线数字电视的机顶盒可以支持几乎所有的广播和交互式多媒体应用,如数字电视广播接收、电子节目指南、视频点播、准视频点播、按次付费收看、下载器(软件在线升级)、数据广播、互联网接入、电子邮件等。对于利用有线电视网接收数字电视广播的机顶盒而言,充分利用现有HFC-CATV网络资源实现多功能。因此,实现交互功能是各类数字电视重要的应用发展方向。

机顶盒也是模拟电视接入互联网的重要工具。由于互联网的迅速发展,家庭信息化已是大势所趋。虽说网络存取设备已经多元化,但如能利用当今非常普及的电视机进行上网,势必会大大拉近用户与互联网之间的距离。电视机因其具有的深入一般家庭的高普及度和现实功能,从而成为除PC机之外接入互联网的最佳候选。目前,IP电视或P2P等具有网络属性的机顶盒在国内外已成强劲的应用发展态势。数字技术的发展不仅仅使CATV增加了更多的频道,重要的是使电视机具有了计算机和通信功能的交互性,这是模拟技术无法做到的。通过上行通道和数字机顶盒,观众坐在家中就能享受到视频点播、时移电视、网上浏览、远程教学、购物、家庭银行等服务。这种由被动转为积极参与的交互性极大地改变了人们收看电视的传统方式。

目前,数字电视机顶盒可划分为有线电视接收机顶盒、地面接收机顶盒、卫星接收机顶盒、IP/P2P等网络型机顶盒等形式。针对每一种机顶盒所具有的功能,又可划分基本型、增强型和交互型。基本型支持基本的视音频接收,支持软件在线升级,具有中文电子节目指南和二级以上字库,支持复合视频(CVBS)输出,具有音频输出处理功能(单声道、双声道和立体声)。增强型机顶盒则是指在基本型机顶盒基础上增加基本中间软件系统,基于基本中间件可以实现数据信息浏览、准视频点播、实时股票接收等多种应用,这种机顶盒已经超越了以观看数字电视为主的需求,增加了多种增值业务,且具有可升级性。新增功能有集成基本中间件系统,支持数据广播、实时股票等数据信息接收功能,支持视频点播功能,具有多种游戏,具有音频输出处理功能(立体声或双声道),具有复合视频、Y/Cb/Cr输出,具有逐行扫描输出(可选功能),可支持Modem电话拨号回传方式。交互式机顶盒除提供增强型机顶盒,还可以提供多种增值业务,如视频点播、电子商务、信息服务、交互娱乐等,有时把高清交互型称为高端型机顶盒。目前国内市场上的华为、同洲、九洲、海信、海尔、创维、天柏、银河、深圳赛格、杭州数源、清华同方、康佳、长虹、厦华等品牌,都有上述各类的机顶盒。

(二)数字电视机顶盒相关技术和国际标准

在消费类电子产品领域中,不遵循标准意味着无法兼容,进而没有市场。在数字电视机顶盒发展过程中最为重要的就是各种相关标准的发展。当今国际与数字电视机顶盒相关的主要数字电视标准有 MPEG、MHEG、DVB、DAVIC 和 ETSI,下面摘要介绍。

1. 数字电视广播(DVB)

数字系统不同于模拟系统的关键在于标准,其不仅仅对设备外围的接口,还需对数字信号处理的整个流程和细节都作出详细规定。目前存在多种数字电视标准,其中最主要的有高级电视系统协条 ATSC(Advanced Television System Committee)制定的数字电视标准 DTV(Digital Television)和欧洲广播电信标准协会的联合技术委员会(EBU)负责制定的 DVB(Digital Video Broadcast)数字视频广播标准。

DVB 标准包括卫星、有线电视、地面卫视广播、SMATV 和 MVDS 的普通电视和 HDTV 的广播与传输,其主要目的就是要找到一种能在所有媒体上灵活传送 MPEG-2 视频、音频和其他数据信号的数字电视系统和体系。

2. 数字视音委员会(DAVIC)

DAVIC (Digital Audio-Visual Council)是一个非营利性的国际标准化组织，成员来自超过 25 个国家的 175 个公司，涉及 audio-visual 工业的所有方面：生产(电脑、消费电子和通信设备)和服务(广播、通信和有线 cable)，以及众多的政府办事处和研究组织。DAVIC 努力创建一套工业标准来提供端对端的兼容性，这种兼容性适用于广播服务、交互式音视信息服务和多媒体通信。现今 DAVIC 正在致力于称为 TV-Anytime 的项目，此系统在接收端适用大容量的存储装置来存储最近接收的节目，这样用户可以在最近的观看节目中浏览(即 time shifting)，TV-Anytime 正在扩展 Internet Broadcasting 的概念。DAVIC 建议中有一点值得我们注意的就是作为显示和交换多媒体对象的标准——MHEG5。

3. 多媒体和超媒体专家工作组(MHEG)

MHEG 是 ISOEC 内 MPEG 的一个兄弟组织，主要负责制定与数据传输和应用相关的标准，来为机顶盒提供交互式服务。DAVIC 标准中选择了 MHEG-5 用于交互式电视系统，它是一套为 STB API 提供的开放标准。

MHEG 对多媒体对象进行了语义和语法的定义，其目标是保证不同平台间多媒体对象的兼容性，保证多媒体对象在交互式多媒体应用中(在 Client-Server 结构下)的交换。MHEG-5 的规范主要应用于如交互电视这样的应用中，定义了一套适用于这些应用的原语集。即使是最基本的终端设备(存储和处理速度有限制)也可以运行 MHEG 的转码工具 Engine 来解码和显示 MHEG-5 对象。

随着 DVB-J 的发展，MHEG 也提出了与 Java 相关的部分。MHEG-6 为 MHEG-5 提供了一个 Java API、一个处理 MHEG 对象相应字节码的 Java 虚拟机和一个 Applet Class 规范用于与 WWW 应用兼容。MHEG-6 用 Java 字节码作为交互格式表示 MHEG-5 对象，Java 虚拟机解释这种格式，并有一套基本的 Java API 来提供对平台功能的访问。

(三) 数字电视机顶盒构造

1. 机顶盒外部接口

机顶盒外部接口如图 8-4 所示。

2. 机顶盒硬件结构

机顶盒硬件结构如图 8-5 所示。

① 信号输入　　　　　　　　② 信号环路输出
③ RCA（影视频接口）　　　④ YPbPr（分量输出）
⑤ S-VIDEO（S 端子接口）　⑥ SPDIF（数字音频）
⑦ USB 2.0（外接设备，如 U 盘）　⑧ 网络接口（实现交互）
⑨ HDMI（高清接口）

图 8-4　机顶盒外部接口

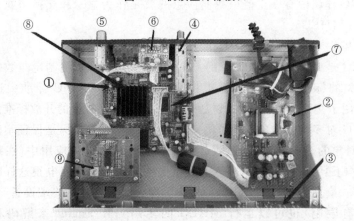

① 主板　　　　　　　　　　　② 开关电源
③ 遥控器和按键控制面板　　　④ 高频头 Tuner
⑤ 射频调制器 RF　　　　　　⑥ 升级串口 RS-232
⑦ 闪存 Flash　　　　　　　　⑧ CPU
⑨ 条件接收系统 CA 模块

图 8-5　机顶盒硬件结构

（四）数字电视机顶盒主要技术

信道解码、信源解码、上行数据的调制编码、嵌入式 CPU、MPEG-2 解压缩、机顶盒软件、显示控制和加解扰技术是数字电视机顶盒的主要技术。

1. 信道解码

数字电视机顶盒中的信道解码电路相当于模拟电视机中的高频头和中频放大器。在数字电视机顶盒中，高频头是必须的，不过调谐范围包含卫星频道、地面电视接收频道、有线电视增补频道。根据 DTV 目前已有的调制方式，信道解码应包括 QPSK、QAM、OFDM、VSB 解调功能。

2. 信源解码

模拟信号数字化后,信息量激增,必须采用相应的数据压缩标准。数字电视广播采用 MPEG-2 视频压缩标准,适用多种清晰度图像质量。音频目前则有 AC-3 和 MPEG-2 两种标准。信源解码器必须适应不同编码策略,正确还原原始音、视频数据。

3. 上行数据的调制编码

开展交互式应用,需要考虑上行数据的调制编码问题。目前普遍采用的有 3 种方式,采用电话线传送上行数据,采用以太网卡传送上行数据和通过有线网络传送上行数据。

4. 嵌入式 CPU

嵌入式 CPU 是数字电视机顶盒的心脏,当数据完成信道解码以后,首先要解复用,把传输流分成视频、音频,使视频、音频和数据分离开,在数字电视机顶盒专用的 CPU 中集成了 32 个以上可编程 PID 滤波器,其中两个用于视频和音频滤波,其余的用于 PSI、SI 和 Private 数据滤波。CPU 是嵌入式操作系统的运行平台,它要和操作系统一起完成网络管理、显示管理、有条件接收管理(IC 卡和 Smart 卡)、图文电视解码、数据解码、屏幕菜单控制(On-screen Display,OSD)、视频信号的上下变换等功能。为了达到这些功能,必须在普通 32～64 位 CPU 上扩展许多新的功能,并不断提高速度,以适应高速网络和三维游戏的要求。

5. MPEG-2 解码

MPEG-2 是数字电视中的关键技术之一,目前实用的视频数字处理技术基本上是建立在 MPEG-2 技术基础上,MPEG-2 是包括从网络传输到高清晰度电视的全部规范。

MPEG-2 图像信号处理方法分运动预测、DCT、量化、可变长编码 4 步完成,电路是由 RISC 处理器为核心的 ASIC 电路组成。

MPEG-2 解压缩电路包含视频、音频解压缩和其它功能。在视频处理上要完成主画面、子画面解码,最好具有分层解码功能。图文电视可用 APHA 迭显功能选加在主画面上,这就要求解码器能同时解调主画面图像和图文电视数据,要有很高的速度和处理能力。OSD 是一层单色或伪彩色字幕,主要用于用户操作提示。

6. 数字电视机顶盒软件

电视数字化后,数字电视技术中软件技术占有更为重要的位置。除了音视频的解码由硬件实现外,包括电视内容的重现、操作界面的实现、数据广播业务的实现,直至机顶盒和个人计算机的互联以及和 Internet 的互联都需要由软件来实现,具体如下。

(1) 硬件驱动层软件

驱动程序驱动硬件功能,如射频解调器、传输解复用器、A/V 解码器、OSD、视频编码器等。

(2) 嵌入式实时多任务操作系统

嵌入式实时操作系统是相对于桌面计算机操作系统而言的,它不装在硬盘中,系统结构紧凑,功能相对简单,资源开资较小,便于固化在存储器中。嵌入式操作系统的作用与 PC 机上的 DOS 和 Windows 相似,用户通过它进行人机对话,完成用户下达的指定。指定接收采用多种方式如:键盘、鼠标、语音、触摸屏、红外遥控器等。

(3) 开放式业务平台

开放的业务平台的特点在于产品的开发和生产以一个业务平台为基础,开放的业务平台为每个环节提供独立的运行模式,每个环节拥有自身的利润,能产生多个供应商。只有采用开放式业务平台才能保证机顶盒的扩展性,保证投资的有效回收。

(4) 上层应用软件

执行服务商提供各种服务功能,如:电子节目指南、准视频点播、视频点播、数据广播、IP 电话和可视电话等。上层应用软件独立于 STB 的硬件,它可以用于各种 STB 硬件平台,消除应用软件对硬件的依赖。

(5) 显示技术

就电视和计算机显示器而言,CRT 显示是一种成熟的技术,但是用低分辨率的电视机显示文字,尤其是小于 24×24 的小字,问题就变得复杂了。电视机的显像管是大节距的低分辨率管,只适合显示 720×576 或 640×480 的图像,它的偏转系统是固定不变的,是为 525 行 60Hz 或 625 行 50Hz 设计的,而数字电视的显示格式有 18 种以上。上网则要符合 VESA 格式,显然,电视机的显示系统无法适应这么多格式。另外,电视采用低帧频的隔行扫描方式,当显示图形和文字时,亮度信号存在背景闪烁,水平直线存在行间闪烁。如果把逐行扫描的计算机图文转换到电视机上,水平边沿就会仅出现在奇场或偶场,屏显时间接近人眼的视觉暂留,会产生厉害的边缘闪烁现象,因而要用电视机上网,必须补救电视机显示的缺陷。

根据技术难度和成本,目前用两种方法进行改进,一种是抗闪烁滤波器,把相邻三行的图像按比例相加成一行,使仅出现在单场的图像重现在每场中,这种方式叫三行滤波法。三行滤波法简单易实现。但降低了图像的清晰度,适用于隔行扫描方式的电视机。另一种方法是把隔行扫描变成逐行扫描,并适当提高帧频,这种方式要成倍地增加扫描的行数和场数,为了使增加的像数不是无中生有,保证活动画面的连续性,必须做行、场内插运算和运动补偿,必须用专用的芯片和复杂的技术才能实现,这种方式在电视机上显示计算机图文的质量非常好,但必须在有逐行和倍扫描功能的电视机上才能实现。

(6) 加解扰技术

加解扰技术用于对数字节目进行加密和解密。其基本原理是采用加扰控制字加密传输的方法,用户端利用 IC 卡解密。在 MPEG 传输流中,与控制字传输相关的有两个数据流:授权控制信息(ECMs)和授权管理信息(EMMs)。由业务密钥(SK)加密处理后的控制字在 ECMs 中传送,其中包括节目来源、时间、内容分类和节目价格等节目信息。对控制字加密的业务密钥在授权管理信息中传送,并且业务密钥在传送前要经过用户个人分配密钥(PDE)的加密处理。EMMs 中还包括地址、用户授权信息,如用户可以看的节目或时间段,用户付的收视费等。

用户个人分配密钥(PDK)存放在用户的智能卡(Smart Card)中,在用户端,机顶盒根据 PMT 和 CAT 表中的 CA-descriptor,获得 EMM 和 ECM 的 PID 值,然后从 TS 流中过滤出 ECMs 和 EMMs,并通过 Smart Card 接口送给 Smart Card。Smart Card 首先读取用户个人分配密钥(PDK),用 PDK 对 EMM 解密,取出 SK,然后利用 SK 对 ECM 进行解密,取出 CW,并将 CW 通过 Smart Card 接口送给解扰引擎,解扰引擎利用 CW 就可以将已加扰的传输流进行解扰。

(7) 条件接收系统

条件接收系统(CAS:Conditional Access System)是开展付费电视的核心技术,了解它的运行机制,掌握好它的使用和维护对付费电视业务的成功开展非常关键。CAS 的组成包括:用户管理系统 SMS、业务信息生成系统 SIG、节目管理 PMS/SI 编辑系统、节目调度处理 EIS、用户授权管理系统 SAS、条件接收 CA 等。主要有两大块:一块是管理用户的 SMS,一块是管理节目的 CA。CA 主要分为两大部分:一是信号加扰部分,它是通过一个随机码发生器所产生的随机码(称为控制字 CW)来控制加扰器对信号的加扰;二是加密部分,要使加扰的信号在接收端成功地解扰,接收端也必须有和加扰端一模一样的控制字来控制解扰器,所以,要将前端的 CW 传送到接收端,如果直接传送会很容易被黑客截获而使 CAS 失去作用,为此,要对 CW 进行加密传送,这种加密是一种多层加密机制,从而增加 CW 传送的安全性,直接对 CW 加密的第一层所产生的密文称为授权控制信息 ECM,通过复用器与加扰的码流一起传送，ECM 还含有时间、节目价格、节目授权控制等信息，因此 ECM 是面向节目的管理信息。对 CW 加密的密钥称为工作密钥 SK，SK 通常又叫月密钥，每月换一次，每换一次 SK，系统都要重新对所有用户进行授权。第二层加密是用称为节目密钥的 PDK 对 SK 进行加密，所产生的密文和从 SMS 获取的授权指令通过 SAS 生成的授权信息组成授权管理信息 EMM，EMM 还含有智能卡号、授权时间、授权等级等用户授权信息。这些信息主要是完成对用户的授权，因此 EMM 是面向用户的管理信息，EMM 对用户在什么时间看、看什么频道进行授权，它也通过复用器与加扰码流一起传送，以上这些组成了 CA 最基本的加密系统。

（五）数字电视机顶盒发展前景

数字机顶盒是时代与技术发展的产物，它不仅是用户终端，还是网络终端——它能使模拟电视机从被动接收模拟电视转向交互式数字电视（如视频点播等），并能接入因特网，使用户享受电视、数据、语言等全方位的信息服务。目前，有些人认为机顶盒就是用来使电视机上网的，这是一种认识上的误区。实际上，数字机顶盒是数字电视机普及之前的过渡性技术。随着数字技术、多媒体技术和网络技术的发展，将促使数字机顶盒内置和整个成本下降，让大多数用户在普通模拟电视机上实现既能娱乐，又能上网等多种服务。

机顶盒作为数字电视标志性的产品，有着广阔的发展空间。随着数字电视应用、芯片技术和软件技术的发展，网络机顶盒 STB(Set Top Box)的功能也必将越来越强大，可以为运营商和用户开展更多的服务，满足不同层次的需求。

1. 产业发展现状

(1) 国内

近年来，中国机顶盒发展迅速。由于机顶盒产业的资源供给或产品需求正在发生一系列的变化，导致这一产业正逐渐从其他国家或地区转移到中国生产和制造。中国已经成为全球最大的机顶盒生产制造中心。2008 年中国数字电视进入了蓬勃发展期，除有线数字电视仍旧表现出强劲增长势头外，地面数字电视随着 2008 年奥运会的契机也有了突破性的发展。2008 年，虽然受到雪灾、地震以及全球金融危机等客观因素的影响，但中国机顶盒市场依然处于景气周期。

根据《广播影视科技"十五"计划和 2010 年远景规划》，2010 年中国全面实现数字广播电视，2015 年将停止模拟广播电视的播出。毋庸置疑，数字电视节目的普及已成为必然趋势，而中国现行的"模拟电视＋机顶盒"的转换形式使机顶盒市场蕴藏了巨大商机。

(2) 美国

据悉,联邦规章管理者于美国东部已经采纳了新的设备标准以加快向更高音视频质量的数码电视的转变。

联邦通信委员会(FCC)以5比0的投票结果通过了可将数字电视信号直接接入电视机而不需要机顶盒和额外电缆的设备标准。为了观看收费电视,用户要向电视机中插入一个由他们的有线电视服务商提供的安全卡。

与传统的模拟电视不同,数字电视信号使用的是计算机语言,其图像更加清晰,同时还具有其他潜在性能,如互联网接入、视频游戏以及同一频道中的多套节目等。数字信号可通过卫星、有线或无线广播传送。

数字电视系统基本上可以分为前端硬件系统(包括图中的复用器、加扰器、调制器、数字电视机顶盒)、软件系统(CAS、SMS、EPG、数据广播和一系列的服务器)和数字电视机顶盒三个部分。

数字电视整体转换的成本中,机顶盒的投资占据了绝对的份额,达到整个投资的90%以上。由于牵涉庞大的资金,所以数字电视机顶盒市场的每一点动静,都能对全国的数字电视整体转换造成剧烈的振动。[1]

2. 机顶盒的发展趋势

机顶盒是个模块化的硬件结构和层次化的软件结构,以高清双向为主流的兼容多标准的(MPEG-2、H.264、AVS)且可录式的交互式机顶盒是一个发展方向。

在高清机顶盒里面可预留足够的硬盘空间,为以后拓展业务空间做准备。例如预留2USB2.0,方便手机、U盘等数码产品接入来扩展各种应用功能。高清的特点是有流畅感和较满意的清晰度。目前高清互动电视在我国经济发达的省市,发展得正如火如荼。其高清高端设备,国外的占很大比例,尤以SONY居首。而且机顶盒还有发展为多媒体家庭网关的可能。

前面我们提到,机顶盒分为基本型、增强型以及交互型。实际上,从功能上很难区分什么是基本型,什么是交互型,不同的商业目的就会有不同的划分,基本型和增强型往往都是使用同一个硬件平台,不同的只是软件而已。虽然也有厂商宣称他们的机顶盒是交互型的或者可以开展交互式服务,但由于网络上的原因,目前国内交互式应用技术处于发展之中,交互式应用基本都还停留在本地交互的基础上。选用的芯片不同,构成的硬件平台就不同,配备的其他设备和接口也不同,这就组成了多种多样的机顶盒。例如,在普通机顶盒

---

[1] 朱仁义,孔敏,袁宗文编著.数字电视原理与应用技术.鲁业频主编.北京:国防工业出版社.2009年:201-202.

中加上网卡或调制解调器，就构成了一个具有双向功能的机顶盒。

IP电视的出现带来了三网合一的实际概念，它既可以是数字电视的补充，即以 IP over DVB 技术实现；也可以是 IP 网络上的一个增值业务，即采用 TV over IP 的方式实现。由于各行业实现 IP 电视采用的技术不同，使得呈现业务的用户终端有很大的不同。数字电视是以有线 Cable 和卫星传送电视信号，用户终端是 STB-C+TV 或 STB-S+TV；电信的用户 IP 电视终端主要有三种类型：个人电脑+软件播放器、电视机+机顶盒以及用于移动流媒体平台的多媒体手机。可见，IP 机顶盒将是目前基本型机顶盒最先过渡的产品，目前市场上已经出现。

同时，某些机顶盒企业已经开始从单营业务向多业务转型，开始从单纯的基本型转向开拓更多功能机顶盒的领域，如创维、海信、同州、天柏等企业已经开始把主营的基本型产品延伸到高端，海尔拥有 DVB-C/S/T、DMB-T、DMB-H、IP、IP-DVB 双模在内的系列数字机顶盒产品。其中海尔推出的双模机顶盒，同时支持 MPEG2/4 解码，并可升级到 H.264，另外还有具有以太网接口，可实现 DVB-C 和 IP 电视应用，同时支持互联网应用，可全面满足运营商的不同需求；浙江大华数字有限公司也推出了从基本功能的机顶盒到具有网络浏览功能的交互式机顶盒，以及 PVR 机顶盒、标清双模、高清双模、IP 机顶盒，等等。

多解码机顶盒是在一个机顶盒中采用双解码芯片或在一个芯片中嵌入两个以上的解码电路，并配以两个解调器，进而使一个机顶盒输出两路不同的节目，而机顶盒的成本仅仅增加了 10%～20%，由于不同节目是通过同一个机顶盒控制的，而不同的显示器可能位于不同的房间，显然双解码机顶盒应用不太方便。一般而言，人们很难同时欣赏几个节目，但可同时下载若干个节目，加上硬盘就构成了个人视频录制器 PVR，实现时移电视以满足个性化的需求，基本型机顶盒肯定是要淘汰的。

由此可以预见，机顶盒将从基本型发展到交互式、机卡分离，最终再发展到 PVR(Personal Video Recorder) 机顶盒。从 DVB 发展角度看，机顶盒终究是个过渡产品，其所有的功能都将集成到电视中去，但目前，机顶盒还有较长路程要走。[①]

3. 发展瓶颈

数字电视机顶盒逐渐在改变我们现有的电视的概念，也将为互联网提供一个崭新的消费终端，而且这个消费终端将比其他任何终端如 PC、手机、PDA

---

① 钟玉琢，汤筠，孙立峰，袁春. 数字电视机顶盒和多媒体家庭网关. 北京：清华大学出版社. 2008：3-6.

都普及、方便、吸引人。随着各地有线数字电视的试播,数字电视机顶盒的推广与几年前相比已有长足的进步,但是数字机顶盒在国内还没有得到广泛的应用,这主要有以下几个原因。

(1) 数字机顶盒的技术含量较高

真正的产品并不是很多,许多厂商的 VOD(视频点播)大多处于概念阶段。

(2) 网络双向改造与质量问题

由于数字电视机顶盒受网络带宽制约较大,尤其是目前国内网络发展基础薄弱,而且各种网络资源各自为阵,因此它的大范围普及推广还需时日。

(3) 服务不力、缺乏专业的 ICP

即信息和节目资源贫乏,如 VOD 业务推广应用的一大难点就是节目源的开放以及片源、版权限制。国家有线电视主干网的建立、专业供片商的出现可在一定程度上缓解这一难题。许多厂家纷纷开发基于宾馆、酒店、小区的 VOD 系统,也是为了避开这一难题。

(4) 资费偏高

机顶盒的购买对多数用户而言是不小的开支。中国人的消费心理是可以承受一次性较大的购置成本,却不大愿意接受长期持续不断的、没有明显回报的消费支付。

尽管当前数字机顶盒的推广受到了很大的限制,但是数字电视机顶盒不仅是用户终端,也是网络终端,它能使模拟电视机从被动接收模拟电视转向交互式数字电视(如视频点播等),并能接入因特网,使用户享受电视、数据、语言等全方位的信息服务。随着数字技术、多媒体技术和网络技术的发展,数字电视机顶盒功能将逐步完善,尤其是单片 PC 技术的发展,将促使数字电视机顶盒内置和整个成本下降,让大多数用户在普通模拟电视机上实现既能娱乐,又能上网等多种服务。

第三节 网络视频的解码播放

网络视频是影像技术和网络平台相结合的产物,目前学术界尚无明确的概念界定。从网络技术的角度讲,网络视频是指"内容格式以 wmv、rm、rmvb、flv 以及 mov 等类型为主,可以在线通过 Realplayer、Windows Media、Flash、Quicktime 以及 DIVX 等主流播放器播放的文件内容。另有学者认为,网络视频就是在网上传播的视频资源,狭义的指网络电影、电视剧、新闻、综艺节目、广告等视频节目;广义的还包括自拍 DV 短片、视频游戏等行为。

综上定义，网络视频就是在网络上以 wmv、rm、rmvb、flv 以及 mov 等视频文件格式传播的动态影像，包括各类影视节目、新闻、广告、Flash 动画、自拍 DV、聊天视频、游戏视频、监控视频等。①

一、网络视频解码播放原理

目前网络视频的播放有两种方式：一种是以流媒体形式进行播放，即通过网络下载缓冲边下边播；另一种是把视频文件下载到本地磁盘，然后运用播放器软件进行播放。

流媒体由于其边下载边播放的特性，缩短了用户初始等待的延迟，但其数据也需要采用流式传输，具有较高的实时需求，因此比起一般的本地播放处理更为复杂。客户端是流媒体系统中一个基本的组成部分，一般是一个具有网络通信功能的播放器，比较著名的具有流媒体功能的播放器有 realplayer、Windows media player 等。

（一）系统结构

尽管流媒体客户端的形式有多种，但其工作流程却都很相似，即从网络中接收从流服务器传输过来的各类媒体数据流，存入一个缓冲队列，然后对其中的每一帧数据调用各类解码器重建成原始的数据格式，最后经同步后在设备上播放出来。

从功能层次上看，播放器主模块可以分为四个层次：RTSP 会话控制层、RTP 数据传输层、解码层和显示播放层。播放器与服务器之间的通信主要是由位于应用层的 RTSP 协议和位于传输层的 RTP 协议（Real-time Transport Protocol）来实现的。

（二）工作原理

1. RTSP 会话连接

RTSP 是基于 TCP 协议的一个实时流控制协议，通过此协议，可以为服务器和客户端建立会话控制连接，为多媒体流提供远程控制功能，诸如播放、暂停、跳跃、停止等。因此对于客户端应该首先连接服务器端的 RTSP 端口。

建立 RTSP 连接后，客户端发送任务描述 DESCRIBE 方法给服务器，其中包含了点播文件的 URL。如果存在认证步骤，服务器就会返回一个错误码，接着，客户端会将用户输入的用户名和密码包含进 RTSP 包并再次发送 DESCRIBE。服务器收到后会传送媒体描述文件 SDP（符合 RFC2327 标准）到客户端播放器。客户端读取 SDP 描述文件来配置音频、视频解码同步信

---

① 杨琪. 中国网络视频分级研究[J]. 资源建设，2011，12：46.

息,例如:文件名、网络类型、RTP 数据传输通道端口号、编码类型、采样率等。

在配置好音视频相关信息后,客户端发送设置(SETUP)方法给服务器,配置相关的传输网络协议、传输方式和端口等信息。最后在创建好接收解码线程后,客户端发送播放(PLAY)方法,通知服务器往本地 RTP 接收端口发送音视频数据。会话结束后,客户端发送关闭(TEARDOWN)到服务器断开连接。此外,在会话期间,客户端可以通过改变 PLAY 指令的参数,以及 PAUSE 指令实现播放暂停,跳跃等 VCR 功能。TEST、RESEND 和 ECHO 指令是我们为智能流服务增加的几个 RTSP 指令。

2. 解码前的 RTP 数据处理

RTP 传输通常基于传输效率较高数据可靠性较低的 UDP 协议,是一个针对实时数据的传输协议。在 UDP 数据包之前增加了一个 RTP 包头,其中包含了一些可以较好保证流数据连续性实时性的信息,如序列号、时间戳等。序列号可以保证到达客户端的 RTP 包的连续,而时间戳可以同步音视频包。

在 RTSP 的 SETUP 包中,客户端会通知服务器本地 RTP 接收端口。因此在创建接收线程时,首先创建本地 UDP 的 socket 端口并绑定。然后循环等待接收从服务器传来的 RTP 音视频数据包,并将接收到数据按序列号顺序插入到一个缓冲队列中。初始缓冲长度可以由用户设定。新的数据包根据其序列号插入到队列中正确的位置。

一旦缓冲增加到初始阈值,客户端将启动解码线程,开始循环读取缓冲的头部节点数据。每次客户端将读取缓冲中具有相同时间戳的数据作为一个整体送入解码器中。由于视频的一帧数据被拆分成几个时间戳相同的 RTP 数据包,而音频没有这样处理,每个 RTP 包的时间戳都不一样。因此,每次送入解码器的是视频的一帧或是音频的一个 RTP 包单元的数据。

从接收到解码,音视频数据都是在互为独立的线程中处理,因此可能会由于网络或终端环境因素而失去同步。

3. 解码后数据处理

解码器每次解码一帧视频或是一个音频包(后面统称为一个数据单元),由于被解码后的数据并不一定就马上需要被播放,为了保证安全性,从将一帧解码到将此帧显示出来,中间可以经过一段缓冲存储过程。

可以设计一个缓存,包含了一些长度(视频是 16,音频是 32)固定的数组,分别用来存储解码后数据内容以及播放时间信息和当前填充状态。解码后的每一个数据单元被存入缓存,然后到播放时间时再从缓存中取出相应的数据单元。每取出一个数据单元则将新的一个数据单元填入被取出数据留出的空间。如此可以循环使用该固定长度的缓存空间。

这段缓存对于视频，每一帧已解码的数据被填入到同一个数组单元之中；对于音频，每一个 RTP 包单元的数据解码之后被填入到一个数组单元中。同时建立了两个索引，一个用于填入数据，一个用于取出数据。对于音频，不同之处在于，每次播放将从缓存中取出固定长度或采样点数的音频数据。

4. 音视频同步

前面曾提到，解码到缓存中的音视频数据由于不相关性是存在不同步的可能，这样在播放时会破坏服务质量，因此需要在播放前取出缓存中数据时对音视频进行重同步。同步机制采用的是一个以系统时钟为标准的计时循环。

由于音频对播放速率的均匀性要求更严，因此音频的播放是根据其本身的帧率按一定的速率不断地取出数据进行播放的。视频则是根据计时器所更新的系统时钟来确定是否播放，也就是说，当系统时钟超过下一帧视频的播放时间后，该视频将被播放。系统时钟的更新以音频为基准。如果视频失去同步，比如过分落后于当前系统时钟，则会选择跳帧来尽快赶上计时器时间；如果超过当前系统时钟过多，则会暂时等待计时器计时增加。同样，音频出现意外情况时，也会作类似的处理。这样，在以上机制的保证下，音视频能够始终按照一定的基准达到同步，并且能够抵制外界变化对同步造成的影响。

5. 音视频播放

音视频媒体的播放可以调用视频驱动（Direct Show）接口实现，分别使用图像处理（Direct Draw）和视频处理（Direct Sound）通过驱动系统硬件设备来播放音视频数据。Direct Show 技术在音视频采集、视频聊天、视频点播、视频叠加、媒体播放等领域都有相当成熟的应用。在程序启动时，需要先初始化音视频的一些播放配置信息。如果是视频，在解码后如果到达某一帧的播放期限，则经过同步检测后将数据内容作为参数调用函数进行显示。音频则是在初始化后启动一个播放线程，在这个线程中存在一个循环，不断读取缓存中的音频数据，然后进行播放。

二、网络视频解码播放系统

我们通常所说的视频播放器，就是指能播放以数字信号形式存储的视频的软件，也指具有播放视频功能的电子器件产品。除了少数波形文件外，大多数视频播放器携带解码器以还原经过压缩的媒体文件，视频播放器还要内置一整套转换频率以及缓冲的算法。当然大多数的视频播放器还能支持播放音频文件。

根据网络视频的播放方式不同，相应的播放器也不同。

(一) 常用的几款视频播放器

1. 传统三大播放器

在上一章的内容中,我们详细介绍过三种流媒体格式,其中涉及传统的三大播放器。

① QuickTime

② Windows Media Player 播放器

③ Real Player

2. 新型播放器

(1) 暴风影音

暴风影音是暴风网际公司推出的一款视频播放器,该播放器兼容大,可以播放多数的视频和音频格式。连续获得《电脑报》《电脑迷》《电脑爱好者》等权威 IT 专业媒体评选的消费者最喜爱的互联网软件荣誉以及编辑推荐的优秀互联网软件荣誉。有海量在线高清影片、独有的视频资源盒子,每日更新大量影视资源,鼠标一点即播,并对影片的播放热度和时长进行标识,区分专辑和单视频,可帮用户迅速定位想找的视频。同时独有的 SHD 视频专利技术满足了 1M 带宽用户流畅观看 720P、1080P 高清在线影片的需求。

(2) QQ 影音

QQ 影音是由腾讯公司最新推出的一款支持任何格式影片和音乐文件的本地播放器。QQ 影音首创轻量级多播放内核技术,深入挖掘和发挥新一代显卡的硬件加速能力,软件追求更小、更快、更流畅的视听享受。

(3) 快播

快播(又叫 qvod 或 Q 播)是一款国内自主研发的基于准视频点播内核的、多功能、个性化的播放器软件。快播集成了全新播放引擎,不但支持自主研发的准视频点播技术,而且还是免费的 BT 点播软件,用户只需通过几分钟的缓冲即可直接观看丰富的 BT 影视节目。快播具有的资源占用低、操作简捷、运行效率高、扩展能力强等特点,使其成为目前国内颇受欢迎的万能播放器。

(4) PPS

PPS 运营商(全称 PPStream)是目前全球最大的 P2P 视频服务运营商,一直在为上海文广、新浪网、TOM、CCTV、新传体育、凤凰网、21CN 等媒体和门户提供 P2P 视频服务技术解决方案。PPS 软件是全球第一家集 P2P 直播点播于一身的网络电视软件,能够在线收看电影电视剧、体育直播、游戏竞技、动漫、综艺、新闻、财经资讯等。PPS 网络电视完全免费,无需注册,下载即可使用;灵活播放,随点随看,时间可自由掌握;内容丰富,热门经典,应有尽有;播放流畅,P2P 传输,越多人看越流畅。

(5) KMPlayer

KMPlayer(Multimedia Player KMPlayer)目前以其强大的操控功能在众多免费播放器中逐渐显示其开发实力,底层调用了 WMP 的内核 Direct Show,外部同时支持临时挂接 Windows 下的全部解码器,通过各种插件扩展 KMP 可以支持层出不穷的新格式。强大的插件功能,直接从 Winamp 继承的插件功能,能够直接使用 Winamp 的音频、输入、视觉效果插件。而通过其独有的扩展能力,可以选择使用不同解码器对各种格式进行解码。[①]

三、网络视频解码播放方式

(一)点播

此类播放模式的典型应用如 VOD 业务,用户可以点播体育、新闻等内容。

(1) 内容提供商编辑 AV 源文件然后对编码形成标准文件,并将文件上传至视频服务器。

(2) 终端用户通过菜单界面(例如 WAP)选中相关的视频服务。

(3) 视频服务器将相应的视频服务信息(URL)发送至移动终端。

(4) 移动终端根据收到的信息地址发起点播请求。

(5) 视频服务器根据用户的请求将相应的内容对用户进行流式播放。

(6) 终端收到相关内容,解码并播放。

(二)直播

此类播放模式的典型应用如电视直播、交通实况、远程教学、家庭监护和实时监控等。

(1) 视频服务器对实时播放内容进行编码并传至视频服务器的相关模块。

(2) 终端用户通过菜单界面(如 WAP)选中相关的视频服务。

(3) 视频服务器将相应的视频服务信息(URL)发送至移动终端。

(4) 移动终端根据收到的信息地址发起点播请求。

(5) 视频服务器根据用户的请求将相应的内容对用户进行流式播放。

(6) 终端收到相关内容,解码并播放。

(三)下载播放

此类播放模式典型应用有短片下载播放等。

(1) 内容提供商编辑 AV 源文件然后编码形成标准文件,并将文件上传至

---

① Wes Simpson, Howard Greenfield. IP 电视与网络视频:拓展广播电视的应用范围. 郎为民;焦巧译. 北京:机械工业出版社,2008:144-147.

视频服务器。

（2）终端用户通过菜单界面（如 WAP）选中相关的视频服务。

（3）选定节目后，开始将媒体文件通过 HTTP 下载到用户终端。

（4）当用户要开始观看时，播放节目会提示用户下载 DRM 证书。

（5）用户通过在流媒体业务平台下载 DRM 证书后，使得本地的媒体文件能够得到解密以观看。[1]

第四节 手机电视的解码播放

一、手机电视解码播放原理

（一）手机电视概述

对于手机电视的定义主要有三种：一根据接收硬件来定义，手机电视就是具有操作系统和视频功能的智能手机；二是指手机用户以手机为工具，观看到的电视节目；三是指利用相应的数字技术传输电视内容的一种新型传播媒介。在这里我们指的是第三种定义，即以手机等便携式手持终端为设备，传播视听内容的一项技术或应用。

手机电视是网络音视频技术和移动通信技术发展到一定阶段的产物，它具有电视媒体的直观性、广播媒体的便携性、报纸媒体的滞留性以及网络媒体的交互性，是一种新型的数字化电视形态。

手机电视（Mobile TV）业务，就是利用具有操作系统和流媒体视频功能的智能手机以及现在支持 HTTP 或者 RTSP 的非智能机都能观看电视的业务。虽然手机电视业务前景是美好的，但其发展历程也不可能一马平川。仔细分析一下以往一些移动数据业务的发展历程，可以发现所走的路几乎都是曲折的。综合考虑技术、市场、内容与用户等多方面的因素，国内手机电视业务在发展过程中将主要面临政策、认知、终端、操作、内容、标准、网络和资费等方面的障碍。

（二）手机电视的运营方式

从目前手机电视的市场现状来看，主要包括三种运营方式实现在手机上看电视。

1. 电信运营商

由电信运营商主导，基于无线网络提供的手机视频服务，该业务一般以流

---

[1] 卢官明.移动流媒体技术.北京：电子工业出版社.2010,2：294.

媒体方式实现,用户可使用 WAP 方式或客户端方式收看视频节目。此方式的优势体现为资费设计灵活,业务互动性强。问题在于网络带宽有限,加之终端瓶颈,当用户数大量增长时,很难享受到流畅清晰的视频效果。

2. 广电运营

由广电运营商主导,例如 CMMB,主要面向手机、PDA 等小屏幕便携手持终端以及车载电视等终端提供广播电视服务。此方式的优势为电视节目图像较清晰流畅,节目实时性强。问题在于是单向广播方式,用户不能进行互动操作,如点播等。

3. 电信、广电合作

电信运营商和广电运营商合作,广播网络实现节目的下行传输,移动网络实现业务导航、用户认证和鉴权、业务定购/退订、密钥管理与分发、计费等功能。[①]

(三) CMMB 手机电视

近年来,国家广播电影电视总局积极利用高新技术发展新兴媒体,精心组织并联合多方面力量建立了中国移动多媒体广播 CMMB 体系,在关键技术研发、标准体系建立、产业化推进、覆盖网络建设、业务开发等方面取得了重大进展。

为更好地推行 CMMB 技术,让更多的用户早日使用上这一技术。中国移动和中广传播进行了全面合作,中国两大自主创新的技术 TD-SCDMA 和 CMMB 进行了深度合作,形成了现在的"CMMB 手机电视",之前的手机类的非 CMMB 电视产品,称为"手机视频"。

1. CMMB 的技术特点

(1) 它采用了先进的编码、压缩、调制等数字技术,专为七寸以下小尺寸手机提供广播电视节目服务。

(2) 它是具有自主知识产权的国际领先的电视技术,与国外的同类技术(目前主要有美国的 Media FLO、欧洲的 DVB-H、韩国的 T-DMB 等)相比,具有图像更加清晰流畅、组网更加方便灵活、内容更加丰富多彩的特点。

(3) CMMB 手机电视的省电技术是国际一流的。它可以让一块普通的手机电池连续看至少三个小时的电视节目,多的可以看到八个小时,这在过去是不敢想象的。这项技术完全达到了国际先进水平。

(4) CMMB 手机电视内容丰富多彩。说是多媒体电视是指它向用户提供的服务不仅仅是听广播、看电视,将来还能提供双向式服务,可根据用户的需求来针对性地传输内容,如新闻、股票、小电视剧、小电影、小游戏、电子杂志、

---

① 黄东巍. 手机电视现状及发展趋势. 移动通信,2012,2:86.

电子报纸等内容。

2. CMMB 的技术体系

(1) CMMB 手机电视系统采用卫星和地面网络相结合的"天地一体、星网结合、统一标准、全国漫游"方式，实现全国范围移动多媒体广播电视信号的有效覆盖。

(2) CMMB 手机电视(CMMB)利用大功率 S 波段卫星覆盖全国 100% 国土、利用 S/U 波段增补转发器覆盖卫星信号较弱区(利用 UHF 地面发射覆盖城市楼房密集区)、利用无线移动通信网络构建回传通道，实现交互，形成单向广播和双向互动相结合、中央和地方相结合的全程全网、无缝覆盖的系统。

(3) CMMB 手机电视可利用通信的回传通道，让用户与节目形成互动。用户可边看节目边通过发短信、评论等方式进行与主持人、嘉宾、节目制作者或者其他观众进行多方互动。

二、手机电视的播放标准

手机电视业务若想取得规模效应，必须有一个统一开放的标准。芯片厂商，手机厂商以及业务提供商都在致力于这个目标的实现，以降低成本，提高业务的推出速度。在全球的相关标准中，有欧洲的 DVB-H 技术，韩国的 DMB (包括 S-DMB 和 T-DMB)等。

(一) 手机电视 DVB-H 技术

DVB-H 全称为 Digital Video Broadcasting Handheld，它是欧洲的数字电视标准组织(DVB)为通过地面数字广播网络向便携/手持终端提供多媒体业务所制定的传输标准。该标准是欧洲的数字电视标准(DVB-T)的扩展应用。

和 DVB-T 相比，DVB-H 终端具有功耗更低、移动接收和抗干扰性能更强的特点，因此该标准适用于移动电话、手持计算机等小型便携设备通过地面数字电视广播网络接收信号。也可以说，DVB-H 标准依托目前 DVB-T 传输系统，通过增加一定的附加功能和改进技术使手机等便携设备能够稳定地接收广播电视信号。

将 DVB-H 传输技术与广泛应用的 IP 协议相结合，使任何数字内容都可封装成 IP 数据包进行传送，DVB-H 在传输层使用 IP 组播技术取代其他 DVB 标准采用的复用技术，完全兼容 IP 电视和 3G 流媒体，使用户与内容供应商更容易互动交流。通过 DVB-H 技术，所有电视频道或特定事件转播频道的节目，都能以现场转播的形式提供给手机用户，由于不需考虑用户数量，这一过程并不需要花费太多成本。而对于用户而言，通过手机收看电视频道提供的节目非常容易。

由于要支持手机等小型移动终端设备,若想将DVB-H标准推向广泛的商用,还需进一步解决一些关键问题:必须有效地使用频率和宽带,与未来技术兼容;必须低功耗,否则容易使有限的手机电池无法支撑长时间的视频播放;必须在恶劣环境下具备很好的接收、纠错能力,因为手机会随着用户向任意区域移动;必须实现优异的室内覆盖,一般地面数字电视网络只覆盖到屋顶;实现网络之间的无缝切换和漫游;实现与IP电视、3G流媒体的兼容;良好的内容保护和用户鉴权系统,可以像手机通话服务一样,随时关掉欠费手机的服务,阻止非法的访问,并实现顺畅的计费与其他客户服务。

日本则在其微波数字电视播放方式"ISDB-T"标准之下,制定了"单波段播放"规范。尽管这两种技术规范的功能相当,它们之间仍有很大区别。单波段广播是将频率分割、缩小了带宽,而DVB-H则采用时分数字多媒体广播的带宽、以脉冲方式发送各频道的数据。一般情况下,除接受所需频道的数据外,调谐器电路在其他时间均处于关闭状态,因此可有效减少耗电。

(二)手机电视DMB技术

韩国所支持的DMB(Digital Multimedia Broadcasting,数字多媒体广播)标准(包括S-DMB和T-DMB)分别于2005年5月和11月在韩国投入商用,目前已积累了百万级用户。

韩国正在大力推动的手机电视业务,是利用卫星和移动网络向公众传送视频和音频节目的数字多媒体广播业务(DMB)。如果该业务付诸实施,用户可以通过移动终端或者车载终端享受通过卫星提供的多种数字多媒体广播服务。利用手机来接收卫星播发的电视节目信号是一个非常新颖的想法,目前只有韩国在力推这种手机电视广播方式(DMB)。据韩国SK电讯称,这种DMB接收机能提供高质量的图像,使用该接收机模块能使用户同时接收地面无线电视广播和卫星电视广播的信号。

目前韩国和日本的相应标准已经确定,这种模块将很快在这两地推出。而世界其他地区相对滞后一些。韩国DMB业务的主要推动者是SK。SK积极推进DMB业务的原因,主要在于韩国移动通信市场环境的变化。由于韩国移动通信市场接近饱和,市场竞争不断加剧,SK迫切需要寻找新的业务收入来源。DMB业务被SK看做是下一步需要力推的核心业务。为此,SK建立了一个新的合资企业TU媒体公司,并牵头组成了由19个手机制造厂商参加的"手机开发协议会",旨在开发多样的类型、功能及价格的终端产品。

为了建设DMB业务系统,SK电信公司于2004年3月史无前例地发射了专用卫星。该卫星是SK和日本的移动广播公司共同拥有的,价值3.1亿美元,在美国的佛罗里达发射升空。SK投资了945亿韩元,占总资金的

34.66%,剩余的资金由日本的移动广播公司提供。该卫星在赤道上空 35785 千米的地球同步轨道上运行,主要的功能是向移动电话、手持通信设备或者车载设备发射电视节目。

若要观看 DMB 移动广播节目,用户必须购买新的可以接受卫星信号的手机,目前这样的手机大约为 70 万韩元左右(5000 元人民币)。此外,月使用费大约为 3.2 万韩元到 3.4 万韩元(250 元人民币左右)。根据韩国近期的一项研究表明,在接下来的 10 年中,DMB 业务将会有力带动相关产业的发展。

(三) 3G 融合技术

全球排名第一的中国移动主导推出的国家自主知识产权的 3G 标准 TD-SCDMA 是 5.2 亿手机用户引领着全球 3G 发展的方向,中国联通掌控着全球应用最广泛的 WCDMA 制式,拥有 1 个多亿的用户。

手机电视是广播电视网内容"移动"的最佳载体,随着 3G 高速的无线宽带,消费者的生活、工作、娱乐、休闲方式将会突破有线的束缚,可以无线漫游、超级市场、商务办公、娱乐生活都会在手机中轻轻点触中解决。广播电视网只能在家庭里得到收益,随着人们移动生活的速度和节奏的加快,呆在家里的时间越来越少,电子商务、手机购物、支付、游戏等内容越来越丰富多彩。

面对互联网和移动互联联网的超级金矿,三网融合的趋势和需求越来越明显,面对利益的驱使和国家投资的角度,中国政府适时地推出三网融合的政策,这个久而未决的利益博弈终于有了眉目,移动互联网承载着太多未来的市场需求,没有人能说得清这个市场有多大,但仅靠移动运营商和互联网企业很难将消费者的工作和生活融为一体,三大网络有着各自的特色和限制,国家宏观的政策也在调控。面对全球经济的发展,中国经济能否成为下一个世纪的领军人物,资源的整合迫在眉睫。

3G 引领的移动互联网大潮依然在全球形成了巨大的利益链,微软、Google、戴尔、诺基亚、HP 等世界巨擘纷纷介入移动互联网终端的硬件和软件合体平台的智能手机制造的行列,跨界抢食这个全球人人都有需求的超级市场,"软硬合体"的手机终端已然成为移动互联网的化身"阿凡达"令世界躁动,掀起了手机"智"造的滔天巨浪,苹果的 iphone、Google 的 Nexus One、微软的 Pink、RIM 的黑莓依然在移动互联网的大潮里"撒网捞鱼",苹果依然成为中国电信天天喊叫的"移动互联网手机"的"阿凡达"。

3G 应用和内容需要广电网的支撑,手机电视作为广播电视网的内容承载平台的转移,在三网融合的号令下,将成为 3G 需求的重要内容支撑,满足用户的需求,手机电视在7亿多用户平滑向3G过渡的关键时刻,必定会成为广电网业务发展的最佳平台。手机电视将借助3G的发展,在中国移动、中国电信、中国联通三大巨擘的全力推动下迅速发展,踏上高速发展的"3G快车",成为中国移动互联网最大的受益者。

三、手机电视的解码播放方式

(一)手机业务实现方式

1. 移动网络

这是一种利用蜂窝移动网络实现的方式,利用移动通信技术、通过无线通信网(如3G、GPRS、CDMA1X等)向手机点对点提供多媒体服务,如美国的Sprint、我国的中国移动和中国联通公司已经利用这种方式推出了手机电视业务。

目前美国和我国移动运营商推出的手机电视业务主要是依靠现有的移动通信网络实现的。中国移动的手机电视业务是基于其GPRS网络,中国联通的手机电视业务是基于WCDMA网络,而中国电信则是依靠其CDMA1X网络。

这种手机电视业务实际上是利用流媒体技术,把手机电视作为一种数据业务推出来,用户观看的实际是下载视频。不管是GPRS手机还是CDMA1X手机,都需要在装有操作系统的手机终端(一般是PDA手机等高档产品)上安装相应的播放软件,而相应的电视节目则由移动通信公司或者通过相应的服务提供商SP(Service Provider)来组织和提供。

2. 卫星广播

这种方式需要利用卫星广播及移动多媒体广播,结合数字广播电视技术,通过地面或卫星广播电视覆盖网(如地面的T-DMB、DVB-H、Media Flo,卫星的S-DMB等)向手机、PDA、MP3、MP4、数码相机、笔记本电脑以及在车船上的小型接受终端点对面提供广播电视节目。韩国的运营商计划采用这种方式,中国的中广卫星移动广播有限公司也已经采用这种方式。

利用手机来接受卫星播发的电视节目信号是一个非常新颖的想法,目前韩国在力推这种手机电视广播方式(DMB)。

3. 安装接收模块

这种方式是指在手机中安装数字电视的接收模块,直接接收数字电视信号。目前最被看好的手机电视技术方式是通过整合数字电视和移动电话的方式,这种方式需要在手机终端上安装微波数字电视接收模块,可以不通过移动通信网络的链路,直接获得数字电视信号。

(二) 手机电视播放方式

1. 根据内容的播放方式划分

手机电视业务根据数据内容的播放方式可以分为以下两种。

(1) 在线播放

手机实时从流媒体服务器上获取流媒体数据,边下载边播放,流媒体内容不需储存在用户的手机上。如果用户需要多次播放同一内容,每次都要从流媒体服务器上重新下载数据。

(2) 下载播放

用户将流媒体内容下载并存储到手机中,可以选择在任意时间播放。

对于下载播放,主要的限制指标是手机的处理能力和终端的存储能力,即要考虑内容的下载时间以及终端的存储空间。

2. 根据内容的来源划分

根据内容的来源,在线播放又可以分为以下两种。

(1) 流媒体点播

内容提供商将预先录制好的多媒体内容编码压缩成相应格式,存放在内容服务器上并把内容的描述信息以及链接放置在流媒体门户(portal)上。最终用户就可以通过访问 portal,发现感兴趣的内容,有选择地进行播放。

(2) 流媒体直播

流媒体编码服务器将实时信号编码压缩成相应的格式,并经由流媒体服务器分发到用户手机终端。[①]

---

① 卢官明.移动流媒体技术[M].北京:电子工业出版社.2010,2:293.

后　　记

　　本书经过四年多的筹划、撰写和修改。由于涉及多学科的交叉，目前有关新媒体视听节目制作的论著相对较少，基本没有可供参考和借鉴的文本，这就给本书的写作带来了前所未有的困难。在"摸着石头过河"的写作过程中，经历过迷茫、纠结和痛苦，在丛书主编石长顺教授的激励和推动下，在学科带头人何志武教授的鼓励和支持下，以及在郭小平老师等广电系同仁的鼎力协助下，本书终于定稿。虽然尚有许多不足之处，作为新媒体视听节目制作领域的"尝试之作"，希望本书能够作为一个耙子和路碑，在被人评点的同时能够给人以指引。

　　新媒体视听节目是媒介融合的产物，在媒介融合的大背景下，作为一种提供视听节目服务的新媒体业务形态，视听新媒体包含了技术、内容、规制乃至产业的融合。因此，新媒体视听节目的制作涉及了新闻传播、计算机科学、电子通信等不同的领域和学科的相关知识，它的学术空间和业务场域早已跨越新闻传播学的学科边界。在媒介融合的大趋势下，在自媒体、社会化媒体高速发展和普及的媒介环境下，在大数据、云计算广泛使用的技术语境下，新闻传播学的学科设置、科研范式和教学模式迫切需要重构。

　　本书及其背后的课程改革正是这样的广播电视教学转型尝试，它不仅集中呈现了新媒体视听节目的拍摄、编辑和制作，还全面揭示了新媒体视听节目的发布、传输和播放等流程。在本书的写作过程中，华中科技大学计算机科学与技术学院的马丙鹏老师、网络与计算中心的涂浩老师提供了很多技术支持，新闻与信息传播学院的研究生王妍、宋晓雷、陈莹和杜丹萍等在资料的收集和整理中也有颇多贡献。本书的出版受到了华中科技大学"精品教材建设基金"的资助和北京大学出版社的大力支持。在这里，一并表示由衷的感谢！

邓秀军

2014 年 9 月 18 日于武汉喻园